电子商务
技术基础

DIANZI SHANGWU
JISHU JICHU

王顺民　主编

西南财经大学出版社
中国・成都

图书在版编目(CIP)数据

电子商务技术基础/王顺民主编.—成都:西南财经大学出版社,2021.12
(2023.9 重印)
ISBN 978-7-5504-3934-4

Ⅰ.①电… Ⅱ.①王… Ⅲ.①电子商务—高等学校—教材
Ⅳ.①F713.36

中国版本图书馆 CIP 数据核字(2019)第 073477 号

电子商务技术基础

王顺民　主编

责任编辑:高小田
责任校对:雷　静
封面设计:墨创文化
责任印制:朱曼丽

出版发行	西南财经大学出版社(四川省成都市光华村街 55 号)
网　　址	http://cbs.swufe.edu.cn
电子邮件	bookcj@swufe.edu.cn
邮政编码	610074
电　　话	028-87353785
照　　排	四川胜翔数码印务设计有限公司
印　　刷	郫县犀浦印刷厂
成品尺寸	185mm×260mm
印　　张	13.5
字　　数	331 千字
版　　次	2021 年 12 月第 1 版
印　　次	2023 年 9 月第 2 次印刷
书　　号	ISBN 978-7-5504-3934-4
定　　价	39.80 元

前言

电子商务技术基础是一类实践性、应用性课程，是非计算机专业计算机基础的必修课程之一，也是电子商务类专业学生的一门专业核心课程。随着电子商务近几年的快速发展，其成为推动“互联网+”发展的重要力量，是新经济的重要组成部分。电子商务技术也取得了长足的进步，已经渗透到现代社会的方方面面，并以前所未有的方式改变着人们的生活。与此同时，社会对电子商务人才的需求越来越迫切，要求越来越多的人在具备电子商务意识的同时掌握电子商务技术的基础知识。

本书作为面向高校非计算机类专业电子商务技术基础课程的教材，为加强学生实践应用能力培养，始终贯彻介绍计算机网络中成熟的理论和新知识，基础理论以应用为目的，以必要、够用为度的方针。本教材的特点是理论性和实践性都很强。在每章单元开端设置了“学习要点及目标”“技能目标”以及“思政目标”，因此在编写过程中，除了强调通过每一章后的技能实训来检查学习效果，巩固和加深对所学知识的理解外，还增加了“思政园地”，同时最后一章设置了七次电子商务基础性实验，有助于学生理解电子商务网络技术的理论知识，并把理论知识融会贯通到实际应用中，提高学生对电子商务技术的应用能力，促进形成创新性思维。同时为了体现电子商务技术发展的时代感，本书介绍了电子商务发展的一些前沿技术及理念。

本书由王顺民编著，编写了本书的所有理论部分及实验项目。在本书的编写过程中，笔者参阅了大量书籍和网络资源。本教材是内江师范学院本科自编立项教材，以及“应用型本科院校课程思政教育的设计与实践”教改立项项目，得到内江师范学院教务处、经济与管理学院以及西南财经大学出版社的大力支持。在此，向所有参考文献的编写者、发布网络资源的公司和作者以及关心和支持本书出版的人表示衷心的感谢！

在全书的编写过程中，虽然笔者尽心尽力，但由于时间仓促，新的知识和技术资料不断涌现，加之笔者水平有限，书中难免有疏漏和不妥之处，敬请广大师生及各位读者给予批评和指正。来信请发送至 wsmg1012@ 163.com。

王顺民

2021 年 12 月

于内江师范学院

目录

第一章 电子商务技术概述

■学习要点及目标

理解电子商务与电子商务技术的内涵；理解电子商务的相关技术；掌握电子商务的概念；理解电子商务新技术的应用与发展。

■技能目标

能总结电子商务在某一行业中的应用状况。能举例描述电子商务相关技术的应用情况。

■思政目标

将社会主义核心价值观体现在技术的应用中。

■案例

机器人写稿？京东闪电智能内容创作平台来了

2019年1月12日消息，京东日前宣布正式推出闪电智能内容创作平台。此平台是一站式、多方位解决内容创作难题的人工智能（AI）平台。据悉，闪电智能内容创作平台是京东此前推出的“莎士比亚 & 李白写作”项目的结合体。

据了解，人工智能写作项目“莎士比亚”系统上线于2018年4月，主攻智能写作及营销文案，赋能商家。该系统在借鉴传统自然语言生成（NLG）和语言模型方法的基础上，基于京东集团自身在商品标签和搜索数据库层面积累的大数据，从句子层面做结构解析、训练模型和语言生成。

而此次新推出的闪电智能内容创作平台，除了对拓展业务方面的聚合、优化外，两个平台也进行了技术资源的整合，覆盖了包括服饰、美妆、家具日用、母婴、家电大部分类目，并且支持不同文案场景输出选择，例如商品导购场景、广告标题场景。

京东方面表示，闪电智能内容创作平台已布局智能写作、智能商品详情、智能视频、智能摄影四大AI矩阵，提供一站式多方位的内容输出支持。目前已与多方渠道业务侧进行深度合作，每日推送内容文章上千篇。

（资料来源：http://www.ebrun.com/20190417/329998.shtml）

第一节　电子商务概述

当今时代，无论是跨国公司还是乡间果农，无论是政府采购还是民间交易，都在运用着集商流、物流、资金流、信息流“四流合一”的电子商务。电子商务作为现代商业的基本模式，发挥了市场全球化、交易连续化、成本低廉化、资源集约化等优势，越来越成为当代服务业中的重要产业。

一、电子商务的产生及概念

早在1839年，当电报刚出现的时候，人们就开始了对运用电子手段进行商务活动的讨论。当贸易开始以莫尔斯码点和线的形式在电线中传输的时候，就标志着运用电子手段进行商务活动的新纪元已经开始。

（一）电子商务产生的基础

电子商务最早产生于20世纪60年代，发展于90年代，采用电子商务是网络时代对众多企业的强制性要求，要么做电子商务，要么将无商可务（e-business or no business）。物质、能源、信息被认为是现代经济的三大资源，而因特网是把能源与信息结合起来的载体，所以因特网的能量将超过单纯的能源，其社会经济影响深远。一般而言，只有一种新的能源才能成为新的经济时代的特征，如“蒸汽时代”“电力时代”。电子商务的产生与因特网和信息技术的发展是密切相关的。《中国互联网络发展状况统计报告（第43次）》显示，截至2018年12月底，我国网民规模达8.29亿，普及率达59.6%，较2017年年底提升3.8个百分点，全年新增网民5 653万。我国手机网民规模达8.17亿，网民通过手机接入互联网的比例高达98.6%。网民规模及普及率如图1-1所示。2018年，互联网覆盖范围进一步扩大，贫困地区网络基础设施“最后一公里”逐步打通，“数字鸿沟”加快弥合；移动流量资费大幅下降，跨省“漫游”成为历史，居民入网门槛进一步降低，信息交流效率得到提升。

1. 因特网的成熟

如前所述，由于因特网逐渐成为全球通信与交易的媒体，全球上网用户呈指数增长的趋势，因特网快捷、安全、低成本的特点为电子商务的发展提供了应用条件。

2. 计算机的广泛应用

近30年来，计算机的处理速度越来越快、处理能力越来越强、价格越来越低、应用越来越广泛，这为电子商务的应用提供了基础。

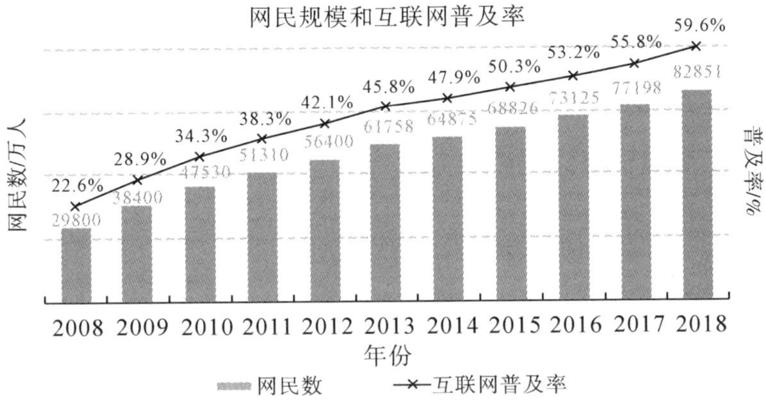

图1-1　网民规模及普及率

3. 信用卡的普及

信用卡以其方便、快捷、安全等优点而成为人们消费支付的重要手段，并由此形成了完善的全球性信用卡计算机电子支付与结算系统，使“一卡在手、走遍全球”成为可能，同时也为电子商务中的网上支付提供了重要的手段。

4.《电子安全交易协议》的制定

1997年5月31日，由美国维萨卡公司和万事达卡公司等国际组织联合制定的《电子安全交易协议》(Secure Electronic Transfer Protocol，SET）出台，并得到大多数厂商的认可和支持，这为开发网络上的电子商务提供了一个关键的安全环境。

5. 各国政府的支持

1997年，欧盟发布了《欧洲电子商务协议》，美国随后发布《全球电子商务纲要》，电子商务受到世界各国政府的重视，许多国家的政府开始尝试网上采购，这为电子商务的发展提供了有力的支持。

电子商务的产生是社会经济发展的必然结果，经济全球化将加速电子商务在各国的推广。在未来的全球竞争面前，一个企业如果不能适应这种经营环境的变化，就将无法生存下去。企业要发展，必须学会应用电子商务新的竞争手段，在市场竞争中取得胜利。

（二）电子商务的概念

1. 各种组织对电子商务的定义

电子商务（electronic commerce），简称“电商”（e-commerce），它包括像通过诸如易趣网（eBay，又称“电子湾”“亿贝”，该公司成立于1995年，是目前全球最大的为个人和企业用户提供国际化网络交易的平台之一，eBay. com则是一个基于互联网的社区，买卖双方可一起浏览、洽谈等）等网络平台以及经过电子数据交换等这些用数字货币采购产品的手段所进行的各种网上交易模式。对于电子商务的概念，目前并没有比较统一的定义，只是在实践应用的基础上加以总结形成的。下面通过各个方面对电子商务的定义来理解它的含义。

（1）国际标准化组织（ISO）的定义：电子商务是企业之间、企业与消费者之间信息内容与需求交换的一种通用术语。

（2）全球信息基础设施委员会的定义：电子商务是运用电子通信作为手段的经济活动，通过这种方式，人们可以对带有经济价值的产品和服务进行宣传、购置和结算。这种交易方式不受地理位置、资金多少或零售渠道的所有权影响，公有或私有企业、公司、政府组织、各种社会团体、一般公民、企业家等，都能自由地参加广泛的经济活动，其中包括农业、林业、渔业、工业、私营和政府的服务业。电子商务能使产品在世界范围内交易并向消费者提供多种多样的选择。

（3）联合国国际贸易法律委员会的定义：电子商务是采用电子数据交换（EDI）和其他通信方式增进国际贸易职能的一种商务模式。

（4）欧洲委员会（1997）对电子商务的定义：电子商务就是以电子方式进行商务交易。它以数据（包括文本、声音和图像）的电子处理和传输为基础，包含了许多不同的活动（如商品服务的电子贸易、数字内容的在线传输、电子转账、商品拍卖、协作、在线资源利用、消费品营销和售后服务）。它涉及产品（消费品和工业品）和服务（信息服务、财务与法律服务），传统活动（保健、教育）与新活动（虚拟商场）。

（5）世界电子商务会议（1997）的定义：在业务上，电子商务是指实现整个贸易活动的电子化，交易各方以电子交易方式进行各种形式的商业交易；在技术上，电子商务采用电子数据交换（EDI）、电子邮件、共享数据库、电子公告牌及条形码等多种技术。

（6）IBM 提出的电子商务的定义：电子商务 = Web+IT，它所强调的是在计算机网络环境下的商业化应用，是把买方、卖方、厂商及其合作伙伴在因特网（internet）、企业内部网（intranet）和企业外部网（extranet）结合起来的应用。

从上面几个权威组织的定义来看，关于电子商务的定义有广义和狭义之分。狭义的电子商务也称作电子交易，主要包括通过计算机网络进行的交易活动，如网上广告、网上洽谈、订货、收款、付款、客户服务、货物递交等活动。而广义的电子商务则包括电子交易在内、利用网络进行的全部商业活动，因此，它还包括企业内部的商务活动，如市场调查与分析、生产、管理、营销、财务、客户联系以及企业间的商务活动等。

2. 电子商务的范围

综合上述分析，电子商务源于英文“electronic commerce”，简写为“EC”。其内容包含两方面，一是电子方式，二是商贸活动。广义的电子商务是指在网络上进行商务贸易和交易。狭义的电子商务通常是指在全球各地广泛的商业贸易活动中，在互联网开放的网络环境下，基于浏览器/服务器应用方式，买卖双方不谋面地进行各种商贸活动，实现消费者的网上购物、商户之间的网上交易和在线电子支付以及各种商务活动、交易活动、金融活动和相关的综合服务活动的一种新型的商业运营模式。具体来说，电子商务活动是指以下列方式进行的交易或商务活动：

（1）通过互联网进行的交易，如联机商店（online shop）和网上直销（internet direct sale）。

（2）通过互联网进行的商务活动，如联机服务（online service）和网上广告（internet advertisement）等。

（3）通过增值网络（VAN）进行的电子交易和服务，如通过电子数据交换（EDI）进行采购和报关等。

（4）通过连接企业或机构的计算机网络发生的交易和服务。

电子商务的主要部分是“商务”，是在“电子”基础上的商务。电子商务的定义主要从以下四个方面来理解：

（1）电子商务的前提是商务信息化。以电子计算机为代表的电子信息技术的发明和创造，主要针对的是人的知识获取和智力开发等。电子计算机是对自然信息、人类信息进行采集、储存、加工处理、分发和传输等的工具。

（2）电子商务的核心是人的社会化。因为电子商务是一个社会系统，它的中心必然是人。电子商务的出发点和归宿是商务，商务的中心是人或人的集合。电子工具的系统化应用也只能靠人，而从事电子商务的人就必然是既掌握现代信息技术又掌握现代商务技能的复合型人才。

（3）电子商务的工具必然是现代化工具。所谓现代化工具，是指当代技术成熟、先进、高效、低成本、安全、可靠和方便操作的电子工具，如电报、电话、电传、电视、EDI、销售终端（POS）、电子货币、管理信息系统（MIS）、决策支持系统（DSS）等系列工具。从系统化来讲，应将局域网（LAN）、城域网（MAN）和广域网（WAN）等纵横相连，构造支持微观、中观和宏观商务活动的安全、可靠、灵活、方便的系统。

（4）电子商务活动的虚拟化。以往的商务活动主要是针对实物商品进行的活动，而电子商务则首先要将实的商品虚拟化，形成信息化（数字化、多媒体化）的虚拟商品，进而对虚拟商品进行整理、储存、加工和传输。

由此，可以归纳“电子商务”的定义：电子商务是指通过现代通信技术，特别是因特网技术进行的商务活动。它既可以是基于浏览器/服务器应用的电子交易，也可以是构建在现代化信息技术和信息系统上的创新的商务模式，还可以统称为商务活动的电子化。简单地说，电子商务是指系统化地利用电子工具，高效率、低成本地从事以商品交换为中心的各种商务活动的全过程。

二、电子商务的特点

与传统的商务活动模式相比，电子商务在产生和发展过程中，形成了以下几个特点：

（一）不受空间、时间限制

互联网上的企业活动以信息为特征，它的活动空间随网络体系的延伸而延伸，没有任何地理障碍，可以使相隔万里的市场与消费者缩至咫尺之间。同时，互联网络可以一天 24 小时、一年 365 天营业，并能迅速采集顾客购买意向，借助数据库分析顾客的购买行为，向顾客提供咨询、采购等服务，而且还能快速地更新商品信息，调整商品对市场需求和流通趋势的适应性。网上的业务可以开展到传统营销人员销售和广告促销所达不到的市场范围，如我国湖南一养毒蛇农民，通过互联网将其产品卖到美国一个未曾谋面的公司。

（二）无歧视、更平等

在这个相对无歧视的互联网络世界市场中，供需双方都是平等的：任何一个使用互联网的公司或个人都可以不受国家、地理位置、经营规模、项目等因素的限制，与网上任何一个其他的公司或个人打交道，只要上互联网，无论任何人都能得到同样质量、同样可信度的服务。企业之间平等竞争：网络为企业提供了一个真正平等、自由的市场体系，使实力薄弱的中小企业能与实力雄厚的大企业一样有同样的上网机会，同样的面临消费者的机会和获取世界各地信息的机会。海尔集团使用互联网后数个月获得的国外咨询次数增加了一倍；小天鹅集团 1996 年使用互联网后出口量迅速增长；1998 年，浙江省海宁市皮革服装城加入了国际计算机互联网，仅半年时间，该服装城就吸引了美国、意大利、日本、丹麦等 30 余个国家和地区的 5 600 多个客户，仅仅雪豹集团一家就实现外贸供货额 1 亿多元人民币。

（三）信息充分，内容丰富

以网络为媒体的信息内容十分丰富，网上的虚拟市场的信息往往是多媒体形式的，有图片、动画、文字和声音等，声形并茂，其内容不仅有产品和价格信息，还有相关的知识文化信息。如在网上购买山地自行车，可以充分了解山地自行车的历史、山地车品牌、山地车供应商、各种配件功能、配件供应商、相关山地车赛事等，这一点是其他营销方式所做不到的。经营者只需坐在办公室或家中就能向世界各地发布关于企业、产品及竞争情况的信息，只要是网上的用户，不论在哪个地区、哪个国家都可以从中了解到各种信息，并按照自己的要求，如价格、质量、性能和购物条件等做出选择。电子商务通过整合价值链上的企业关系使网络服务增值，把供应链管理、供应商管理、销售链管理、客户关系管理、电子商务交易市场的管理集成为一个相互融合、信息共享的企业信息服务平台。通过提供信息共享、交流、反馈和决策处理，改进企业信息处理能力和处理质量，以适应市场竞争环境。

（四）沟通更快捷、有效、个性化

互联网上可以展示商品的目录，连接资料库提供有关商品信息的查询，同时可以和顾客做互动双向沟通，网络具有双向交互反馈的功能。消费者可以主动在网上随意选择感兴趣的信息、产品或服务。而企业也可以根据消费者反馈的需求信息，定制、改进或开发更贴心、更合口味的个性化的产品与服务，这就使企业与消费者之间的沟通更直接、更方便，也更有效，具有极强的针对性。电子商务具有多媒体信息的双向互动与传播扩散功能，使企业在产品和服务的宣传上比以往更便捷。这对企业拓展全球业务市场空间、扩大知名度、提高竞争力具有重要意义。

（五）费用更节约

电子商务使得买卖双方的交易成本大大降低，具体表现在以下几个方面：

（1）距离越远，网络上进行信息传递的成本相对于信件、电话、传真而言就越低。此外，缩短时间及减少重复的数据录入也降低了信息成本。

（2）买卖双方通过网络进行商务活动，无须中介者参与，减少了交易的有关环节。

（3）卖方可通过互联网络进行产品介绍、宣传，避免了在传统方式下做广告、发印刷产品等大量费用。

（4）电子商务实行“无纸贸易”，可减少 90%的文件处理费用。

（5）互联网使买卖双方即时沟通供需信息，使无库存生产和无库存销售成为可能。

（6）企业利用内部网可实现“无纸办公”（OA），提高了内部信息传递的效率，节省了时间，并降低了管理成本。通过互联网络把企业总部、代理商以及分布在其他国家的子公司、分公司联系在一起，及时对各地市场情况做出反应，即时生产，即时销售，降低存货费用，采用快捷的配送公司提供交货服务，从而降低了产品成本。

（7）传统的贸易平台是地面店铺，新的电子商务贸易平台则是网吧或办公室。

（六）市场全球化

电子商务是在虚拟市场上进行的。这个虚拟市场就是互联网。互联网是一个媒体，是一个连接世界各国的大网络。互联网虚拟市场的出现，将所有的企业，不论是大企业，还是小企业，都推向了一个世界统一的市场。传统的区域性市场的小圈子正在被一步步打破，全球性的竞争迫使每个企业都必须学会在全球统一的大市场上做生意。互联网在全球范围内的迅速崛起给企业带来了新的商机，使企业商业活动向着区域化、国际化、全球化发展，使企业拥有了一个更广阔、更具有选择性的全球市场。电子商务通过企业的门户网站使企业进入国际贸易的门槛降低，为企业建立领先于同行的竞争发展战略创造了优势条件，也让企业可以不受任何限制地展示自己的品牌和形象。

（七）服务大众化

企业可以通过网络一天 24 小时永不停息地为顾客服务。任何一个顾客，无论其规模大小，无论其位于世界的哪一个角落，只要联网，就可享受到全方位的服务。这种服务方式避免了企业因无法与每个顾客沟通而不能满足顾客需求的情况，降低了顾客的不满意程度。与此同时，服务大众化顺应了大众营销、直接推销的趋势。电子商务的门户网站是企业的商品交易平台，也是客户关系管理的服务系统，能提供客户个性化消费需求的定制服务，以高效便捷的方式提供产品信息、服务信息、用户疑难解答等各种服务内容。

（八）交易效率高

由于互联网络将贸易中的商业报文标准化，使商业报文能在世界各地瞬间完成传递与计算机自动处理，从而可以使原料采购、产品生产、产品销售、银行汇兑、保险、货物托运及申报等过程，在无须人员干预的情况下，在最短的时间内完成。在传统贸易方式中，用信件、电话和传真传递信息必须有人的参与，且每个环节都要花不少时间。有时由于人员合作和工作时间的问题，会延误传输时间，失去最佳商机。电子商务克服了传统贸易方式费用高、易出错、处理速度慢等缺点，极大地缩短了交易时间，使整个交易更加快捷、方便。

三、电子商务的发展阶段

电子商务的发展经历了两个基本阶段，而随着社会经济发展的需要和电子信息技术、网络互联技术、现代通信技术和现代物流技术等水平的不断提高，全世界电子商务的发展迅速，进入密集创新和快速扩张的新阶段。

（一）基于 EDI 的电子商务（20 世纪 60~90 年代）

从技术的角度来看，人类利用电子通信的方式进行贸易活动已有几十年的历史了。早在 20 世纪 60 年代，人们就开始了用电报报文发送商务文件的工作；70 年代人们又普遍采用方便、快捷的传真机来替代电报。但是由于传真文件是通过纸面打印来传递和管理信息的，不能将信息直接转入信息系统中，因此人们开始采用 EDI（电子数据交换）作为企业间电子商务的应用技术，这也就是电子商务的雏形。

EDI 在 20 世纪 60 年代末期产生于美国。当时的贸易商们在使用计算机处理各类商务文件的时候发现，人工输入一台计算机中的数据的 70%来源于另一台计算机输出的文件，而由于过多的人为因素，影响了数据的准确性和工作效率的提高。人们开始尝试在贸易伙伴之间的计算机上使数据能够自动交换，EDI 应运而生。

EDI 是将业务文件按一个公认的标准从一台计算机传输到另一台计算机上去的电子传输方法。由于 EDI 大大减少了纸张票据，因此，人们也形象地称之为“无纸贸易”或“无纸交易”。

（二）基于因特网的电子商务（20 世纪 90 年代至今）

因为使用增值网（VAN）的费用很高，仅大型企业才会使用，从而限制了基于 EDI 的电子商务应用范围的扩大。20 世纪 90 年代中期后，因特网迅速普及，逐步地从大学、科研机构走向企业和百姓家庭，其功能也已从信息共享演变为一种大众化的信息传播工具。因特网带来的规模效应降低了业务成本，它所带来的范围效应则丰富了企业业务活动的多样性。因特网也为小企业创造了机会，使它们能够与资源雄厚的跨国公司在平等的技术基础上竞争。

从 1991 年起，一直被排斥在因特网之外的商业贸易活动正式进入这个王国，因此使电子商务成为因特网应用的最大热点。以直接面对消费者的网络直销模式而闻名的美国戴尔（Dell）公司，1998 年 5 月的在线销售额高达 500 万美元，该公司 2000 年在线收入占总收入的一半以上。亚马逊（Amazon. com）网上书店的营业收入从 1996 年的 1. 58 万美元猛增到 2001 年的 27 亿美元。易趣（eBay）公司是因特网上最大的个人对个人拍卖网站，这个跳蚤市场 1998 年第一季度的销售额就达 1 亿美元。像这样的营业性网站已从 1995 年的 2 000 个急升为 1998 年的 42. 4 万个。

基于因特网的电子商务系统提供了更多元化的功能，如通过因特网浏览器、理财软件、电话、因特网电视、掌上电脑（PDA）等进行全面自动化下单、交易管道的多元化等；金融商品的多元化体现在股票、基金、信用卡及首次公开募股（IPO）、期货、衍生性金融商品等。电子商店已是消费市场中非常普遍的经营形态，而结合电子商务系统的开发商，设计具有明确经营目标或有特色的电子商店，更是吸引因特网投资者的重要因素。无线电应用协议（WAP）技术使得流动网上服务更趋成熟，基于 WAP 的手机购物、证券交易和查询日益流行，并将带动新一轮电子商务——移动电子商务的快速发展。

四、电子商务的应用

（一）全球电子商务的应用

从世界各国电子商务的发展来看，北美地区的电子商务起步较早，发展水平也最高，应用最为普及。美国早在 1993 年前后便有大量公司开始涉足电子商务。美国前总统克林顿在 1997 年 7 月提出“全球电子商务纲要”，明确了美国电子商务发展的方针与策略，并称 1998 年为电子商务年。数据营销机构弗雷斯特研究公司（Forrester Research）的报告指出，B2B 电商市场的强劲增长主要归功于经济趋势走高、失业率降低以及传统零售趋向线上零售的变革。2018 年度 1. 134 万亿美元的在线零售额约占美国 B2B 销售总额 9 万亿美元的 12%，预计这一比例到 2023 年将占美国 B2B 销售总额 11 万亿美元的 17%。

欧洲的电子商务比美国起步晚了 18 个月，但发展也很快。欧盟于 1997 年 4 月提出了《欧盟电子商务行动方案》，并于 1998 年起草了各种与电子商务有关的法律，规范了电子商务的市场环境。2019 年 1 月 25 日，在瑞士达沃斯举行的电子商务非正式部长级会议上，中国和澳大利亚、日本、新加坡、美国、欧盟等共 76 个世贸组织成员签署了《关于电子商务的联合声明》，确认有意在世贸组织现有协定和框架基础上，启动与贸易有关的电子商务议题谈判。

在亚太地区信息产业发达的日本、新加坡和韩国，其电子商务的发展也很迅猛。日本、韩国、马来西亚、菲律宾等国都颁布了有关电子商务的基本法规。2019 年 1 月，新华社报道，文莱伊斯兰银行正与更多商家合作，扩大移动支付网络布局。在 NEXGEN 平台下，文莱伊斯兰银行已推出二维码支付、电子钱包、虚拟银行卡等多种电子支付方式，预计未来移动支付渠道将实现每年 30 亿文元（约 22 亿美元）交易额。文莱央行也公布了文莱电子支付路线图，称将积极推动国内支付手段向电子支付转变，并计划在 2025 年前建成无现金社会。

（二）我国电子商务的应用

中国电子商务的发展虽然较发达国家晚了一两年，但由于经济的快速发展以及国内形势的持久稳定，我国电子商务的发展速度体现出巨大的发展潜力。

1. 网络购物

《中国互联网络发展状况统计报告》显示，截至 2018 年 12 月底，我国网络购物用户规模达 6.10 亿，较 2017 年年底增长 14.4%，占整体网民的比例达 73.6%。手机网络购物用户规模达 5.92 亿，较 2017 年年底增长 17.1%，使用比例达 72.5%。

从行业发展来看，在用户高增长红利期后，供需两端“双升级”成为行业新一轮增长驱动力。在需求端方面，2018 年网络消费继续保持升级态势，消费升级为行业增长提供了强劲动力，也进一步推动市场成熟发展。例如，个性化需求促进了定制化供给，城市用户需求的释放加速推动电商渠道下沉，品质化需求和理性消费进一步推动品质电商的快速发展。在供给端方面，围绕资源、技术和模式的升级进一步加快。例如，各大电商门店加速落地，与传统零售商联盟化趋势加强，线上线下资源进一步整合；人工智能、大数据、区块链等技术在物流、营销、质量追溯等领域的应用日趋深入；电商流量加速分化，拼购模式、小程序电商、内容电商等新模式交易规模呈指数增长。供给端升级加速了资源流动与协同分工，有效提升了供应链效率，同时通过丰富消费场景进一步激发了消费潜力。

2. 网上支付

截至 2018 年 12 月底，我国网络支付用户规模达 6.00 亿，较 2017 年年底增加 6 930 万，年增长率为 13.0%，使用比例由 68.8%提升至 72.5%。手机网络支付用户规模达 5.83 亿，年增长率为 10.7%，在手机网民中的使用比例由 70.0%提升至 71.4%。网民在线下消费时使用手机网络支付的比例由 2017 年年底的 65.5%提升至 67.2%。

2018 年国内网络支付市场发展呈现以下特点。第一，行业竞争依旧激烈。银联、商业银行加大支付业务布局力度，在不断优化自身产品体验的基础上，与第三方支付企业展开正面争夺，其中银联的“云闪付”产品上线一年内用户量就突破一亿；第二，支付场景不断延伸。网络支付应用在公共交通、医疗健康等领域形成突破，当前我国绝大多数三线及以上城市公共交通系统引入手机网络支付应用；第三，支付方式更为多元。继扫码支付普及后，基于车牌识别、人脸识别的无感支付进入成熟商用期；基于生物识别技术的指纹识别支付得到广泛应用，网络支付更加高效、便捷。

3. 网约车

截至 2018 年 12 月底，我国网约出租车用户规模达 3. 30 亿，较 2017 年年底增加 4337 万，增长率为 15. 1%。网约专车或快车用户规模达 3. 33 亿，增长率为 40. 9%，用户使用比例由 30. 6%提升至 40. 2%。

运营管理层面，网约车行业规模不断扩大，运营车辆向新能源升级。主要表现为：其一，新竞争者入局，市场竞争日趋激烈。截至 2018 年 10 月底，已有 100 多家网约车平台公司在部分城市获得经营许可 ，继携程、高德、美团等跨界布局网约车市场后，戴姆勒、吉利等企业也相继入局；其二，新能源汽车未来将逐步淘汰传统网约车辆。部分城市陆续调整网约车实施细则，规定新增或更新的网约车辆牌照必须为新能源汽车，已有专车平台按照“互联网+新能源”模式布局网约车市场。

4. 网络直播

截至 2018 年 12 月底，网络直播用户规模达 3. 97 亿，较 2017 年年底减少 2 533 万，用户使用率为 47. 9%，较 2017 年年底下降 6. 8 个百分点。从体育、游戏、真人秀、演唱会四个细分内容领域来看，游戏直播用户使用率基本稳定，体育直播用户使用率略有下降，演唱会、真人秀直播用户使用率分别下降 6. 2 个、8. 8 个百分点。

2018 年网络直播行业内部逐渐分化，进入转型调整期。其一，第一梯队直播平台在资本的支持下领先优势进一步扩大。3 月，斗鱼直播、虎牙直播分别获得腾讯 6. 3 亿、4. 6 亿美元投资。5 月和 7 月，虎牙直播、映客直播先后完成上市，高额的融资为平台的精细化运营奠定了物质基础，行业集中度加速提升；其二，第二梯队直播平台抱团取暖谋求发展，以实现流量和利润最大化。例如 YY 与小米直播、花椒直播与六间房、斗鱼直播与新浪微博等或进行合并重组、或开启战略合作，以达到资源整合和流量互补。

5. 网上外卖

截至 2018 年 12 月底，我国网上外卖用户规模达 4. 06 亿，较 2017 年年底增长 18. 2%，继续保持较高增速。手机网上外卖用户规模达 3. 97 亿，增长率为 23. 2%，使用比例达 48. 6%。

市场格局方面，外卖市场“两分天下”竞争格局已然清晰。美团点评在香港上市，阿里巴巴全资收购饿了么平台，并新成立本地生活服务公司合并饿了么和口碑两大业务，外卖市场竞争已升级为生态构建能力和资源实力的比拼。随着行业格局进一步固化，可以预见，未来外卖市场较难再出现独角兽平台，中小平台需要在产业链各个环节和垂直市场深挖机会。

行业趋势方面，在市场变化和平台战略调整的背景下，新的行业趋势正在形成。一是外卖业务在本地生活服务生态体系中的重要性日趋凸显，逐步成为各平台在生活服务领域竞争的胜败关键；二是行业生态进一步开放，协同实现多赢，如美团收购餐饮 SaaS（software-as-a-service，软件即服务）服务商，并与线下零售企业开展合作提供大数据服务，饿了么为阿里巴巴本地生活零售商提供即时配送服务。平台通过开展跨界合作、为 B 端企业赋能等方式增加变现渠道并丰富平台生态，将进一步提升外卖产业化程度和餐饮零售行业服务水平。

6. 在线旅行预订

截至 2018 年 12 月底，在线旅行预订（在线旅行预订包括：网上预订机票、酒店、火车票和旅游度假产品）用户规模达4.10亿，较2017年年底增长3 423万，增长率为9.1%；网上预订机票、酒店、火车票和旅游度假产品的网民比例分别为27.5%、30.3%、42.7%和14.5%。其中，预订旅游度假产品的用户规模增速最快，增长率为35.5%。

在线机票领域（online travel agency，OTA）平台业务量持续增长，国际机票预订是业务量增长主要来源。当前，OTA平台专注于扩大国际市场份额，通过国际机票业务实现收入持续稳定增长。手机预订机票趋向常态，手机预订机票用户占整体在线预订机票用户的98.8%。这得益于移动互联网发展，App应用体验不断提升，值机办理、服务预订等增值内容植入其中，满足了用户“高效个性化需求”，促使网民使用手机预订机票。

酒店预订领域呈现以下三个主要特点：一是OTA住宿业务稳健增长。2018年主流OTA平台各季度住宿预订量持续增加，海外市场拓展和营销活动丰富是业务增长主要原因；二是酒店“一站式”在线服务平台快速发展。酒店通过集成子品牌，不断优化会员应用体验，提升用户忠诚度；三是客栈民宿发展势头良好。在大型城市和旅游城市，客栈民宿结合民俗文化和适当的价格定位，用户认可度不断提升。

旅游度假产品预订领域呈现以下两个主要特点：一是消费升级激发境外游预订市场需求。随着经济的发展，我国中等收入群体不断扩大，旅游度假特别是境外游需求显著增加，OTA平台和传统旅行社开始激烈的境外游市场争夺；二是线上线下协同效应促进预订消费。OTA平台加速设立线下实体门店，发掘在线预订无法覆盖的潜在用户，并运用大数据技术优化产品组合、促进销售；传统旅行社拓展移动端营销渠道，通过即时通信等便捷的方式维护客户关系，提供个性化定制服务。

第二节　电子商务技术的内涵及特征

一、电子商务技术的内涵

电子信息技术的发明和应用与商务活动发展的需要相结合，产生了电子商务。电子商务之所以具有如此强大的生命力，是因为它是人类历史上商贸流通劳动（活动）的崭新而先进的生产力。它使商务劳动的三大要素（工具、对象和劳动者）都发生了革命性的变化。这里的劳动者是信息技术和商务技术的复合劳动者。这里的工具指的就是电子商务技术。

在电子商务的产生过程中，市场需求以及市场主体固然是极为重要的原因。但是作为一种新的商务模式，网络和信息技术的基础性作用才是电子商务产生的关键。电子商务的相关技术几乎囊括了网络和信息技术的全部。可以说，电子商务技术就是网络和信息技术在电子商务方面的应用。

电子商务经常被误解为仅仅是通过互联网来进行商品和服务的买卖，实际上，电子商务远不只是一些网上的交易和资金的转账，它定义了新的商务形式。除了提供买卖服务以外，一个电子商务技术解决方案还能够提供一整套服务，该服务系统是建立在一个组织内部的数据系统之上的，能够支持销售过程和提供完整的账户管理。

电子商务技术的框架结构是指电子商务活动环境中所涉及的各个领域以及实现电子商务具备的技术保证。从总体上来看，电子商务技术的框架结构由四个层次和两大支柱构成。其中，电子商务技术框架结构的四个层次分别是指网络基础设施层、传播基础设施层、业务服务层、应用层，两大支柱是指国家关于电子商务方面的公共政策和法律规范以及各种技术标准和网络协议。在四个层次和两大支柱的支持下，就可以实现各种电子商务应用。电子商务一般技术框架结构模型如表 1-1 所示。

表 1-1　电子商务技术框架结构

<table>
<tr><td rowspan="5">各种技术标准及网络协议</td><td colspan="2">技术平台</td><td>商务活动</td><td rowspan="5">政策法律及隐私</td></tr>
<tr><td>电子商务应用</td><td>供应链管理、视频点播、网上银行、网上娱乐、有偿信息服务、网上购物、网络广告</td><td>方便定单输入和数据确认
商务网站运营管理
客户行为分析工具</td></tr>
<tr><td>贸易服务基础</td><td>安全、认证、电子支付、目录服务、咨询服务</td><td>管理客户信息
营销广告活动
加强商务合作规则</td></tr>
<tr><td>传播基础设施</td><td>报文和信息传播、EDI、E-mail、HTTP、云计算等多媒体内容和网络宣传、HTML、XML、JAVA</td><td>与贸易伙伴交换关键的商务信息
存储和检索需要的数据</td></tr>
<tr><td>网络基础设施</td><td colspan="2">电信、有线电视、无线设备、Internet</td></tr>
</table>

（一）网络基础设施层

网络基础设施即网络层，是实现电子商务的最底层的硬件基础设施，它是信息传输的物理载体，也是实现电子商务的基本保证，电子商务正是在网络的发展基础之上的新兴行业。网络层它包括远程通信网（telnet）、有线电视网（cable TV）、无线通信网（wireless）和互联网（internet）等。这些不同的网络都提供了电子商务信息传输的线路，但是电子商务的主要业务是基于 Internet 的，所以互联网是网络基础设施中最重要的部分。互联网上的硬件设备有：路由器、交换机、调制解调器等，同时有提供计算机网络服务的 Internet 服务提供商（ISP）。

（二）传播基础设施层

网络层决定了电子商务信息传输使用的物理线路，而传播基础设施层则解决如何在网络上信息传输和信息表现形式的问题。目前 Internet 上最常用的是在 www 上用 HTTP 协议进行信息传输，将传输的 HTML 语言在浏览器端以网页的形式进行信息发布，并将 web 服务器中发布的文本、数据、声音、图像和视频等多媒体信息发送到浏览器端；将浏览器端提交的信息传递给服务器，由其进行信息处理。这样，企业可以利用网上主页、电子邮件等在 Internet 上发布各类商业信息，客户可借助网上的检索工具迅速地找到所需商品信息。从技术角度而言，电子商务系统的核心是信息的交互。

（三）贸易基础服务层

一般业务服务层实现标准的网上商务活动服务，如网上广告、网上零售、商品目录服务、电子支付、客户服务、电子认证（CA 认证）、商业信息安全传送等。其真正的核心是 CA 认证。因为电子商务是在网上进行的商务活动，参与交易的商务活动各方互不见面，所以身份的确认与安全通信变得非常重要。CA 认证中心，担当着网上“公安局”和“市场监督管理局”的角色，而它给参与交易者签发的数字证书，就类似于“网上的身份证”，用来确认电子商务活动中各自的身份，并通过加密和解密的方法实现网上安全的信息交换与安全交易。

对电子商务来说，最关键的是电子支付的安全性，必须提供安全和认证机制来保证信息传递的可靠性、不可篡改性和不可抵赖性，且在有争议的时候能够提供适当证据，商务服务的关键就是安全的电子支付。目前，很多的技术如信息加密技术、数字证书 SET 协议等都是为电子支付服务的。

在基础通信设施、多媒体信息发布、信息传输以及各种相关服务的基础上，人们就可以进行各种实际应用。比如：供应链管理、企业资源计划、客户关系管理等各种实际的信息系统，以及在此基础上开展企业的知识管理、竞争情报活动。而企业的供应商、经销商、合作伙伴以及消费者、政府部门等参与电子互动的主体也是在这个层面上和企业产生各种互动。

（四）电子商务应用层

电子商务应用层是利用电子技术手段开展商务活动的核心，也是电子商务技术系统的核心组成部分，是通过应用程序实现的。如供应链管理、视频点播、网络广告、信息服务、购物、客户服务等。

（五）政策法律及隐私

政策法律及隐私是电子商务技术框架的两大支柱。这里政策包括围绕电子商务的税收制度、信息的定价、信息访问的收费、信息传输成本、隐私问题等。其中税务制度如何制定是一个非常重要的问题。例如，对于电子书籍、软件等无形商品如何征税。如果税收问题处理不好，将严重制约电子商务的发展。

法律维系着商务活动的正常运作，可以保障买卖双方的权益，对市场的稳定发展起到了很好的制约和规范作用。进行商务活动，必须遵守国家的法律、法规和相应的政策，同时还要有道德和伦理规范的自我约束和管理，二者相互融合，才能使商务活动有序进行。

随着电子商务的产生，交易的环境和流程都有了很大的变化，由此引发的问题和纠纷也不断增加，原有的法律法规已经不能适应新的发展环境，原来的法律条款对现有的问题已不再适用，如果没有成熟、合理的法律来解决纠纷，必然会制约电子商务的发展。制定针对电子商务的新的法律法规并形成一个成熟、统一的法律体系，这成为世界各国发展电子商务的必然趋势，是电子商务良性健康发展的保障。

（六）技术标准和网络协议

技术标准是电子商务技术框架的另一支柱，是信息发布和传递的基础，是确保电子商务各方面实现快捷业务往来和各种数据处理的关键。技术标准定义了用户接口、传输协议、信息发布标准等技术细节。它是信息发布、传递的基础，是网络信息一致性的保证。就整个网络环境来说，技术标准对于保证兼容性和通用性是十分重要的。例如 EDI 标准，电子商务数据交换标准 ebXML，一些像维萨、万事达卡这样的国际信用卡组织已经同各界合作制定出用于电子商务安全支付的电子安全交易协议（SET 协议）等。中国银联已经建成了具有自主知识产权、全国统一的银行卡跨行交易清算系统。中国银联与商业银行协同，初步建立了符合国际通用要求的银行卡标准规范体系，并在银联标准卡上集中应用这些标准规范，用带有银联标识的银行卡可以实现跨行转账等交易功能。

网络协议是计算机网络通信的技术标准，对于处在计算机网络中的两个不同地理位置上的企业来说，要进行通信，必须按照通信双方预先共同约定好的规程进行，这些共同的约定和规程就是网络协议。

二、电子商务技术因素

技术和数字的融合为电子商务的最终实现提供了可能。数字技术可以使文字、声音、图片和图像转换为能集成、储存、操作和迅速传送的一系列数据流，同时不损害传送的质量。这场电子商务和多媒体革命正推动以前根本截然不同的行业，如通信、娱乐、出版和计算机业紧密地联系起来，并迫使这些有着不同历史和传统的行业进行竞争和合作。

（一）信息内容融合技术

信息内容的融合使数字化信息可以低成本地进行处理、检索、分类、加强、转换、压缩、加密、复制和传送。其所产生的影响包括以下两个方面：

第一，对基于内容的行业（如报纸、杂志和书籍）具有深远的意义。它使这些行业有了先进的信息出版和浏览工具。例如，内容融合促进了浏览器行业的出现。

第二，使企业用联网数据库和电子出版来提高企业和个人的决策水平和信息处理水平。商业活动除了物质产品的生产、分销和商品的运送外，还包括各种形式的信息收集、处理、操作和分布，而内容融合创造了计算机和网络基础设施，能够更有效地进行业务流程或工作流程的协调和集成。

（二）传输设施与方式融合技术

随着各种转接和转换技术的发展，信息能够在信息高速公路的各种组成部分之间进行传送，如电话、电视、卫星和无线通信网络。传输技术融合是指压缩和存储数字化信息，使它能通过现有的混合基础设施进行传输。传输融合也指通信设备的融合，即声音、数据、图片和图像在同一条线路上传输所用的“管道”。从商业的角度看，传输融合使因特网访问变得非常简单。对企业来说，传输融合则创造了低成本的产品送达渠道。

信息访问设备的融合也促进了传输融合，尤其是电话、计算机和电视之间的界线越来越模糊。各种信息访问设备的结合也创造出了更先进的设备，如可完成电子交易、检索信息、进行顾客认证的销售终端（POS）设备，计算机与电视结合而成的交互式电视，电视与因特网结合而成的互播技术，电话与因特网结合而成的网络电话等。大多数与因特网相关的厂商都开始重新构造它们的网络营销战略和产品计划，以便从各个角度开发不断扩大的因特网市场。例如，电话公司瞄准了因特网商务服务，软件公司也开始提供内容服务。随着数字电视的普及，有线电视公司、电话公司甚至卫星公司都可称为因特网服务商。而在我国，2010 年就已经制订了有线电视、电话、因特网三网并合的计划。

三、电子商务技术特征

（一）现代电子商务的基本特征

电子商务主要是利用通信与网络等电子手段进行商务活动。根据使用网络类型的不同，电子商务网络目前主要有三种类型：EDI 网络、Internet 和 Intranet。Internet 将在电子商务中占据越来越重要的地位，其技术特点是利用 Internet 和 Web 等网络来传送商务活动信息，商家和企业、顾客和消费者、银行和金融机构等交易伙伴可以在网上全面地进行商务活动。电子商务网络作为现代信息化网络，还具有丰富的信息资源、完备的双向信息沟通、灵活的交易手段和方便快捷的支付方式等特点。

（二）网络技术和通信技术特征

在电子商务中主要采用以下通信网络：电话交换网、分组交换网、数字数据网、综合业务网、卫星地面站数据网、帧中继网和数字移动通信网。电子商务的网络通信技术包括：局域网技术、广域网互联、接入技术和 TCP/IP 协议。计算机网络技术有：Internet、内联网、外联网和 WWW 技术、WWW 信息自动发现与检索技术、Web 分布式计算工具发布、网络计算技术等。

由于电子商务是在 Internet 等网络上进行的，因此网络是电子商务最基本的构架，网络技术是电子商务技术中最底层、最基本的技术。简单来说，计算机网络就是由一台台单独的计算机和通信设施连接起来的系统。网络使用户打破了地域的分隔和局限，在网络能达到的范围内实现资源的共享。计算机网络按其分布的范围，可分为局域网（LAN）和广域网（WAN）两类。局域网指那些连接近距离的计算机的网，如连接办公室或实验室的计算机网络、校园网等。广域网则是指实现计算机远距离连接的网络，如城市网、国家网等。

（三）Internet 技术特征

Internet 是一个国际性的计算机通信网络，它集现代通信技术、计算机技术和信息技术于一体，是计算机之间进行广阔领域信息交流和实现资源共享的手段。Internet 将各种各样的物理网络互联起来，构成一个整体，打破了网络类型、规模和地理位置的界限，实现了网络之间资源的共享和信息交流。

Internet 的主要功能可归纳为四个方面：网络通信、计算机系统远程登录、文件传输和网络信息服务。Internet 是电子商务发展的基石，没有 Internet，电子商务就无从谈起。

（四）EDI 技术特征

电子数据交换（electronic data interchange，EDI），按照国际标准组织的定义，是"将商业或行政事务按照一个公认的标准，形成结构化的事务处理或文档数据格式，从计算机到计算机的电子传输方法"。简单地说，EDI 就是按照商定的协议，将商业文件标准化和格式化，并通过计算机网络，在贸易伙伴的计算机网络系统之间进行数据交换和自动处理。

EDI 有 3 个基本组成要素即通信网络、计算机硬件和专用软件组成的应用系统、EDI 标准化。EDI 的基本特点是：两个或多个计算机应用进程间的通信；遵循一定的语法规则与国际标准；数据自动投递和传输处理，不需要人工介入，由应用程序对它自动响应，实现事务处理与贸易自动化。

EDI 主要应用于 B2B[①] 的电子商务。与传统的订货和付款方式相比，EDI 大大节约了时间和费用。相对于 Internet，EDI 系统具有完整性、一致性和可靠性，较好地解决了安全保障问题。因为 EDI 用户均有可靠的信用保证，并有严格的登记手续和准入制度，加上多级权限的安全防范措施，从而实现了包括付款在内的全部交易工作计算机化。

（五）安全性技术特征

网络安全性是影响电子商务健康发展的关键。由于 Internet 的开放性，信息在网络上传输时，存在着信息被拦截、泄露、篡改等可能性，还有如何进行身份识别等问题，这些都威胁到电子商务的安全。为保证电子商务的健康发展，必须采取有效手段来解决安全问题。一方面要建立健全法律和法规来保证电子商务的安全，另一方面还须利用各种技术手段来进行安全防范。电子商务所涉及的安全技术基本可以分为：数据加密技术、数字签名技术、防火墙技术、电子安全交易认证和虚拟专用网等。

实现信息在网络传输上的保密性、系统身份认证的可靠性、数据传输的完整性、信息的不可抵赖性、信息的唯一性等是保证信息安全的关键所在。系统安全体系应具备以下功能：建立对特定网段、服务的访问控制；检查安全漏洞；建立入侵攻击监控体系；主动进行加密通信；建立良好的认证体系；进行良好的备份和恢复机制；进行多层防御，隐藏内部信息并建立安全监控中心等。

（六）电子支付技术特征

所谓电子支付，指的是电子交易的当事人，包括消费者、厂商和金融机构，使用安全电子支付手段通过网络进行的货币支付和资金流转。电子支付技术包括电子转账系统、电子支付工具、交易数据安全技术及交易双方身份认证技术。

1. 电子支付的方式

电子支付的方式可以分为三大类：第一类是电子货币类，如电子现金、电子钱包等；第二类是电子信用卡类，包括智能卡、借记卡、电话卡等；第三类是电子支票类，如电子支票、电子汇款、电子付款等。这些支付方式各有自己的特点和运作模式，适用于不同的交易过程。

2. 电子支付的特征

与传统的支付方式相比，电子支付具有以下特征：

电子支付是采用先进的技术通过数字流转来完成信息传输的。它的各种支付方式都是采用数字化的方式进行款项支付的；而传统的支付方式则是通过现金的流转、票据的转让，用银行的汇兑等物理实体的流转来完成款项支付的。

电子支付的工作环境基于一个开放的系统平台（Internet）之中；而传统支付则是在较为封闭的系统中。

电子支付使用的是最先进的通信手段，对硬件设施的要求很高，一般要求有联网的计算机、相关的软件及其他一些配套设施；而传统支付使用的是传统的通信媒介，对硬件的要求不很高。

电子支付具有方便、快捷、高效、经济的优势。用户通过网络可以足不出户，在很短的时间内完成支付过程，支付费用远远低于传统支付手段。

---

① B2B 是指企业与企业之间通过专用网络或 Internet，进行数据信息交换、传递，开展交易活动的商业模式。

商务电子化已成为加快商务活动中各个环节进程、减少差错率、提高服务质量、降低成本和加速资金周转的重要手段。为了保证商务活动数据或单证能被不同国家、行业贸易伙伴的计算机识别处理，一定要有数据格式的一致约定。这就是电子商务活动中标准化所要解决的问题。

（七）数据库技术特征

在电子商务业务中，需要使用储存在数据库中的大量信息，如商家为用户提供的商品信息、认证中心储存的交易角色的信息、配送中心需要使用的配送信息、商家用户管理中的用户购买信息等。这些信息的存储和使用均需要强大的数据库技术作为支持。

（八）物联网技术特征

1. 物联网技术的概念

物联网的英文是“The internet of things”。顾名思义，物联网就是物物相连的互联网。其包含两层意思：第一，物联网的核心和基础仍然是互联网，是在互联网基础上延伸和扩展的网络；第二，其用户端延伸和扩展到了任何物品与物品之间，进行信息交换和通信。物联网通过智能感知、识别技术与普适计算、泛在网络的融合应用，被称为继计算机、互联网之后世界信息产业发展的第三次浪潮。物联网是互联网的应用拓展，与其说物联网是网络，不如说物联网是业务和应用。

2. 物联网技术的应用

在传感技术、大数据和移动互联网发展的推动下，全球物联网开始进入实质性推动阶段，在德国、英国等国家，物联网在能源、医疗、交通物流、汽车、消费电子、零售、工业自动化、公共事业和安全等领域发挥作用；2016 年，美国以物联网应用为核心，投资 110 亿美元用于智能电网及相关项目的开发和研究。

在国内，虽然物联网技术与市场的对接还存在一些问题，尤其是成本问题，但这并不妨碍物联网的应用推进，国内物联网开始进入初步推进阶段，应用渐成气候。目前，我国物联网应用主要集中在智能工业、智能物流、智能交通、智能电网、智能医疗、智能农业和智能环保等领域，物联网技术也逐步展开应用，例如在物流行业中，仓储配送、集装箱监控、运输调配等多个环节都已经运用到了物联网技术；在医疗领域，查房、输液、医疗器械管理等环节都有物联网技术的身影。

我国物联网市场规模稳步增长，2013 年，中国物联网产业规模达到 5 000 亿元，到 2018 年中国物联网市场规模达到 1.43 万亿元。工信部数据显示，截至 2018 年 6 月底，全国物联网终端用户已达 4.65 亿户。未来物联网市场上涨空间可观。预计 2020 年中国物联网市场规模将突破 2 万亿。

3. 物联网技术的未来

近几年来，物联网概念加快与产业应用的融合，成为智慧城市和信息化整体方案的主导性技术思维。物联网技术是支撑“网络强国”和“中国制造 2025”等国家战略的重要基础，在推动国家产业结构升级和优化过程中发挥重要作用。物联网是新一代信息技术的高度集成和综合运用，对新一轮产业变革和经济社会绿色、智能、可持续发展具有重要意义。全球各国尤其是美国、欧盟、日本、韩国等国家（地区）高度重视物联网发展，积极进行战略布局，以期掌握未来国际经济科技竞争的主动权。物联网技术是一系列信息技术的综合运用，随着需求的推动，有两项技术将进一步推进物联网发展：一项是大数据。数据显示 2005 年由 M2M 产生的数据占全世界数据总量的

11%，预计到2020年这一数值将增加到42%，如何利用大数据分析处理技术，将成为物联网的另一大技术亮点。另一项是移动互联网，比如车联网、移动医疗等都是物联网与移动互联网的结合。5G牌照的发放，意味着5G网络可以更好履行"智慧管道"的职责，助力物联网之间的数据传输，支撑诸如高清视频、实时监控等应用。

（九）云计算技术特征

1. 云计算的概念

随着互联网与信息技术的发展，新一代互联网技术——云计算诞生。云计算是一种商业计算模型，它将计算任务分布在由大量计算机构成的资源池上，用户按需要获取计算能力、存储空间和信息服务。云计算的核心思想是将大量的计算资源通过网络连接在一起，通过软件实现统一自动管理和调度，构成一个计算资源池，向用户按需提供服务，这种提供计算资源的资源池被称为"云"。云计算是并行计算、分布式计算和网格计算在商业领域的实现和发展。按照服务类型云计算可分为三类：将基础设施作为服务的IaaS、将平台作为服务的PaaS、将软件作为服务的SaaS。

IaaS（基础设施即服务）提供中央处理器（CPU）、网络、存储等基础硬件的云服务。在IaaS这一层，著名的云计算产品有亚马逊的S3（simple storage service），其向用户提供云存储服务。

PaaS（平台即服务）提供类似于操作系统层次的服务与管理，比如谷歌的GAE，用户可以把自己编写的Java应用（或者是Python）放在谷歌的GAE里运行，GAE就像一个"云"操作系统，对用户而言，不用关心自己的程序在哪台机器上运行。

SaaS为用户提供特定的应用软件功能，用户无须开发应用程序，由SaaS为用户提供专门的应用服务。SaaS的概念的出现要早于云计算，只不过云计算的出现让原来的SaaS找到了自己更加合理的位置。本质上，SaaS的理念有别于传统的许可证付费方式（比如购买Windows Office），SaaS强调按需使用付费。SaaS著名的产品有很多，比如IBM的Lotus Live，Salesforce.com等。

2. 云计算的应用

云计算是个美丽的网络应用模式。真正的云计算时代，可以去掉机子的硬盘存储，完全利用网络硬盘来储存信息。这对于网络的带宽的要求很高，国内家庭网络带宽平均只有1M到2M，有的带宽号称10M但基于共享网络的技术，使得宽带传输并不稳定，所以很难达到真正的云计算。但像韩国、日本、新加坡等国家已达到独享10M以上带宽网络。实际上，云计算早已出现在我们的生活中，如我们所常用的电子商务平台阿里巴巴、淘宝网、易趣等网站。网店里的商品信息存储在哪个城市、哪台服务器里，卖主不必关心，只需负责商品销售即可。再如视频云计算是专门为广电行业大批量视音频处理精心打造的基于PaaS和IaaS架构方式的云平台。在未来只需要一部手机或者其他移动终端，就可以通过无线上网的方式连接互联网，通过网络得到所需要的一切服务，甚至可以完成只有超级计算机才能完成的艰巨任务。而最终用户才是云计算的真正的使用者和受益者。

3. 云计算的发展与应用

在技术方面，我国云计算发展呈现以下四个特点：

第一，X86服务器是云计算硬件平台的主流选择，硬件在平台整体投入和营收中的占比较高。但随着硬件设备标准化程度和软件异构能力的提升，预计软件和服务市场的营收的占比将逐渐增长。

第二，国内云计算服务商在重视参与建立开源生态的同时，也积极进行自主研发。阿里巴巴、腾讯、华为等国内云计算服务商陆续参与 Linux 基金会、CNCF（Cloud Native Computing Foundation）基金会等开源基金会，并在 2018 年发布了“飞天 2.0”“Redis5.0”等自主研发的云计算产品。

第三，安全问题虽然已经引起云计算服务商的高度重视，但安全事故仍旧频发，安全风险管控能力亟待进一步加强。

第四，边缘计算与云计算的协同将极大提升对海量数据的及时处理能力、数据存储能力和深度学习能力，从而促进物联网的进一步发展。

在应用方面，我国云计算应用正从互联网行业向政务、金融、工业等传统行业加速渗透。首先，政务行业是云计算应用最为成熟的领域。全国超过九成省级行政区和七成市级行政区已建成或正在建设政务云平台；其次，金融行业积极探索云计算的应用场景。由于中小银行和互联网金融机构的系统迁移成本低、云计算应用需求强，使其更倾向于通过云计算改造现有业务系统；最后，工业云开始应用于产业链各个环节。通过与工业物联网、工业大数据、人工智能等技术进行融合，工业研发设计、生产制造、市场营销、售后服务等产业链各个环节均开始引入云计算进行改造，从而形成了智能化发展的新兴业态和应用模式。

四、电子商务技术标准

商务电子化，已成为加快商务活动中各个环节、减少差错率、提高服务质量、降低成本、加速资金周转的重要手段。为了保证商务活动数据或单证能被不同国家、行业贸易伙伴的计算机识别处理，一定要有数据格式的一致约定。这就是电子商务活动中标准化所要解决的问题。目前我国电子商务技术标准包含了六个方面的内容：EDI 标准、识别卡标准、商品编码标准（HS）、通信网络标准、安全技术标准和其他相关的标准。目前涉及的我国标准约有 1 250 多项。我国把采用国际标准和国外先进标准作业作为一项重要的技术经济政策积极推行。

（一）EDI 标准

国际上 20 世纪 60 年代起就开始研究 EDI 标准。1987 年，联合国欧洲经济委员会综合了经过 10 多年实践的美国 ANSI X.12 系列标准和欧洲流行的“贸易数据交换（TDI）”标准，制定了用于行政、商业和运输的电子数据交换标准（EDI FACT）。该标准的特点，一是包含了贸易中所需的各类信息代码，适用范围较广；二是包括了报文、数据元、复合数据元、数据段、语法等，内容较完整；三是可以根据自己的需要进行扩充，应用比较灵活；四是适用于各类计算机和通信网络。因此，该标准应用广泛。目前我国已等同转化为五项国家标准。此外，还按照 ISO6422《联合国贸易单证样式（UNLK）》、ISO7372《贸易数据元目录》等同制定了进出口许可证、商业发票、装箱单、装运声明、原产地证明书、单证样式和代码位置等八项国家标准。现在 EDI FACT 标准有 170 多项，至今在北美地区广泛应用的美国 ANSI X.12 系列标准有 110 项。由于我国对 EDI 标准的研究起步较晚，需要制定更多的国家标准。根据我国经济发展需要，我国积极研究、采用 EDI FACT 标准和 ANSI X.12 系列标准。

（二）商品编码标准

商品编码标准的目的在于方便商品在国内外的流通，起到唯一标识的作用，便于各行业在商品质量监督、标准制定、商品检验、新产品开发、新产品审批、学术交流、教学、科研、生产、经营、流通、招标投标、存储、使用、信息化管理、互联网、防伪打假、条码、电子标签、电子政务、电子商务、信息资源开发、军用物资管理、国民经济统计和医疗保险等领域中的应用。商品编码标准化将有力地推动全社会商品信息资源的开发利用，有效地解决全社会商品信息共享的问题；商品编码标准化将对我国各行各业，乃至各级政府的工作方式产生重大影响；商品编码标准化对我国全民族整体工作效率的提高、对国家信息化建设向更高层面推进以及消除宏观层面的“信息孤岛”等诸多方面具有深远而重大的意义。

（三）识别卡标准

国际标准化组织（ISO）从20世纪80年代开始制定识别卡及其相关设备的标准，至今已颁布了37项。我国于20世纪90年代从磁条卡开始进行识别卡的国家标准制定工作。现有六项磁条卡国家标准，基本齐全，等同采用ISO7810《识别卡物理特性》和ISO7811《识别卡记录技术》系列标准；三项触点式集成电路卡（IC）国家标准，等同采用ISO7816《识别卡带接触件的集成卡》系列标准。另外，有五项国家标准涉及金融卡及其报文、交易内容，采用了相应的ISO标准。目前，我国尚未将无接触式集成电路卡、光存储卡以及使用IC卡金融系统的安全框架等国际标准转化制定为我国标准。

（四）通信网络标准

通信网络是电子商务活动的基础，目前国际上广泛应用的有MHS电子邮政系统和美国Internet电子邮政系统。前者遵循ISO、IEC、CCITT联合制定（个别是单独制定）的开放式系统互联（OSI）系列标准，后者执行美国的ARPA Internet系列标准。这两套标准虽然可兼容，但还有差异。因此，我国制定通信网络国家标准时，主要采用OSI标准，但没有采用ARPA Internet标准。现在我国有146项网络环境国家标准，其中有99项标准分别采用ISO、IEC标准，占67.8%。我国现有的网络环境国家标准还不配套，如网络管理，我国仅有2项国家标准，而ISO/IEC有40多项标准，其中系统管理、管理信息机构、系统间信息交换在我国标准中仍是空白。

（五）安全技术标准

安全技术标准主要包括数据加密标准、密钥管理标准等内容。

（1）数据加密标准。数据加密标准（DES）由美国国家标准局提出，是目前广泛采用的对称加密方式之一，主要应用于银行业中的电子资金转账（EFT）领域。DES的密钥长度为56位。三重DES是DES的一种变形。这种方法使用两个独立的56位密钥对交换的信息（如DES数据）进行3次加密，从而使其有效密钥长度达到112位。RC2和RC4方法是RSA数据安全公司的对称加密专利算法。RC2和RC4不同于DES，它们采用可变密钥长度的算法。通过规定不同的密钥长度，RC2和RC4能够提高或降低安全的程度。一些电子邮件产品已采用了这些算法。

（2）密钥管理标准。目前国际有关的标准化机构都着手制定关于密钥管理的技术标准规范。ISO与IEC下属的信息技术委员会（JTCl）已起草了关于密钥管理的国际标准规范。该规范主要由三部分组成：第一部分是密钥管理框架；第二部分是采用对称技术的机制；第三部分是采用非对称技术的机制。

（六）其他相关标准

与电子商务活动有关的标准，有术语、信息分类、代码、计算机设备和软件工程，约有440项国家标准，其中采用ISO标准的有164项，占37%。这些相关标准中许多标准仅描述我国特有的信息，如民族代码、汉字点阵模集等，因此不能也不应该采用外国标准。

我国电子商务技术标准，一是起步晚，EDI等领域内的技术标准工作是在20世纪90年代才开始的；二是标准未成体系，EDI标准、EDI FACT有170项，ANSI X.12有110项，我国仅有13项，其中租赁计划询价单、税务情况报告等还是空白；三是积极采用国际标准，20世纪90年代前制定的电子商务国家标准约有600项，采用国际标准的占30%；20世纪90年代制定的电子商务国家标准约有650项，采用国际标准的占50%。这表明我国进一步重视电子商务标准的国际化。

第三节　电子商务系统及其组成

一、电子商务系统的定义

电子商务系统与电子商务一样，发展时间不长，不同的国家地区和组织在对这一系统的体系结构及设计开发方面也有不同的看法。有的认为电子商务系统就是网络商务系统，有的将其看作是电子商务应用系统，甚至有些观念将其视为网站建设的一部分。

所谓电子商务系统是指帮助企业完成电子商务活动的信息系统，是保证以电子商务为基础的网上交易得以实现的体系。从狭义上看，电子商务系统是指在互联网和其他网络的基础上，以实现企业电子商务活动为目标，满足企业生产、销售、服务等生产和管理的需要，支持企业的对外业务协作，从运作、管理和决策等层次全面提高企业信息化水平，为企业提供商业智能的计算机系统。从广义上讲，电子商务系统是通过现代信息技术进行商务活动的计算机、通信网络、有关人员与组织以及有关法律、制度、标准、规范的统一体。

二、电子商务系统的参与主体

电子商务系统的交易主体主要是指能够从事电子商务活动的客观对象。电子商务系统是保证网上交易实现的体系。而网上交易依然遵循传统市场交易的原则。网上交易的信息沟通是通过数字化的信息渠道实现的。网上进行交易的首要条件是交易双方必须拥有相应的信息技术工具。另外，网上交易的交易双方在空间上是分离的，为保证交易双方进行等价交换，必须提供相应的货物配送和支付结算手段。此外，为保证企业、组织和消费者能够利用数字化沟通渠道，保证交易能顺利进行配送和支付，需要由专门提供服务的中间商参与，即需要电子商务服务商的参与。由此看出，在广义电子商务系统中涉及的人员和组织众多，包括企业、银行、商店、政府机构、科研教育机构和个人等。具体来说，电子商务系统的参与主体主要由以下几个部分组成，如图1-2所示。

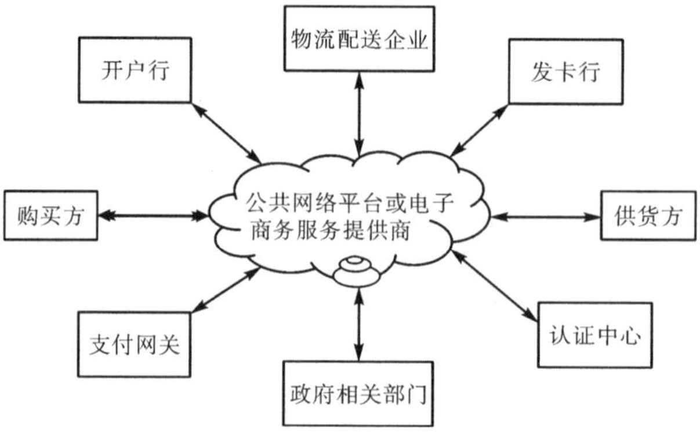

图 1-2　电子商务系统的主要参与者

（一）购买方

购买方主要是指电子商务系统的客户，可能是企业、组织与个人消费者，他们可能是单独购买商品的顾客，购买商品用作个人消费，即个人行为（B2C）；也可能是另一家厂商的购买行为（B2B），购买商品用作企业生产或转售。客户通过自己的计算机浏览器来浏览某一商家提供的商品，并决定是否购买。在电子商务环境下，购买方的分布更为广泛；其需求更趋于多样化；客户与企业的联系更为密切。

（二）供货方

供货方即卖方，主要是指上网的企业、商家或电子商城，他们通过网络或网站展开商务活动，展示商品并完成交易过程。供货方在电子商务中为客户提供相应的货物或服务。供货方在电子商务中处于中心位置，其既是产品和服务的提供者，又是信息的提供者，还是电子商务发展的根本推动力量。供货方如何在信息技术快速进步的社会环境中利用现有的条件更为有效地发展自己的业务，是电子商务所要研究的中心问题。

（三）银行等金融单位

电子商务活动过程的基本环节还是买和卖，买和卖就必然涉及支付的问题。相对完整的电子商务过程应该有银行系统的介入，银行最直接的参与电子商务的方式便是建立网上银行，通过网络来提供方便的在线支付和结算。因此，电子商务系统中的银行包括卖方的开户行和买方的发卡行，其在网上实现买卖双方的电子支付和结算，为商务交易中的买卖双方提供 24 小时全天候的实时服务。

（四）认证中心

认证中心又被称为 CA 中心。在电子商务活动过程中，网上交易没有人与人面对面的交往，消费者、商家和银行也互不相识，如何确认彼此的身份是完成网上交易的关键。因此，在这种情况下就需要第三方认证授权，以验证交易各方的身份，确保交易安全顺利地进行。认证中心一般是由买方、卖方及银行都信任的第四方担任，负责为各实体颁发数字证书，并负责在交易中检验证书。数字证书是一个包含证书持有人的个人信息、公开密钥、证书序列号、有效期、发证机关的数字签名等内容的数字文件。它是认证中心给个人、企事业单位和政府机构签发的“网上身份证”。这种数字证书可以鉴别交易伙伴，确认电子商务活动中各自的身份，确定合同、契约、单据的可靠性并预防抵赖行为的产生，并用来通过加解密方法实现网上安全的信息交换与安全交易。

（五）公共网络平台或电子商务服务商

公共网络平台或电子商务服务商主要指为电子商务参与各方提供信息传递与交换服务的公告通信网络平台或提供电子商务服务的机构。电子商务服务商主要有以下四种。

（1）接入服务商（internet access provider，IAP），它主要提供 Internet 通信和线路租借服务。

（2）服务提供商（internet service provider，ISP），它主要为企业建立电子商务系统提供全面支持。一般企业、组织与消费者上网时只通过 ISP 接入 Internet，由 ISP 向 IAP 租借线路。

（3）内容服务提供商（internet content provider，ICP），它主要为企业提供信息内容服务，如财经信息、搜索引擎。

（4）应用服务系统提供商（application service provider，ASP），它主要是为企业、组织建设电子商务系统时提供解决方案。电子服务商的努力直接关系到电子商务活动过程中信息传递与交换的快捷、稳定和准确与否。

（六）支付网关

支付网关（payment gateway）是银行金融网络系统和 Internet 网络之间的接口，是由银行操作的将 Internet 上传输的数据转换为金融机构内部数据的一组服务器设备，或由指派的第三方处理商家支付信息和顾客的支付指令。支付网关是信息网与金融网连接的中介，它承担双方的支付信息转换的工作，所解决的关键问题是让传统的封闭的金融网络能够通过网关面向 Internet 广大用户，提供安全方便的网上支付业务，确保交易在 Internet 用户和交易处理商之间安全、无缝地传递。

（七）配送中心或物流运输企业

在电子商务环境下，消费者通过上网点击购物，完成了商品所有权的交割过程，消费者只需动动鼠标就能完成交易。但电子商务活动的过程并未结束，只有商品和服务真正转移到消费者手中，商务活动才告以终结。物流配送正是完成“一手交钱、一手交货”的交货服务，将商品送到的购买者手中，同时还能根据要求，提供商品流向的跟踪查询服务。因此，物流配送中心是提供交易商品运送服务的专业化部门，是电子商务系统中重要的参与主体之一，也是制约电子商务发展的瓶颈。这里需要特别说明的是，物流配送虽然重要，但是在完全电子商务系统中是没有的，如航空公司的电子售票系统，音乐、电影、软件等数字产品的下载交易等。

（八）相关政府部门

政府是电子商务活动的管理机构，相关政府部门主要是指工商、税务、海关等国家机关，它们作为现代经济生活的调控者，对电子商务交易进行宏观管理与监控。

思政园地

钱学森在美国待了20年，在航空科学上取得了卓越的成就，成为有名的火箭专家，为美国的军事科学做出了贡献。1949年，他得知中华人民共和国成立了，十分兴奋，决定回国参加建设。但是美国方面敌视中国，怕钱学森回国对他们不利，就千方百计地予以阻挠。美国海军次长还恶狠狠地说："我宁肯把他枪毙了，也不让他离开美国。他知道的太多了，一个人可顶五个师的兵力！"于是，美方无中生有，说钱学森是中国间谍，把他逮捕关押。之后虽然释放了，可又予以严密监视。

钱学森没有屈服，他向美方提出严正抗议，回国的决心更大了。他在家里收拾好三个小箱子，准备随时启程。在中国政府的过问下，被美方扣留了五年的钱学森，在1955年搭乘轮船回国了。他来到天安门广场上，兴奋地说："我相信我能回来！我终于回来了！"

钱学森回国后，为我国导弹研究和航天事业做出了巨大贡献，是最有声望的科学家之一。

技能实训

实训一：请结合实际谈谈自己对电子商务的认识和理解。

任务要求：通过查阅相关资料，结合自己身边实际案例，以某电子商务平台为例进行分析。

实训二：查询与电子商务发展相关的官方网站。

任务要求：通过搜索CNNIC、100EC、CCIDNET等最新的统计数据，分析我国电子商务发展的环境和条件，对比传统商务与电子商务技术上的不同，并写出不少于500字的报告。

实训三：小组讨论你知道的电子商务发展过程中电子商务技术的应用。

任务要求：写出电子商务技术的哪个方面比较有优势，并进行原因分析。

第二章 电子商务支撑技术

■学习要点及目标

了解计算机网络的概念与功能；了解 IP 地址与域名系统概念；了解 Internet 常用服务及 EDI 的工作流程及其在电子商务中的应用。

■技能目标

能够进行电子商务域名申请、注册，能进行电子商务大数据应用分析。

■思政目标

了解国家大数据战略、熟知政府数据政策。

■案例

小明一天的数字化生活

小明是某 IT 公司的一名职员，上班 5 年了，拥有了汽车、计算机，生活得很不错。早上，闹钟将小明从梦中唤醒，他拿起手机看了看时间，已是早上 6 点钟了，梳洗完毕就去吃早餐。昨晚因与同事一起喝了酒，车子停在单位，今天只能坐公交车上班。到了公交站，小明看到许多等车的人在玩手机，便也拿出手机上网查看一下天气预报。上了公交车，小明刷了电子钱包，刚坐下就看到公交车上移动数字电视画面上传出公园花展的广告，于是小明立刻给远在英国留学的女友发了一条信息，问今年的花展她能否回来参观。

到了单位，小明首先在签到机上按下指纹。到自己办公室后，小明打开计算机连上网络，看到一条用户求助信息，要求帮助指导安装企业资源计划（ERP）软件。小明打开QQ，通过“远程协助”解决了用户软件安装问题。之后，又接到电话，老总在外地，需要临时召开一个网络会议。小明进入网络会议对话系统后，会议马上就开始了。会议上经理讨论了公司技术研发创新问题，鼓励每位职工提出建议，并最好能画出电子图表，做出具体方案，以电子文稿的形式发给公司经理秘书处。会议完毕，小明根据自己对技术研发领域的了解，在网上查阅了相关资料，总结出相对合理的方案，然后将方案发到了秘书处的电子邮箱里。

中午休息期间，小明在“边锋”网与网友进行了国际象棋对弈，然后，又在“小说阅读”网看了几篇短篇小说。下午一上班，小明就接到一个客户安装硬件的求助电话。小明准备开着汽车去客户处。由于客户单位距离较远，小明不认识路，就打开前天刚买的全球定位系统（GPS），定位好客户地理位置，半小时后顺利地到达目的地。解决了客户的问题之后，回到公司，小明到技术部汇报了业务完成情况并将业务设备交还原处，此时已到下班的时间。小明开着车，伴随着车上美妙的音乐，一路向家驶去。

（资料来源：陈孟建，陈奕婷，童红斌. 电子商务网络技术基础［M］. 北京：电子工业出版社，2012.）

第一节　计算机网络技术

电子商务是利用现代信息技术从事的商务活动，它是计算机技术、通信技术、网络技术、有关人员与组织及其相关法律、制度、标准、规范的统一体。电子商务存在的前提是几项关键技术，其中最重要的是计算机网络技术、Internet 技术、EDI 技术。计算机网络是计算机技术与通信技术有机结合的产物，随着计算机网络技术和互联网技术的迅速发展，越来越多的企业参与到电子商务这种商业交易模式中来，对电子商务的发展和质量提升起到了决定性的作用。

一、计算机网络的概念与功能

（一）计算机网络的概念

计算机网络是指利用通信设备和线路将分布在不同地理位置的具有独立功能的计算机、终端及其附属设备互联起来，遵照网络协议，以功能完善的网络软件实现资源共享的计算机系统。要理解这一概念，应认识以下几点：

（1）计算机网络最主要目的和功能是资源共享，要实现资源共享的双方必须先实现互联，然后再进行数据的通信和传递。

（2）计算机之间的互联需要利用一定的通信设备和线路，包括网卡、线缆、集线器、路由器等。

（3）不同的计算机之间通信需要遵循统一的网络通信协议，即预先约定的共同语言和相同的规则，如网络通信中最常用的 TCP/IP 协议。

（4）计算机网络中的各个计算机是完整、相互独立的，拥有各自的软、硬件，能够自行进行业务处理，相互之间不存在制约与被制约的关系。

再从不同角度来理解计算机网络概念。

（1）从用户的角度来说，计算机网络是一个透明的数据传输机构，可以不必考虑网络的存在而访问网络资源。

（2）从应用的角度来讲，只要将具有独立功能的多台计算机连接起来，就能够实现各计算机之间信息的互相交换，并可以共享计算机资源的系统就是计算机网络。

（3）从资源共享的角度来讲，计算机网络就是一组具有独立功能的计算机和其他设备，以允许用户相互通信和共享计算资源的方式互联在一起的系统。

（4）从技术的角度来讲，计算机网络就是由特定类型的传输介质（如双绞线、同轴电缆和光纤等）和网络适配器互联在一起的计算机，并受网络操作系统监控的网络系统。

（5）从电子商务的角度来说，计算机网络就是由各种网络设备和网络终端通过连接实现安全快捷的商务应用的一种媒介。

（二）计算机网络的功能

计算机网络在各行各业都有着广泛的应用，一般来说，计算机网络具有如下功能。

1. 资源共享

资源共享是计算机网络产生的原动力，通过共享资源，可使网络中的各方分工合作，提高资源的利用率。计算机网络共享的资源主要包括硬件资源、软件资源和数据资源三类。其中，硬件资源包括主机、磁盘、打印机、通信设备和线路等；软件资源有网络操作系统、数据库管理系统、应用软件、开发工具等；而数据资源主要指存储在数据库、磁盘、光盘中的各种数据文件，如文字、图表、图像、视频等，数据资源也是网络中最重要的资源。

2. 数据通信

资源共享的实现往往伴随着计算机之间的数据通信，因而数据通信可以说是计算机网络最基本的功能。它能快速实现计算机与计算机、计算机与终端之间的各种数据、文本、图形、动画、声音和视频等信息的传递。利用数据通信还可以将分散在不同地区的单位或部门联系起来，进行统一的调配、控制和管理。

3. 分布处理

计算机网络用户可以根据自身需求，选择网络上最合适的资源来迅速而经济地解决问题。对综合性的大型作业或任务，可将其分解并交给网络中多台计算机进行分布处理，这样既均衡了各计算机的负载，又提高了问题处理速度和设备利用率。

4. 集中管理

通过网络能够将各地生产单位或业务部门计算机中的数据资料进行集中、综合的处理，提高工作效率。

5. 提高可靠性与可用性

多台计算机通过互联形成网络后，一旦某台计算机出现故障，其任务可由其他计算机代为处理；一旦某台计算机负担过重，可将其作业分一部分给网络中另一台空闲计算机处理，从而减少作业时间。

除以上功能之外，计算机网络还有易于扩充、提高性价比、节省软硬件设备开销等功能，其中资源共享和数据通信是计算机网络最主要的两项功能。随着计算机网络技术的不断发展，它的功能和提供的服务将不断增加。

二、计算机网络的分类

计算机网络的分类标准和方法很多，从不同的角度观察网络、划分网络，有利于全面了解网络系统的各种特性。

（一）按网络的作用范围分类

按这种标准可以把各种网络类型划分为局域网、城域网和广域网三种。

（1）局域网（local area network，简称 LAN）。这是最常见、应用最广的一种网络。一般处于同一建筑、同一大学或方圆几千米的区域内，覆盖的地区范围较小。通常被用于连接学校、公司或工厂内的个人计算机和工作站，以便共享资源（如打印机）和交换信息。局域网的优点是：传输速率较高，误码率较低，组网方便，技术简单。

（2）城域网（metropolitan area network，简称 MAN）。城域网基本上是一个大型的 LAN，可以覆盖一个城市内部组建的计算机网络，支持数据和声音，可提供全市的信息服务（如有限电视网）。它是介于广域网与局域网之间的一种高速网络，作用范围从几十千米到上百千米，其运行方式与局域网相似，可以覆盖一个城市或地区，是一种中等形式的网络。

（3）广域网（wide area network，简称 WAN）。它是一种跨越地域范围很大的网络，联网设备分布范围很广，一般从几十千米到几千千米。它所涉及的地理范围可以是市、地区、省、国家乃至全世界。广域网是通过卫星、微波、无线电、电话线、光纤等传输介质连接的国家网络和国际网络，是全球计算机网络的主干网络（如互联网）。其特点是传输距离远，传输速率较低，误码率较高，机制复杂。

（二）按照拓扑结构来划分

计算机网络可分为总线型网络、星型网络、环型网络、树型网络和网状型网络，如图 2-1 所示。

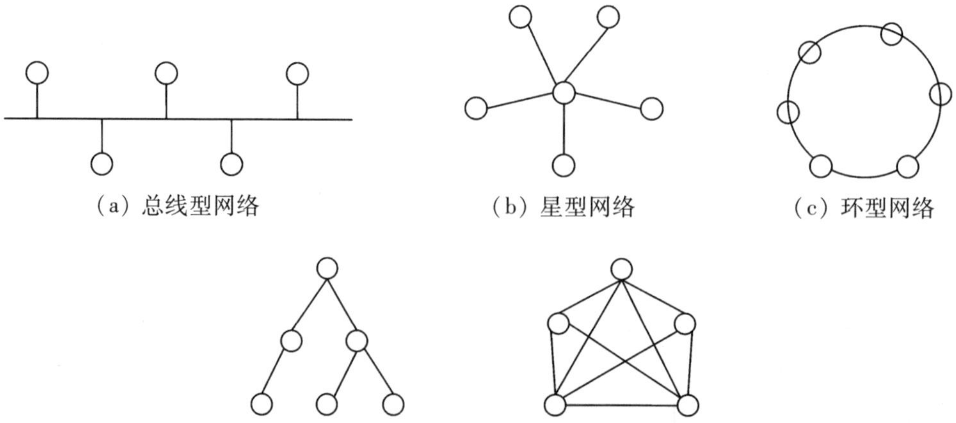

图 2-1　各种拓扑结构网络图

（1）总线型网络是把每个节点连接到一条横贯始末的公共线路上（总线），采用单根传输线作为传输介质，任何节点的信息都可沿总线传输，而且能被其他所有节点接收。总线拓扑结构的主要特点是结构简单灵活，便于扩充，是一种很容易建造的网络。由于多个结点共用一条传输信道，故总线型网络信道利用率高，存在着访问冲突、传输速率高，常因一个结点出现故障（如接头接触不良）而导致整个网络不通等问题，因此可靠性不高。

（2）星型网络。这是一种以中央节点为中心，把若干外围节点连接起来的辐射式互联结构网络。这种结构适用于局域网，特别是近年来连接的局域网大都采用这种连接方式。这种连接方式以双绞线或同轴电缆作连接线路。星型网络的主要特点是简单，便于管理；控制简单，建网容易；网络延迟时间较短，误码率较低；网络共享能力较差；通信线路利用率不高；中央结点负荷较重。

（3）环型网络。这种网络将网络节点连接成闭合结构，信号顺着一个方向从一台设备传到另一台设备，每一台设备都配有一个收发器，信息在每台设备上的延时时间是固定的。这种结构特别适用于实施控制的局域网系统。环型网络的主要特点是信息在网络中沿固定的方向流动，两个结点间仅有唯一的链路连接，这种方式大大地简化了路径的控制。在环型网络中，当某个结点发生故障时，结点可以自动旁路，网络的可靠性较高。然而由于信息是串行穿过多个结点环路接口，当结点过多时，会使网络响应时间变长。但当环型网络一经确定，其延时是固定的，实时性强。

（4）树型网络。它就像一棵树，与总线型网络相比，主要区别在于总线型网络中没有“根”。这种拓扑结构的网络一般采用同轴电缆，用于军事单位、政府部门等上、下界限相当严格和层次分明的部门。树型拓扑结构的主要特点是结构比较简单，成本低。在网络中，任意两个结点之间不产生回路，每条链路都支持双向传输。树型网络中结点扩充方便灵活，寻找链路路径比较方便。但在这种网络系统中，除叶子结点及其相连的链路外，任何一个结点或链路产生的故障都会影响到连接在该节点下的所有结点的正常通信。

（5）网状型网络。在网状型网络中，网络的每台设备之间均有点到点的链路连接，这种连接不经济，只有每个站点都频繁发送信息时才使用这种方法。

（三）按传输介质分类

（1）有线网。采用有线介质连接的网络称为有线网，常用的有线传输介质有同轴电缆、双绞线、光纤等。

（2）无线网。采用无线介质连接的网络称为无线网，目前无线网主要有三种技术：微波、红外线和激光，其中，微波的用途最广，卫星网就是一种特殊形式的微波通信。

（四）按网络传输技术分类

（1）广播式网络（broadcast network）。广播式网络仅有一条通信信道，为网络上的所有机器共享，通过某种语法组织的分组或包（packet）可以发送并接收任何机器的消息。

（2）点到点网络（point-to-point network）。点到点网络由一对对计算机间的多条连接组成。通过中间设备直接发到接收的计算机设备上，其他计算机无法收到这个消息。即计算机之间可以建立一对一的连接而不受其他设备的影响。现在的网络通常采用点到点的方式。

（五）按照网络的工作模式来划分

计算机网络可分为对等（peer to peer，P2P）网络和客户机/服务器（client/service，C/S）网络。对等网络中各计算机具有相同功能，既是服务器又是客户机，每台计算机的地位都是平等的，其典型应用有 BT、迅雷、酷狗、QQ、PPStream、苹果 iCloud 等。客户机/服务器网络则用一台或多台单独的、高性能、大容量计算机作为网络中心服务器，用多台微型机作为客户机去访问服务器上的共享资源，其典型应用是企业网站和管理信息系统等。随着云计算的兴起，客户机/服务器模式逐渐被浏览器/服务器（browser/service，BPS）所取代。

三、计算机网络的逻辑结构

一般来说，计算机网络的逻辑结构由通信子网和资源子网两个部分组成，如图 2-2 所示。其中，通信子网是网络的内层，专门负责网络通信，包括通信设备、通信线路和通信控制处理机（communication control processor，CCP），其承担全网的数据传输、转发和通信控制等工作；资源子网是网络的外层，负责网络的数据处理和计算工作，包括服务器、工作站、终端附属设备、各种网络协议、网络软件和数据库等，其向用户提供各种网络资源和网络服务。

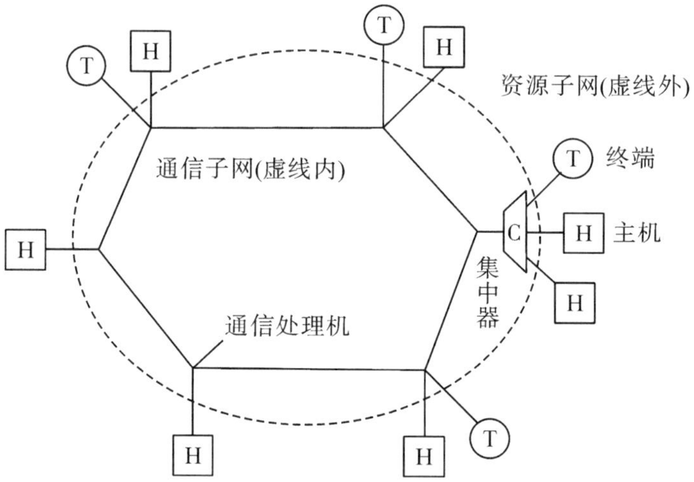

图 2-2 计算机网络的逻辑结构示意图

（一）通信子网

下面具体介绍通信子网的各个组成部分。

1. 通信设备

通信设备主要包括网络适配器、中继器、集线器、网桥和路由器等。

网络适配器（network interface card，NIC），又称网卡，是使计算机联网的设备，它插在计算机主板插槽中，负责将用户要传递的数据转换为网络上其他设备能够识别的格式，再通过网络介质传输。

中继器（repeater）。中继器的主要功能是通过对数据信号的重新发送或者转发，来拉大网络传输的距离，是局域网环境下用来延长网络距离的最简单、最廉价的网络互联设备。

集线器（hub）。集线器是多口的中继器，主要功能是对接收到的信号进行再生整形放大，以扩大网络的传输距离，同时把所有节点集中在以它为中心的节点上。

网桥（bridge）。网桥是一种连接多个网段的网络设备，常用于连接两个或更多个局域网。

路由器（router）。路由器是连接各局域网、广域网的设备，它会根据信道情况自动选择和设定路由，以最佳路径，按前后顺序发送信号。网关是一种特殊的路由器，用于连接不同类型而协议差别又较大的网络。

2. 通信线路

通信线路是保证网络信息传递的通路，可分为有线和无线两种。有线通信线路主要有双绞线、同轴电缆和光（纤）缆等；无线通信线路则包括无线电、微波和通信卫星等。

3. 通信控制处理机

通信控制处理机负责网络上各主机间的通信控制和通信处理，能够对各网络通信节点间的数据传输和交换进行控制。在网络中使用通信控制处理机的主要目的是将通信功能从主机中分离出来，以减轻主机的负荷。

（二）资源子网

下面具体介绍资源子网的各个组成部分。

1. 服务器

服务器是存储网络资源的高性能计算机，它侦听网络上其他计算机（客户机）提交的服务请求，并提供相应服务。常见的服务器类型有 Web 服务器、文件服务器、数据库服务器、电子邮件服务器、域名服务器、代理服务器等。服务器上必须安装网络操作系统，并配备相应的服务器软件。例如，作为网站核心部分的 Web 服务器软件有 Apache、Microsoft IIS、Kangle、IBM WebSphere 等。

2. 客户机

客户机，又称为用户工作站，是指连接服务器的计算机，一般由普通计算机担任。客户端负责数据的输入、运算和输出，一般都配有显示器、鼠标、键盘和打印机等附属设备。客户机上安装有专用的客户端软件，并通过它来访问服务器上的数据、文件、程序和其他资源。最常用的客户端软件是浏览器，除此之外，电子邮件、即时通信一般也需要通过客户端软件访问。

3. 网络协议

网络协议是计算机网络不可缺少的组成部分，它是为网络中数据交换而指定的规则、约定和标准的集合。网络协议由以下三个元素构成。

（1）语法，规定了数据与控制信息的结构或格式。

（2）语义，即构成协议元素的含义，包括需要何时发出何种控制信息、完成何种动作以及做出何种应答。

（3）时序，指事件执行的顺序及其详细说明。通信时，语义规定了通信双方准备“讲什么”，语法规定了双方“如何讲”，时序说明了“谁先讲，谁后讲”。

TCP/IP 是目前最重要的网络协议，也是 Internet 采用的标准协议，主要包括传输控制协议（TCP）、网际协议（IP）、控制报文协议（ICMP）、地址转换协议（ARP）、用户数据报协议（UDP）等常用协议。

4. 网络软件

网络软件是指控制和管理网络工作的计算机软件，包括网络系统软件和网络应用软件。其中，网络系统软件是控制和管理网络运行及网络资源使用的软件，为用户提供访问和操作网络的人机接口；网络应用软件是指为某一应用目的而开发的网络软件。在网络软件中最重要的是网络操作系统，它决定了网络的性能、功能、类型等。目前使用最广泛的网络操作系统有尤尼斯（UNIX）、Windows Server、Netware 和 Linux 等。

5. 网络数据库

网络数据库，也称 Web 数据库，顾名思义就是运行在网站服务器上并可以在客户端通过网页访问和管理的数据库。网络数据库存储着电子商务业务所需的大量信息，是资源子网最为关键的一种资源。目前主流的网络数据库有 Oracle、DB2、Informix、Sybase、SQL Server、MySQL 和 Access 等。

第二节 Internet 技术

Internet 是计算机网络在全球范围内应用的成果，它通过 TCP/IP 协议将世界各地的计算机局域网、广域网等连接起来，从而构成国际互联网。Internet 具有开放性、共享性、平等性、低廉性、交互性、合作性、虚拟性、个性化和全球性等特点，它的产生与发展为电子商务创造了条件，使其迅速深入全球经济生活之中。所以，在电子商务的关键技术中，Internet 是最重要的一种技术。

一、IP 地址与域名系统

对用户而言，Internet 是一个信息的海洋，如何让如此庞大的系统正常运作而又不相互影响是一个复杂的问题。日常生活中，我们通信和相互访问时少不了地址，同样，Internet 也使用地址来确定 Internet 上每台计算机的位置。Internet 的地址有两种形式：IP 地址和域名。域名、IP 地址是互联网重要的基础资源，其服务系统为互联网平稳运行提供了基础保障。加强对域名、IP 地址等互联网基础资源的管理，提升互联网关键信息基础设施服务能力、技术创新能力和安全保障能力，是我国《“十三五”国家信息化规划》的重要组成部分。尤其是域名系统（DNS），在过去几十年得到了稳定发展，在全球范围内形成了递归解析和根域名、顶级域名、二级及以下域名权威解析等多层次技术服务体系。

（一）IP 地址

在 Internet 上每一台计算机为了确保通信时能相互识别，必须有一个唯一的标识，也就是地址，即 IP 地址，它跟电话用户都有一个唯一的电话号码一个道理，如图 2-3 所示。

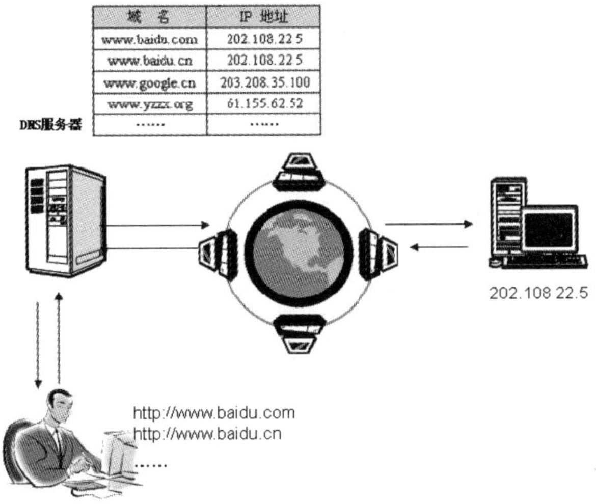

图 2-3　网络访问

1. IP 地址的格式与结构

IP 地址的格式。IP 地址由 32 位（4 个字节）二进制数组成，理论上有 2^{32} 个地址可用，但实际上要远远小于这个数量，通常每 8 位作为一段以十进制数来表示。在实际使用中，为方便输入和用户理解，通常采用“点分十进制”来表示，每 8 位即 1 个字节为一段，用十进制数值表示，中间用小数点分隔，其范围为 0 ~ 255。例如 210. 41. 176. 6 就是一个合法的 IP 地址。

IP 地址的结构。IP 地址由网络地址和主机地址两部分组成，前者用以区分互联网上互联的各个网络；后者用来表示同一网络上的不同计算机。网络地址在 Internet 范围内统一分配，主机地址则由该网络本地分配，即当一个网络获得一个网络地址后，可自行对本网络中的每台主机分配主机地址，主机地址只需在本网络中唯一即可。例如，在某师范学院 IP 地址 210. 41. 176. 8 中，前面三组“210. 41. 176”为网络地址，后面一组“8”为主机地址。

2. IP 地址的分类

为满足不同用户对 IP 地址的需求，IP 地址的设计者将其分为 A、B、C、D、E 五类，如图 2-4 所示，并对五类 IP 地址的使用规定如下。

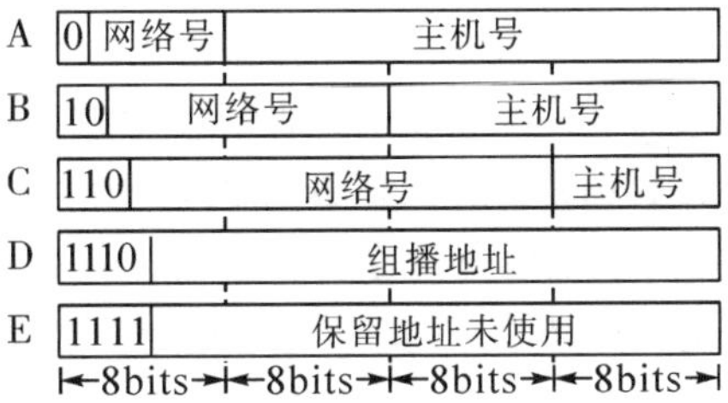

图 2-4　IP 地址的分类

A 类地址分配给规模特别大的网络使用。它用第一个字节（前面八位二进制数）表示网络地址，用后三个字节表示主机地址，其地址范围为 1. 0. 0. 0 到 126. 255. 255. 255，共有 126 个网络，每个网络可容纳 16 777 214 台主机。

B 类地址分配给各大、中型网络使用。它用前两个字节（前面 16 位）表示网络地址，后两个字节表示主机地址，其地址范围为 128. 0. 0. 0 到 191. 255. 255. 255，共有 16 384 个网络，每个网络可容纳 65 534 台主机。

C 类地址分配给小型网络使用。它用前三个字节（前面 24 位）表示网络地址，最后一个字节表示网络上的主机地址，其地址范围为 192. 0. 0. 0 到 223. 255. 255. 255，共有 2 097 152 个网络，每个网络可容纳 254 台主机。

表 2-1　IP 地址的可分配范围

网络类型	首字节数值范围	可分配的网络数量	每个网络中最大可容纳主机数
A 类	1~127	126（2^7-2）	16 777 214（$2^{24}-2$）
B 类	128~191	16 383（$2^{14}-1$）	65 534（$2^{16}-2$）
C 类	192~223	2 097 151（$2^{21}-1$）	254（2^8-2）

D 类地址为组播地址，支持多点发送地址，仅供特殊协议向选定的节点发送信息用，其地址范围为 224. 0. 0. 0 到 239. 255. 255. 255。

E 类地址保留，以备将来扩充使用，其地址范围为 240. 0. 0. 1 到 255. 255. 255. 254。

最后还有两个特殊地址：127. 0. 0. 0 是网络中本机的 IP 地址，255. 255. 255. 255 是受限广播地址。

表 2-2　特殊的 IP 地址

特殊地址	含义及用途
D 类 IP（首字节值为 224~239）	组播地址，表示组播组中所有主机
主机号全为 1	广播地址，表示本网络中所有主机
主机号全为 0	网络地址，表示整个网络
E 类 IP（首字节值为 240~255）	保留，为今后使用
网络号为 0 的 A 类地址	保留，表示本网络中具有该主机号的主机
网络号为 127 的 A 类地址	保留，环回地址，本机测试用
网络号为 128. 0 的 B 类地址	保留
网络号为 129. 0. 0 的 C 类地址	保留

3. IPv6

随着 Internet 用户爆炸式增长，可用 IP 地址的数量越来越少，2012 年 IPv4 地址已经分配完毕。为此，互联网工程任务组正在开发设计下一代 IP 协议来替代现行版本，即 IPv6。IPv6 的开发目标主要包括以下几个方面。

第一，增加 IP 地址长度。IPv6 的首要目的是增加 IP 地址长度，以满足用户数量急剧增加的需求。现行 IPv4 地址理论上能够达到 1 600 多万个网络和 43 亿多台主机，但由于采用了 A、B、C 类网络编址以及保留地址，实际上只可达到 211 万个网络和 37. 25 亿台主机。而 IPv6 采用 128 位二进制 IP 地址，理论上可达到 340 万亿个 IP 地址。

第二，扩充相应功能，以满足巨大的多媒体信息量的传输需求。目前 Internet 已经能很好地支持多媒体通信，但随着上网用户的急剧上升，通信量也不断增大，为增加传输速率和通信带宽，保证视频信息连续不断，都要求在原来 IPv4 协议的基础上增加相应功能。

第三，增强网络安全性能。网络的安全性涉及技术和法律两个方面的问题，IPv6 协议主要解决技术方面的问题，包括增加报文鉴别投标和安全密封报文投标等。

第四，保持与 IPv4 协议的兼容。IPv4 向 IPv6 的转换过程也许需要 10 多年才能完成。为保护现有 Internet 上已有亿万用户的利益，IPv6 协议应与 IPv4 协议相互兼容。

截至 2018 年 11 月，中国大陆 93 家省部级政府网站中可通过 IPv6 访问的网站共有 63 家，97 家中央企业网站中已有 92 家支持 IPv6 访问，支撑 IPv6 发展的产业环境趋于成熟，如图 2-5 所示。

图 2-5　IPv6 地址数量

（二）域名系统

经过点分十进制后的 IP 地址，虽然输入比较方便，但仍然缺乏含义、难以记忆，为此 1983 年 Internet 开始采用一种字符型主机命名机制，用有意义的名字来代替 IP 地址，这套为网络中主机命名的机制被称为域名系统（domain name system，DNS）。DNS 是 Internet 的一项核心服务，它将域名和 IP 地址相互映射，并存储在数据库中。当人们输入网站域名时，DNS 通过域名解析找到网站 IP 地址，从而达到访问网站主机的目的。

1. 域名的格式

按域名系统定义的、作为服务器的计算机的名字称为域名，域名在 Internet 上是唯一的。域名系统是一种分布型层次式的命名机制，域名由若干子域构成，子域间以圆点相隔，最右边子域称为顶级域名，从右向左逐级降低，最左边子域是主机名。域名的一般形式为主机名.组织机构名.网络名.顶级域名，如表 2-3 所示。

表 2-3　域名命名方式

协议名	主机名	……	三级域名（组织机构名）	二级域名（网络名）	顶级域名
http://	www		njtc	edu	cn
ftp://	ftp		Tsinghua	edu	cn
smtp://	mail			sohu	com
http://	www			baidu	com

例如，在雅虎邮箱网站域名 mail.yahoo.com.cn 中，最右边是顶级域名 cn，表示这台主机在中国；com 表示该网络类型为工商企业网站，yahoo 为雅虎公司名称，最左边

的 mail 表示该主机是雅虎邮箱服务器。域名不区分大小写，既可以是字母，也可以是数字，还可以包含一些符号。

2. 顶级域名

在域名系统中，最核心的顶级域名有严格规范，顶级域名不同，域名格式也有所不同。顶级域名可分为两大类：一是国际顶级域名，表示网站的机构类型；二是国家顶级域名，表示网站的地理位置。

国际顶级域名。这类域名原来有七类，分别是 ac、com、edu、mil、gov、net、org，为缓解域名资源的紧张，后来又陆续批准新增了 biz、info、name、pro、museum、coop、areo、firm、shop、web、nom 等新域名。表 2-4 给出了常见的国际顶级域名。

表 2-4　常见的国际顶级域名

顶级域名	意义	顶级域名	意义
com	商业机构	mil	军事机构
edu	教育部门	web	与 web 相关业务的实体
gov	政府部门	org	非营利性组织
int	国际机构	firm	企业或公司
net	网络服务机构	cn、uk、tw、js	国家

国家顶级域名，即以国家代码作为顶级域名，如中国的 cn，美国的 us 等。在我国，又根据 34 个行政区域设立了一套次级的区域域名，如北京是 bj. cn，四川是 sc. cn。

在域名体系架构中，根服务器是域名服务体系的顶端，如图 2-6 所示。1984 年，美国南加州大学信息科学研究所建立了全球第一个域名根服务器。1999 年，根服务器数量发展到 13 个，并一直保持至今。当前，根服务器主要采用镜像技术提升其服务能力。截至 2018 年 12 月，全球共部署 1 043 台根服务器及其镜像。我国从 2003 年开始引入根镜像服务器，当前引入的根镜像服务器数量为 9 个。互联网数字分配机构（IANA48）官方数据显示，截至 2018 年 12 月底，全球域名服务体系中共存在 1 534 个顶级域名。我国域名总数为 3 792. 8 万个，其中顶级域名“.cn”以 2 124. 3 万个的数量位居国家和地区顶级域名首位，占我国域名总数的 56. 0%；“.com”域名数量为 1 278. 3 万个，占比为 33. 7%；“.中国”域名总数为 172. 4 万个，占比为 4. 5%，如表 2-5 所示。

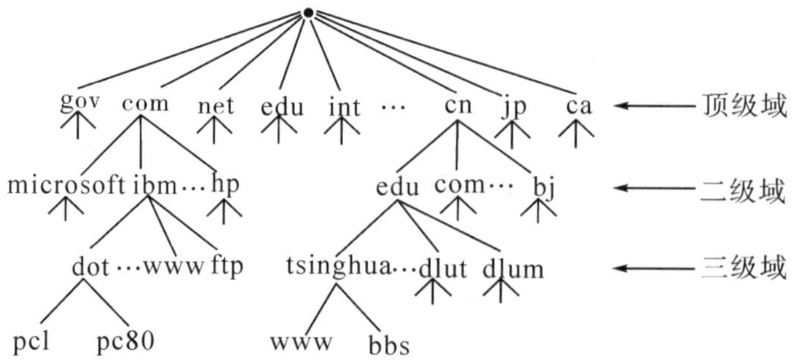

图 2-6　域名系统结构

表 2-5　域名数

	数量/个	占域名总数比例
.cn	21 243 478	56.0%
.com	12 783 290	33.7%
.中国	1 723 524	4.5%
.net	1 112 169	2.9%
.biz	468 799	1.2%
.info	282 214	0.7%
.org	199 631	0.5%
其他	114 422	0.3%
合计	37 927 527	100.0%

3. 域名解析过程

域名解析服务采用客户机/服务器的工作模式。客户机由网络应用软件和解析器构成。当一个网络应用程序要求把一个主机域名转换成 IP 地址时，将域名解析请求提交给本机上的解析器，解析器向本地 DNS 服务器发出域名解析请求，域名服务器经过查询后，将主机的 IP 地址回送给解析器，解析器再将该地址传递给网络应用程序。

下面以用户访问 www.ibm.com 网站为例（图 2-7），说明域名解析的完整过程。

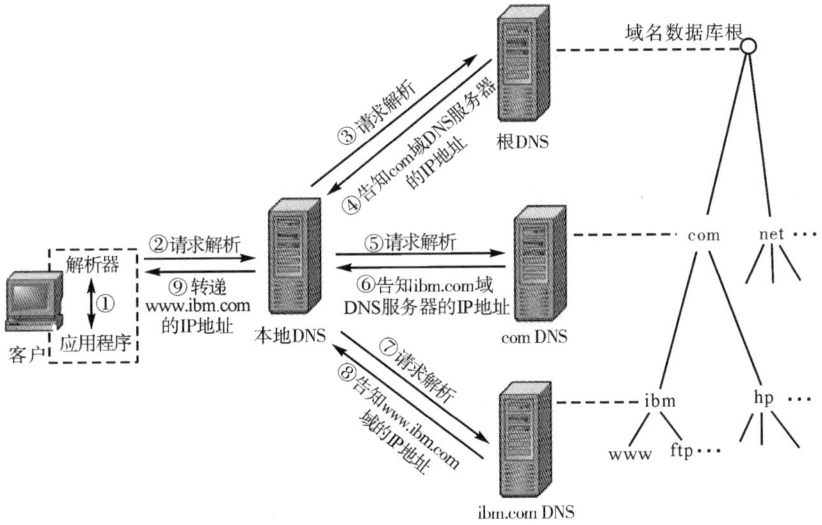

图 2-7　域名解析过程

4. 域名的注册与管理

国际域名管理的最高机构是互联网名称和地址分配机构（Internet Corporation for Assigned Names and Numbers，ICANN）。ICANN 是一个集合了全球网络界、商业、技术及学术各领域专家的非营利性国际组织，主要负责全球互联网的根域名服务器和域名体系、IP 地址及互联网其他资源的分配管理和政策制定，其下的域名由三大网络信息中心进行管理：INTER NIC 负责美国及其他地区、RIPE-NIC 负责欧洲地区、APNIC 负责亚太地区。中国的顶级域名 CN 由中国互联网络信息中心（China Internet Network

Information Center，CNNIC）统一管理。CNNIC 是经国务院主管部门批准组建的管理和服务机构，其主要职责是运行和管理相应的域名系统，维护域名数据库，授权域名注册服务机构提供 CN 域名注册服务等。

由于域名具有标识性、通用性、唯一性等特点，且遵循“先申请先得”的注册原则，因而域名具有与企业商标类似的含义，被称为“网络商标”。域名在商业竞争中不只是一个网络地址，还可能牵涉新的商业机会，也是公司网络形象的一部分。世界上几乎所有的著名企业都在网上以公司或商标名称注册了域名。因此，网络上存在重金购买域名和域名抢注的情况。

域名投资是指注册和购买有价值的域名，然后转让获利的行为，投资者一般被称为“玉米虫”或“米农”。域名投资是一种信息化发展趋势下的电子商务终端投资行为。域名投资人则是具备丰富综合知识能力的投资群体。域名投资的关键在于对域名价值的评估，评估的要素包括域名结构、单词影响力和市场性。选择有价值且容易转让的域名是成功的第一步，接下来要做的就是域名抢注。

域名抢注就是一个域名在被别人注册之前，抢先将此域名以注册人的名义注册下来的行为。域名抢注分两种情形：一是从未被注册过的域名的抢注；二是曾经被注册过域名的抢注，即由于域名有效期结束前未能够及时续费而被删除后的抢注。值得注意的是，域名抢注容易发生“恶意抢注”的侵权行为，即以获利等为目的、用不正当手段抢先注册他人在该领域或相关领域中已经使用并有一定影响的商标、域名或商号等的行为。

企业可以通过域名注册、域名转让、使用权转让、争议仲裁等方式获得域名，其中域名注册是最常见的方式。中国企业可通过中国互联网信息中心或其代理商注册国内或国际域名，例如中国万网、新网、西部数码等网站都提供域名注册服务。域名注册和使用的步骤主要如下：

第一，准备域名申请资料，如身份证、企业营业执照等；

第二，选择域名注册网站；

第三，查询域名；

第四，提交申请，并缴纳费用；

第五，通过审核，申请成功；

第六，设置域名解析地址，宣传和使用域名。

在域名注册后，企业还应针对域名做保护性注册、续费、监测、统一管理等工作，以防止域名被恶意抢注、侵犯及域名过期等影响域名正常使用的现象发生。

二、Internet 接入技术

中国互联网络信息中心（CNNIC）发布的第 43 次《中国互联网络发展状况统计报告显示》，截至 2018 年 12 月底，我国网民使用手机上网比例达 98.6%，较 2017 年年底提升 1.1 个百分点，网民使用电视上网比例达 31.1%，较 2017 年年底提升 2.9 个百分点，使用台式电脑上网比例为 48.0%，较 2017 年年底下降 5 个百分点，如图 2-8 所示。

图 2-8　互联网络接入

要开展电子商务，最基本的条件是与 Internet 相连，一般将个人计算机或企业局域网与 Internet 相连的技术，称为 Internet 接入技术。为用户提供 Internet 接入服务及相关技术支持的公司，称为 Internet 接入提供商（IAP）。目前，我国最大的 IAP 是中国电信，此外还有中国移动、中国联通等较大的 IAP。常见的 Internet 接入方法有以下几种：

（一）普通电话拨号接入

电话线拨号上网是最早的 Internet 接入方式之一。用户只需一部普通电话，再加上调制解调器（俗称“猫”），就可接入 Internet。该方式采用公用电话交换网（published switched telephone network，PSTN）技术，其基本原理是将数字信号通过调制解调器转换为模拟信号（调制），然后通过电话线传输，接收方再通过调制解调器将模拟信号还原为数字信号（解调），从而完成数据通信的过程。电话拨号接入所需设备简单、覆盖面广，但上网速度较慢，而且易受电话线路通信质量的影响。

（二）综合业务数字网接入

综合业务数字网（integrated services digital network，ISDN）由电话综合数字网演变而来，它有两个信道，可全部用于接入 Internet，也可仅用一个信道接入。如果两个信道同时使用，数据传输速率为 128kbps；仅使用一个信道时，数据传输速率为 64kbps，另一个信道则作为普通电话线路使用。与拨号上网方式相比，ISDN 大大提高了上网速度，且不需要改变电话线路，所以投资较小。但由于 ADSL 的出现，ISDN 正日趋淘汰。

（三）非对称数字用户环路接入

非对称数字用户环路（asymmetric digital subscriber line，ADSL）是目前电信系统普遍采用的宽带接入服务，其特点是上行和下行带宽不对称。ADSL 把普通电话线分成电话、上行和下行三个相对独立的信道，从而避免了相互之间的干扰，也不会发生上网速率和通话质量下降的情况。通常 ADSL 可以提供最高 3. 5Mbps 的上行速率和最高 24Mbps 的下行速率。ADSL 适用于人口密度大、高层建筑多、网络节点密集的地段，系统结构简单、使用维护方便、性价比高。

（四）数字数据网接入

数字数据网（digital data network，DDN）利用数字信道来传输数据信号，目前全国各地电信系统普遍开通了这项服务。DDN 利用数字信道提供半永久性连接线路以联入 Internet，它利用一种全透明、全数字、优质的传输介质，其传输速率范围为 64kbps～2Mbps。DDN 提供独享上网方式，其缺点是目前费用昂贵，除了基本费以外，还根据上网流量计费，所以 DDN 目前主要是一些特殊单位在使用。

（五）有线电视电缆接入

传统的有线电视网只能实现单向传输，经过改造后可以实现双向传输。有线电视电缆的终端设备是一个电缆调制解调器，它是利用有线电视网作为接入网的接入设备。有线电视电缆传输速率下行最高可达 36Mbps，上行最高可达 10Mbps。目前，我国有许多地区的有线电视网也试开通了这项服务。有线电视电缆上网在我国具有广阔的前景，因为我国有线电视网十分普及，而且上网可以不占用电话线路，并可以和数字式家电紧密集成。

（六）光纤接入

光纤是一种直径为 50~100μm 的特殊传输介质，一般由石英玻璃或塑料制成，外裹一层折射率较低的材料。多根光纤连在一起，就组成了光缆。光纤通信网才是真正意义上的宽带网，传输速率最快，单根光纤的传输速率可以达到 100Mbps~10Gbps，而且相当稳定。根据光纤深入用户群的程度，可将光纤接入网分为光纤到路边（FTTC）、光纤到小区（FTTZ）、光纤到大楼（FTTB）、光纤到办公室（FTTO）和光纤到户（FTTH）。

（七）无线接入

无线接入技术分为两种：一种是固定接入方式，如微波、卫星和短波等。微波接入的典型方式是建立卫星地面站，租用通信卫星信道与上级 ISP 通信。卫星通信是利用卫星通信的多址传输方式，为全球用户提供大跨度、大范围、远距离的数据通信。与微波接入技术类似，利用专用短波设备也可以接入 Internet，且接入速率和距离都较理想，由于短波有绕射力，因此适用于在城市及市郊作中远距离联网。另一种是移动接入方式，即利用移动设备接入移动互联网。

（八）局域网共享上网

通过局域网连入 Internet 的方式非常普遍，其基本原理是通过共享局域网服务器上网，也就是说局域网中任何一台计算机经授权后经由已经连入 Internet 的服务器上网。比如，校园网通过光纤连入 Internet，而学校内部的计算机可以共享这根光纤上网。共享上网的速度取决于服务器带宽和局域网内同时上网计算机的数据流量大小等诸多因素。共享上网是一种间接上网方式，对于服务器上网方式没有严格要求，如 ADSL、DDN 专线、光纤上网等都可以。共享上网最大的优越性是充分利用了服务器网络带宽，容易管理，此外还可以节省宝贵的 IP 地址资源，特别适合广大企事业单位、政府部门、高校等。

三、Internet 常用服务

Internet 上有大量丰富的信息资源，这些资源通过 Internet 服务提供给用户，包括 WWW 服务、电子邮件、搜索引擎、即时通信、BBS/论坛、博客、微博、社交网络等。Internet 提供的这些服务是电子商务的主要手段和重要平台。

（一）WWW 服务

WWW 是 World Wide Web 的缩写，简称为 Web 或 3W，中文译名为“万维网”“环球网”，由互联网之父蒂姆·伯纳斯·李于 1989 年 3 月提出。万维网采用的是客户机/服务器工作模式，WWW 服务器程序驻留于 Internet 中的一台主机上，是万维网信息的提供者。由于 WWW 服务器程序可运行在各种类型的计算机上，从常见的个人计算机到大型的服务器。因此在电子商务中，通过建立 WWW 网站，可有效组织商品、促销、价格等信息，并全方位地向用户展示这些信息。

1. WWW 的特征

作为互联网最重要的服务，WWW 具有如下特征：

第一，提供文本、声音、图形、图像等信息，图形界面友好，操作简单。

第二，可交互式查询和访问网上资源。

第三，支持可产生具体网页的超文本标识语言——HTML。

第四，基于域名地址的统一资源定位器 URL。

2. 统一资源定位器 URL

在 WWW 上所有信息资源都有统一的地址，由统一资源定位器（uniform resource locator，URL）来标识，确定资源在网络上的位置及所需要检索的文档，URL 地址是唯一的。URL 由三个部分组成：<协议>://主机地址［:端口号］/路径/文件名。协议是指定了访问资源的方式。不同的对象需要使用不同的协议，如 WWW 使用 HTTP、文件传输使用 FTP、多媒体数据使用 RTSP 等；主机地址是资源所在主机的 IP 地址或域名；端口号是指建立 TCP 连接的端口号。当使用默认端口号时，端口号可省略。HTTP 使用的默认端口号是 80；路径及文件名是指网页在服务器上的路径及文件名。当省略了路径和文件名时，则表示要访问的是网站根目录下的默认文件，即网站的首页。

例如，在 http://www.njtc.edu.cn/pages/2019/4/41485.html 这一 URL 中：http://指明了要访问的资源类型是超文本，使用 HTTP 协议；www.njtc.edu.cn 为要连接资源所在主机的域名；pages/2019/4/为文档所在的目录路径，41485.html 为所要访问的文件名。

3. WWW 浏览器

浏览器是 WWW 的客户端软件，是用于帮助人们浏览万维网上信息的应用程序，通过这些程序，用户可以简单方便地访问 Internet 上的任何站点，并观看其上的超文本信息。浏览器一般具有辅助浏览、查询检索、历史记录、网址收藏（书签）、文件保存、自动完成、拦截弹出窗口等功能。常用的浏览器软件有 Microsoft IE、Mozilla Firefox、Opera、苹果 Safari、Google Chrome 以及傲游 Maxthon、360 安全浏览器、搜狗浏览器、腾讯 TT、世界之窗等。

（二）超文本传输协议（HTTP）

超文本传输协议（hyper text transfer protocol，HTTP）是一个应用层协议，它定义了浏览器和 WWW 服务器之间的请求和响应交互中必须遵循的格式和规则，它使用 TCP 连接进行可靠的传输，是万维网正常运行的基础保障。万维网的每个网站都有一个服务进程，它不断监听 TCP 的 80 端口，等待客户端的 TCP 连接请求。当用户需要浏览某网站的网页时就会打开一个 HTTP 会话，并向 WWW 服务器发出 HTTP 请求。接到请求信号后，服务器产生一个 HTTP 应答信息，并发回到客户端浏览器。HTTP 的工作过程如图 2-9 所示。

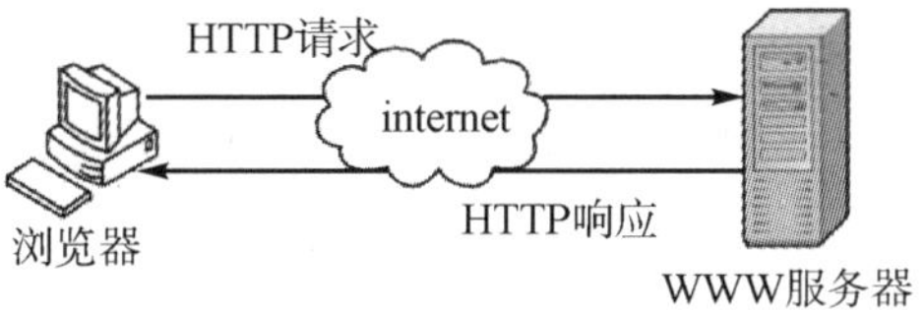

图 2-9 HTTP 工作过程

（三）电子邮件

电子邮件（E-mail）是 Internet 上最基础、最重要的服务之一，也是应用最广泛的服务之一。它是一种通过 Internet 与其他用户进行联系的现代化通信手段。电子邮件具有通信不受时空限制、信息传递快、通信资费便宜、故障率低等优点。在电子商务中，电子邮件是企业与客户交流、沟通的主要手段，也是企业开展客户关系管理和营销的重要渠道。

电子邮件的地址格式一般为：用户名@邮件服务器主机域名。

例如 5362013@qq.com。一封完整的电子邮件应包括收信人电子邮箱地址、发信人电子邮箱地址、邮件主题和邮件正文等几个部分。电子邮件接收与发送过程中最常用的协议是邮件协议 POP3 和简单邮件传输协议 SMTP。常见的电子邮件客户端软件 Outlook Express 和 Foxmail 都用 POP3 和 SMTP 收发邮件。

用户在使用电子邮件前，首先要拥有自己的电子邮箱。很多门户网站都提供电子邮箱服务，其中比较著名有 163 邮箱、Gmail、QQ 邮箱、Yahoo 邮箱、新浪邮箱、搜狐邮箱等。电子邮箱可同时向多个收信人发送统一邮件，传递的附件可以是文本、图片、电子文档、音视频等多媒体文件，可在线即时收信，还有转发、自动回复、签名等辅助功能。

电子邮件系统的工作基于客户机/服务器模式。邮件的发送并不是直接在发送方和接收方的计算机之间直接传送，而是通过发送方邮件服务器（发送方电子邮箱所在服务器）中转到接收方邮件服务器（接收方电子邮箱所在服务器）。邮件服务器必须能够同时充当客户机和服务器。当某一服务器向其他服务器发送邮件时，该服务器就是 SMTP 的客户端；而当它接收其邮件时，它就是 SMTP 服务器。电子邮件系统的工作过程如图 2-10 所示。

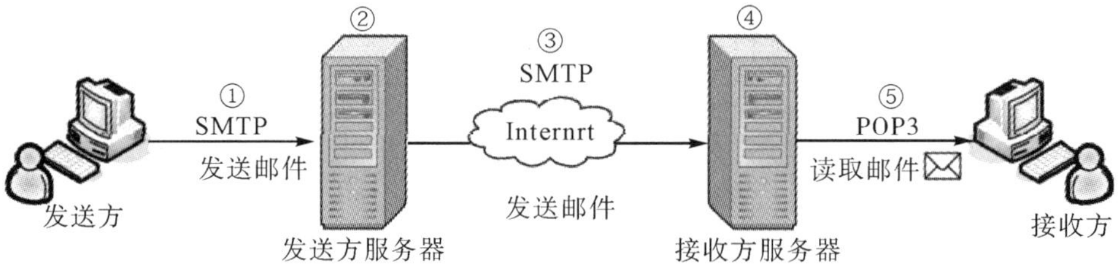

图 2-10　电子邮件系统的工作过程

（1）发送方通过邮件客户程序撰写并发送邮件。邮件客户程序使用 SMTP 向发送方 SMTP 服务器发送邮件。

（2）发送方 SMTP 服务器收到客户端发来的邮件后，把邮件临时存放在邮件缓存队列中等待发送。等待的时间取决于邮件服务器的处理能力和队列中待发送的邮件数量。

（3）发送方 SMTP 服务器与接收方 SMTP 服务器建立了 TCP 连接，把邮件发出。

（4）接收方 SMTP 服务器将收到的邮件放入接收方的电子邮箱中，等待接收方读取。

（5）接收方在本地计算机上运行邮件客户程序，客户程序使用 POP3 从接收方的 POP3 服务器上将邮件读取到自己的本机中。

（四）搜索引擎

搜索引擎是在 Internet 上信息不断快速增长，为帮助信息需求者快速、方便而准确地获取所需信息提供的一种服务。其基本原理是：利用网页搜索程序在 Internet 上主动搜索 Web 信息，做好索引并存储在大型数据库中；当用户在搜索引擎网站主页输入关键字进行信息查询时，搜索引擎检索数据库中存储的信息，把包含关键字的网址链接提供给用户。搜索引擎是当前网民使用最多的 Internet 服务之一，具有筛选、匹配和推荐信息的功能。当前，主流的搜索引擎有百度搜索、谷歌搜索、搜狗搜索、360 搜索、腾讯搜搜、雅虎搜索、有道搜索、必应搜索等。

在电子商务中，搜索引擎主要用于网络营销领域，如市场调研、网站推广、关键字广告、竞价排名以及搜索引擎优化等。另外，专业的购物搜索引擎如一淘网、亿买网、聪明点等，也是电子商务与搜索引擎成功结合的典范。

（五）即时通信

即时通信（instant message，IM）是指能够即时发送和接收互联网消息的服务。即时通信软件自 1998 年面世以来，其功能日益丰富，并逐渐集成了电子邮件、博客、音乐、电视、游戏和搜索等多种功能。即时通信不再是单纯的聊天工具，它已经发展成集交流、资讯、娱乐、搜索、电子商务等为一体的综合化信息平台。在电子商务中，企业主要利用即时通信来开展办公协作和客户服务。

国内即时通信工具按照使用对象可分为三类：一是个人即时通信，主要以个人用户使用为主，方便聊天、交友、娱乐，如 QQ、YY、网易泡泡、新浪 UC、百度 HI、盛大圈圈等；二是商务即时通信，主要用于寻找客户资源或便于商务联系，以低成本实现商务交流或工作交流，如阿里旺旺、惠聪 TM、MSN、SKYPE 等；三是企业即时通信，以企业内部办公为主并整合相关应用，如钉钉、Anychat、腾讯 RTX、微软 Lync、BigAnt、imo 云办公室等。随着用户需求的变化，即时通信有由个人计算机向移动客户端和网页转移的趋势，其典型代表是微信和 WebQQ。

微信是腾讯公司推出的提供即时通信服务的免费聊天软件。用户可以通过手机、平板、网页快速发送语音、视频、图片和文字。微信提供公众平台、朋友圈、消息推送等功能，用户可以通过摇一摇、搜索号码、附近的人、扫二维码等方式添加好友和关注公众平台，同时可以将内容分享给好友以及将用户看到的精彩内容分享到微信朋友圈。

微信拥有用户规模、碎片化、个性数据、LBS 等功能。微信可以从 O2O、外景基地、移动应用这三个层面切入电子商务流。

第一，从圈子出发，微信与电子商务企业进行用户资源分享，让用户通过 O2O 模式体验电商相关服务，完成信息流的过程。

第二，微信通过引导用户使用软件功能和服务塑造用户的电子商务习惯，形成商流。

第三，微信通过精准营销促成用户购买产品和服务，完成资金的流转。

第四，微信通过客户关系维护，提供全方位的售后服务体验，完成物流等过程。

第五，用户将自己的购物体验与圈内朋友分享，通过“关系链”等链流形式推荐和分享购买体验，完成级联式扩散传播。

（六）BBS（电子公告板系统）

BBS 于 1978 年在芝加哥开发，最先是通过 Telnet 的方式登录使用。后来的 BBS 都可以通过 Web 访问，对于这类 BBS，习惯上称之为论坛。BBS 是一种电子信息服务系统，一般有固定的主题或兴趣领域，如学术论坛、军事论坛、购物论坛、动漫论坛、地方论坛等。不同的 BBS 站点服务内容差异很大，如高校 BBS 站点常设有校园信息、学术科学、人文社会、经济杂谈、计算机网络、体育健身、休闲娱乐、网络资源等内容板块，用户可以选择自己感兴趣的板块参与讨论。

BBS 具有经验交流、信息交流、问题解答、发送 E-mail 等功能，其中最主要的两大功能，一是浏览文章，发表文章；二是聊天讨论，聊天可以一对一，也可以在聊天室中进行。从电子商务的角度来看，BBS 是企业与客户交流的一种渠道，也是网络营销的方式之一，通过 BBS 企业可以加强客户交流、解决问题、吸引客户。

（七）博客与微博

1. 博客

博客（blog），也称网络日志，是继 E-mail、BBS 和即时通信软件之后出现的第四种网络交流方式。博客通常是一种由个人管理、不定期张贴新文章的网站，博客文章一般融合了文字、图像、视频、链接等多种媒体，能够让读者以互动的方式留下意见，并按张贴时间由新到旧排列。许多博客专注在特定课题上提供评论或新闻，通过原创专业化内容进行知识分享或争夺话语权，建立起信任权威形成个人品牌进而影响读者，如财经博客、体育博客、摄影博客等。总的来讲，博客具有操作简单、持续更新、开放互动和展示个性等特点，适合企业或个人的自我营销。

企业的博客营销一般通过建立企业博客、产品博客等开展。企业博客是以企业名义开设的对外宣传的博客，例如惠普、IBM、思科、迪士尼、星巴克等知名企业的官方博客，主要作为企业公关的窗口。产品博客则是企业为了某个品牌产品进行公关宣传或以为客户服务为目的专门推出的，例如马自达公司为其在日本的 Atenza 品牌专门推出了博客。除此之外，首席执行官博客、企业高管博客、意见领袖博客也是企业博客营销的一部分。

2. 微博

微博（micro blog）是微型博客的简称，是一种通过关注机制分享简短实时信息的广播式社交网络平台，用户可以通过 Web、WAP 等各种客户端访问微博，以 140 字左右的文字更新信息，并实现即时分享。最早也是最著名的微博是美国的推特（Twitter），国内提供微博服务的主要是门户网站，如新浪微博、腾讯微博、网易微博、搜狐微博等。近年来，微博用户增长迅速，无论是个人、企业、事业单位，还是政府机关几乎都在各平台上开通了微博。

与博客相比，微博具有更强的大众性、便捷性、原创性和互动性，并且其信息传播速度更快、范围更广，因而其营销价值也更大。近年来，微博有逐渐取代博客成为企业对外发布信息主要平台的趋势。与博客一样，企业微博营销的主要形式也包括企业官方微博、产品微博、高管微博、员工微博等。

（八）社交网络

社交网络（social networking service，SNS）是指旨在帮助人们建立社会性网络的互联网应用服务。社交网络主要基于六度空间理论和 Web 2.0 技术，它与 WWW 服务的最大不同在于：WWW 的主体是内容信息，依靠内容信息组织在一起，呈现给用户；而社交网络的主体是人，依靠人与人之间的朋友关系组织在一起。国内外主要的社交网站有：脸书、人人网、开心网、朋友网、豆瓣网、白社会、世纪佳缘等。

社交网络的真实性、高人气、高用户忠诚度和传播性，使其能够成为电子商务的有效平台，有利于开展精准营销、口碑营销。社交化电子商务即社交网络与电子商务的结合，是关注、分享、沟通、讨论、互动等社交化元素应用于电子商务交易过程的现象。国内社交化电子商务的典型网站有：美丽说、蘑菇街、LC 风格网、淘江湖、凡客达人等。

（九）远程登录

远程登录（Telnet 协议）是 Internet 上一台计算机连接到另一台远程计算机并运行其系统的程序，利用该功能用户可以使用远程计算机上共享的资源，包括硬件资源、软件资源和数据库资源等，例如使用远程主机的软件为自己服务、查询数据库、检索资料等。有了 Telnet，用户可以通过网络随时使用任何地方任何联网的计算机。

（十）文件传输

文件传输是指用户从一个地点向另一个地点传送文件，用户可以把自己的文件上传到远程计算机上，也可以从远程计算机下载自己所需要的文件。文件传输使用的协议是 FTP 协议，因而该服务也被称为 FTP 服务。FTP 与 Telnet 一样，在使用前一般需要输入用户名和密码登录到远程主机，然后才能进行文件查找、下载（download）、上传（upload）等操作。FTP 有两种登录方式，一是客户端软件登录，如 8UFTP、Serv-U、FileZilla、、FlashFXP、CuteFTP 和 WS_ FTP 等；二是浏览器登录。

FTP 的基本工作原理是采用客户机/服务器工作模式，要求被访问的主机必须运行 FTP 的服务程序，称为 FTP 服务器，用户要访问 FTP 服务器则必须在本地计算机上运行 FTP 客户程序，通过该程序与 FTP 服务器传输文件。

FTP 使用 TCP 在客户机和服务器之间建立可靠的传输服务。与其他客户机/服务器应用模式不同的是，FTP 在客户机和服务器之间使用两个 TCP 连接，一个是控制连接，用于传送控制信息（命令和响应），使用默认端口号 21；一个是数据连接，用于数据传输，使用默认端口号 20，如图 2-11 所示。

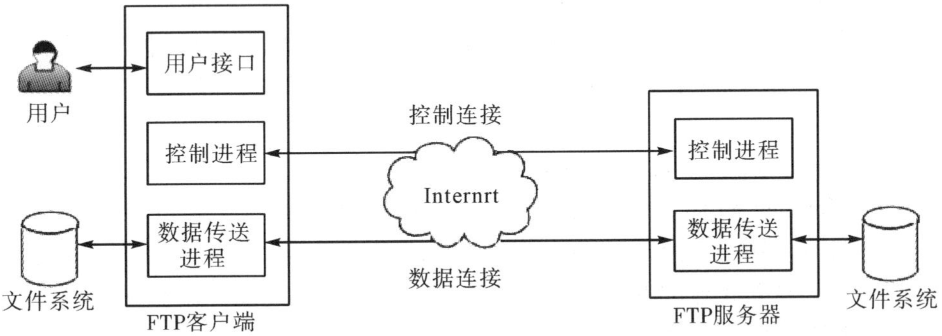

图 2-11　FTP 的基本原理

除上述服务之外，Internet 还有很多其他服务，如新闻组、百科全书、网络问答、网络视频、网络游戏等，在此不一一详述。

四、Intranet 和 Extranet

下面分别介绍 Intranet（内部网）和 Extranet（外联网）。

（一）Intranet

Internet 的概念和技术应用到企业内部的信息管理和交换业务，就形成了企业内部网（Intranet）。Intranet 采用 TCP/IP 协议和跨平台 Web 信息交换技术，同时通过防火墙保护内部敏感信息，其主要特点是兼有 Internet 的开放性、灵活性和企业内部网络的安全性。相对于 Internet，Intranet 更强调企业内部的信息交流和协同工作，这对越来越趋于大型化、分散化的企业来说尤其重要，它能及时将信息传送至世界每个角落，从而实现跨国、跨地区企业内部的协同工作。

企业通过 Intranet，对外连接雇员、合作伙伴以及客户，提供广告宣传、技术支持等服务；对内则用于企业内部事务处理、信息交换与共享、信息获取以及网上通信、网上讨论等方面。从功能上来看，除了具有 Internet 已有各种功能（如 E-mail、WWW、FTP、BBS）之外，Intranet 最重要的功能是网络安全和企业内部各管理信息系统的功能。企业建立 Intranet 有很多好处，如使得企业内部网络与 Internet 实现无缝连接，有利于提高企业与客户间的通信效率和质量；为企业信息发布及网络通信提供了多种方式和多种功能，便于企业更好地发挥信息对业务的控制作用；客户端都使用统一界面——浏览器，简单易用，便于在员工中快速推广。

（二）Extranet

Extranet 是 Intranet 的延伸，是 Internet 的另一种应用，它将 Internet 网络构建技术用于企业间系统，称为企业外部网。它使企业与其客户、其他企业相连完成其共同目标和交互合作，通过向一些主要贸易伙伴添加外部链接来扩充 Intranet，包括那些想与之建立联系的供应商和客户。企业使用 Extranet，可以使供货商了解企业某一产品的库存量及某一阶段的需求，提高供货效率；可以使分销商将销售情况及时传递给企业，使其更快了解市场和竞争对手。

在 Extranet 环境中，Intranet 除了要解决企业内部资源共享和利用 Internet 公用资源的问题之外，重要的是要处理频繁、受限的外部访问。外部访问主要有两种类型：一是企业与企业间的访问，如企业与供应商、合作伙伴间的信息交流：二是单个客户与企业间的访问，如外部移动客户访问企业资源。Extranet 中的访问控制需针对不同的主体、客体，企业及企业间经协商制定不同级别的访问控制策略，以保证 Extranet 的开放性、安全性。

（三）Internet 与 Intranet、Extranet 的比较

Internet、Intranet 和 Extranet 三者的区别：Internet 是网络基础和包括 Intranet 和 Extranet 在内的各种应用的集合；Intranet 强调企业内部各部门的联系，业务范围仅限于企业内；Extranet 强调各企业间的联系，业务范围包括贸易伙伴、合作对象、零售商、消费者和认证机构。如图 2-18 所示。

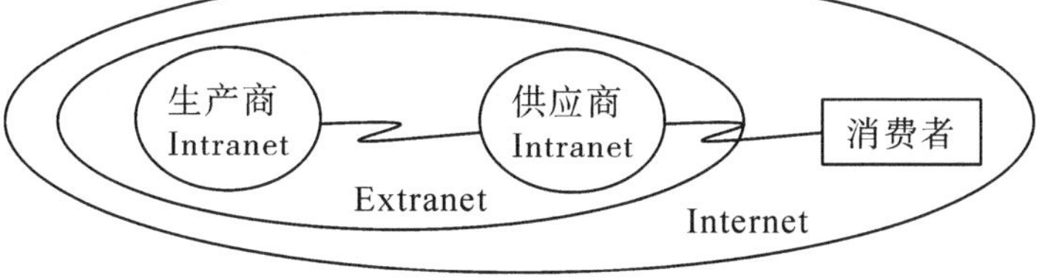

图 2-18　Internet 与 Intranet、Extranet

第三节　EDI 技术

EDI 产生于 20 世纪 60 年代末，它将计算机、通信网络和现代管理技术结合起来，能快速处理商业信息，是早期电子商务的主要技术手段。EDI 的出现使人与人、企业与企业之间实现了“零距离”，提高了企业的效率和效益，使“无纸贸易”成为现实。EDI 是真正唯一的独立服务电子商务，且依附于电子商务的技术。可以说 EDI 过去是、现在仍是电子商务的基础。

一、EDI 概述

EDI（electronic data interchange，电子数据交换）是由国际标准化组织（ISO）推广使用的国际标准，它是指一种通过电子信息化的手段，在贸易伙伴之间传播标准化商务交易元素的方法和标准。例如，国际贸易中采购单、装箱单、提货单、收据、发票、付款凭证和财务报表等数据的交换。

国际标准化组织将 EDI 描述成“将贸易（商业）或行政事务处理按照一个公认的标准变成结构化的事务处理或信息数据格式，从计算机到计算机的电子传输”。联合国国际贸易法委员会 EDI 工作组则将 EDI 定义为“EDI 是用户计算机系统之间对结构化、标准化信息进行自动传送和自动处理的过程”。

从上述定义不难看出，EDI 包含了三个方面的内容，即计算机应用、通信网络和数据标准化，其中，计算机应用是条件，通信网络是基础，标准化是特征。这三个方面相互衔接、相互依存，构成了 EDI 的基础框架。要理解 EDI，必须认识如下几点：

（1）EDI 是在企业制造商、供应商、运输公司、银行等单位之间传输商业文件数据。

（2）EDI 是两个或多个计算机应用进程间的通信。

（3）EDI 传输的文件数据遵循一定的语法规则与国际标准，具有固定格式。

（4）EDI 一般通过增值网和专用网等通信网络来传输数据。

（5）数据自动投递和传输处理由应用程序自动响应，无须人工干预和人为介入。

二、EDI 系统

（一）EDI 系统的组成

EDI 系统主要包括三大要素，即数据标准、EDI 软件和硬件以及通信网络。

1. 数据标准

EDI 标准是由各企业、各地区代表共同讨论、制定的电子数据交换共同标准，可以使各组织之间的不同文件格式，通过共同的标准实现彼此之间文件交换的目的。目前，世界上通用的 EDI 标准有两个：一个是由美国国家标准局（ANSI）主持制定的 ANSI/X. 12 标准；另一个是由联合国推出的 UN/EDIFACT 标准。

2. EDI 软件和硬件

要实现 EDI，需要配备相应的软件，EDI 软件能够将用户数据库系统中的信息译成标准格式以供传输交换。EDI 软件主要由以下三个部分组成：

（1）转换软件。它可以将计算机系统中的文件转换成翻译软件能够理解的平面文件（又称中间文件），或将从翻译软件接收来的平面文件转换成计算机系统文件。

（2）翻译软件。翻译软件将平面文件翻译成 EDI 标准格式文件，或将 EDI 标准格式文件翻译成平面文件。

（3）通信软件。通信软件将 EDI 标准格式文件加上通信信封再送到 EDI 交换中心邮箱，或从 EDI 交换中心将接收到的文件取回。

EDI 硬件是本单位与通信网络相连的服务器和工作站，包括计算机、网络连接设备等。

（3）通信网络

通信网络是实现 EDI 的手段。EDI 通信方式有多种，一种是点对点的方式，主要在贸易伙伴数量较少的情况下使用。随着贸易伙伴数目的增多，许多公司逐渐采用另一种方式——第三方网络，即增值网络（value added net work，VAN）方式。VAN 类似于邮局，具有存储转送、记忆保管、格式转换、安全管制等功能，通过 VAN 传送 EDI 文件，可大幅度降低传送资料的复杂度和困难度，提高 EDI 效率。

（二）EDI 系统的结构

EDI 的整个过程都是由 EDI 系统完成的，EDI 系统的模块结构如图 2-19 所示。

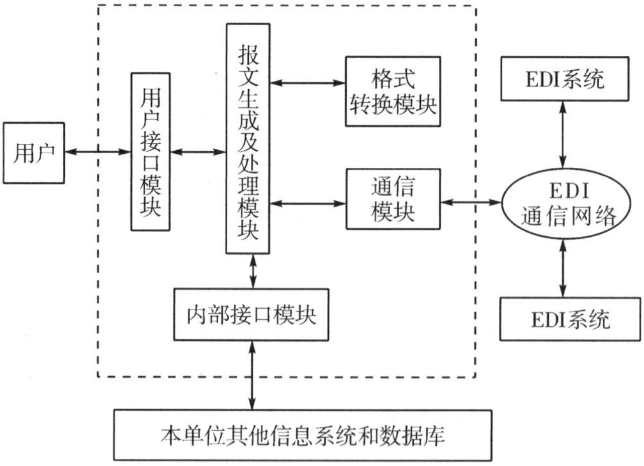

图 2-19　EDI 系统的模块结构

1. 用户接口模块

用户接口模块是 EDI 系统与用户的界面，用户可用此模块进行输入、查询、统计、中断、打印等操作。

2. 内部接口模块

内部接口模块是 EDI 系统与本单位内部其他信息系统及数据库的接口，EDI 报文经过 EDI 系统处理之后，大部分都需要经该模块送往其他信息系统，或查询其他信息系统后才能给对方以确认的答复。

3. 报文生成及处理模块

报文生成及处理模块有两个功能：一是接收来自用户接口模块和内部接口模块的命令和信息，按照 EDI 标准生成订单、发票等各种 EDI 报文和单证；二是自动处理由其他 EDI 系统发来的报文，在处理过程中要与本单位信息系统相连。

4. 格式转换模块

格式转换模块所转换的各种 EDI 报文按照 EDI 标准要求做结构化处理，包括语法上的压缩、嵌套、代码替换及加上必要的 EDI 语法控制字符，并在格式转换过程中要进行语法检查。

5. 通信模块

通信模块是 EDI 的系统与 EDI 通信网络的接口，具有执行呼叫、自动重发、合法性和完整性检查、出错报警、自动应答、通信记录、报文拼装和拆卸等功能。

三、EDI 的工作过程

（一）EDI 使用前后对比

为了更好地了解 EDI 的工作过程，不妨先回顾一下传统商务下贸易单证的处理过程。在传统商务中，不使用 EDI 的贸易单证传递流程为：买方操作人员将采购订单打印出来，形成纸质单证，再通过邮局或传真机传递到卖方；卖方收到单证后，由数据录入员用手工方式输入企业管理信息系统中，再进行单证信息处理。如图 2-20 所示，在这一处理过程中，买卖双方之间重复输入数据较多，容易产生差错，准确率低，劳动力消耗多及延时增加。

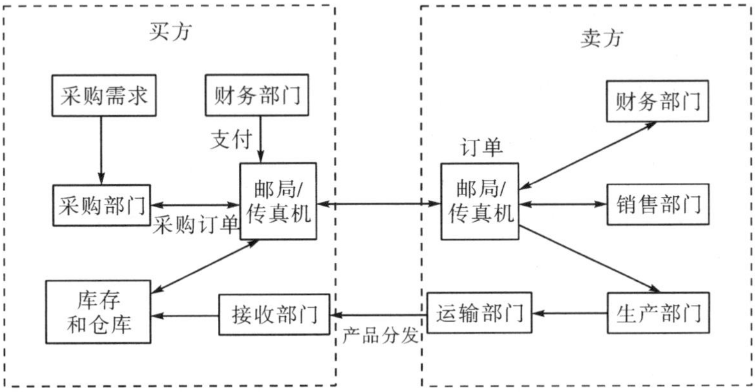

图 2-20　传统方式下贸易单证的传递

在使用 EDI 的贸易单证处理过程中，信息流主要表现为数据的交换、传输和接收。EDI 加大了信息流的自动化处理程度，减少了数据的重复，实现了贸易过程管理的自动化，达到了“信息不落地”“贸易无纸化”。如图 2-21 所示，使用 EDI 进行贸易单证处理后，信息的载体是磁盘和磁带等存储介质，可以减少一些不必要的纸质单证产生，这么做不仅节省了劳动力成本，而且降低了管理费用，增强了信息的可验证性和可访问性。

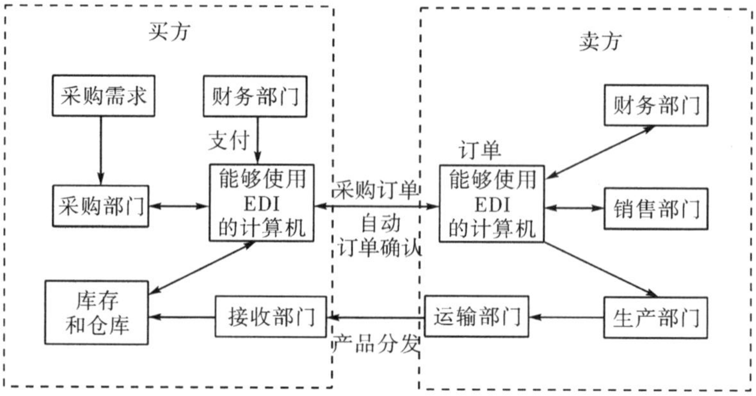

图 2-21 EDI 方式下贸易单证的传递

需要说明的是，EDI 中的信息处理过程是由计算机自动进行的。这里所说的数据或信息是指交易双方互相传递的具备法律效力的文件资料，可以是各种商业单证，如订单、回执、发货通知、运单、装箱单、收据发票、保险单、进出口申报单、报税单、缴款单等，也可以是各种凭证，如进出口许可证、信用证、配额证、检疫证、商检证等。

（二）EDI 的具体流程

EDI 的工作过程就是用户将数据从公司自身计算机信息系统传送到交易方计算机信息系统的过程，该过程可分为如图 2-22 所示的六个步骤。

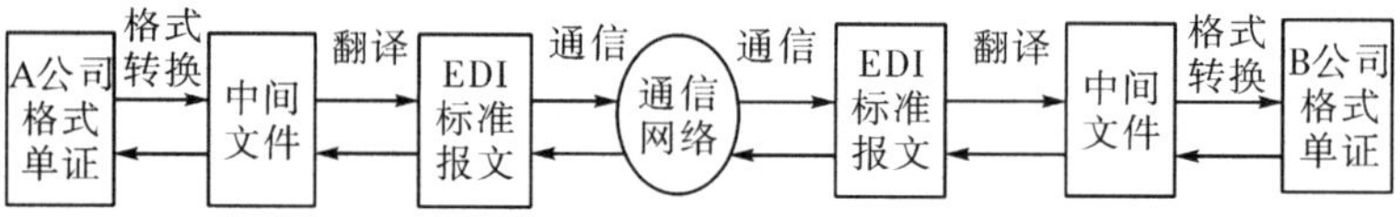

图 2-22 EDI 方式下贸易单证的传递

（1）发送方将要发送的数据从信息系统数据库提出，转换成中间文件。

（2）将中间文件翻译成标准的 EDI 报文。

（3）发送 EDI 报文。

（4）接收方从 EDI 信箱中收取信件。

（5）EDI 信件拆开并翻译成中间文件。

（6）将中间文件转换并送到接收方信息系统中进行处理。

下面以订单处理为例，介绍 EDI 作业的实际过程，具体步骤如下。

第一步，制作订单。购买方根据自己的需求在计算机上操作，在订单处理系统上制作出一份订单来，并将所有必要的信息以电子传输的格式存储下来，同时产生一份电子订单。

第二步，发送订单。购买方将此电子订单通过 EDI 系统传送给供货商，此订单实际上是发向供货商电子信箱的，它先存放在 EDI 交换中心上，等待来自供货商的接收指令。

第三步，接收订单。供货商使用邮箱接收指令，从 EDI 交换中心自己的电子信箱中收取全部邮件，其中包括来自购买方的订单。

第四步，签发回执。供货商在收妥订单后，使用自己计算机上的订单处理系统，为来自购买方的电子订单自动产生一份回执，经供货商确认后，此电子订单回执被发送到网络，再经由 EDI 交换中心存放到购买方的电子信箱中。

第五步，接收回执。购买方用邮箱接收指令。从 EDI 交换中心自己的电子信箱中收取全部邮件，其中包括供货商发来的订单回执。整个订货过程至此完成，供货商收到订单，购买方则收到了订单回执。

四、EDI 的应用

（一）EDI 与电子商务

虽然 EDI 与电子商务有许多不同点，但它们之间是相辅相成的，两者存在着密切的联系。电子商务的应用系统有两种方式：EDI 方式和非 EDI 方式。

（1）EDI 方式的电子商务

电子商务中的数据交换是通过 EDI 来实现的，即电子商务中的各种标准格式的贸易单证、文件等的传输都是由 EDI 系统通过增值网或因特网来完成的。

（2）非 EDI 方式的电子商务

电子商务中的数据交换是直接在因特网上进行的，并不依赖于 EDI，它仍然需要具有电子数据交换的功能。随着因特网的发展与普及，EDI 逐渐向因特网上发展，进一步促进了电子商务与 EDI 的结合，使 Internet EDI 成为电子商务的重要组成部分。

（二）基于 EDI 的电子商务系统构建

将 EDI 引入电子商务，就是要在原来 EDI 的基础平台上进一步构建电子商务的运行环境，在 EDI 基础上构建电子商务的主要方法有以下四种：

1. 用电子邮件接收和发送 EDI 信息数据

用电子邮件接收与发送 EDI 信息数据就是用 Internet 来代替增值网，实现商业信息的电子数据交换，这么做可以为中小企业开展电子商务提供诸多便利。但电子邮件在安全性、保密性方面还存在一些问题，所以在使用电子邮件收发信息时还必须采用加密和电子认证技术，以确保信息的真实性和不可否认性。目前，主要采用私有增强邮件技术（PEM）和隐私保护技术（PGP）两种方法来实现。

2. 采用 Web 技术实现 EDI 数据交换

EDI 的主要功能是实现企业间信息的安全传送，Web 的主要功能就是实现企业信息的共享，而将 EDI 与 Web 相结合构成 Web-EDI，这样就可以使系统同时具有电子数据安全传输和资源信息共享的双重功能。

3. 采用 XML/EDI 模板的概念

XML/EDI 模板描述了信息的结构和如何解释信息，它可以动态地结合到本地应用程序中，由软件代理进行解释。有关数据显示，目前有 2%的企业使用 EDI，而将会有 70%~80%的企业使用 XML/EDI。

4. 采用标准执行协定

标准执行协定（standard IC）用来解决基于 Internet 进行 EDI 活动时多版本的执行协定问题。该标准是一种特殊的、跨行业的、针对特定应用的国际标准，使用十分方便，并使得 EDI 活动可以在 Internet 上进行。在 EDI 实际应用系统中，不同行业或企业通常要根据实际需要对 EDI 标准进行选择。

（三）EDI 的应用范围

EDI 适用于需要处理与交换大量单据的单位，这些单位大部分属于贸易或零售/批发业，相互之间交易频繁，而且是周期性作业，其中包括：制造业、政府/公用事业、运输、汽车、石油、化学工业、金融机构、一般贸易业、进出口业等。目前各行业所制定的单证都已转换成商业 EDI 报文标准。下面以流通业为例，介绍 EDI 的具体应用。

商业 EDI 系统是为了协助流通业在相关作业上运用这些报文，所覆盖的范围包括零售商、批发商、制造商、配送中心及运输商，相关作业包括订购、进货、接单、出货、送货、配送、对账及转账作业。

1. 零售商

零售商与其交易伙伴间的商业行为大致可分为订购、进货、对账及付款四种作业。其间往来的单据包括订购单、进货验收单、对账单及付款凭证等。

2. 批发商

批发商与其交易伙伴间的商业行为大致可分为订购、进货、接单、出货、对账及收付款作业。其间往来的单据包括采购进货单、出货单、催款对账单及付款凭证等。由于批发商兼具买方与卖方的职能，因此同时具有买方与卖方的作业流程。

3. 制造商

制造商与其交易伙伴间的商业行为大致可分为接单、出货、催款及收款四种作业。其间往来的单据包括采购进货单、出货单、催款对账单及付款凭证等。

4. 配送中心

配送中心与其交易伙伴间的商业行为大致可分为接单、配送、催款及收款四种作业。其间往来的单据包括出货单、催款对账单及付款凭证等。

5. 运输商

运输商接受托运人的委托，将货物送到收货人处，其与托运人及收货人之间的作业流程包括托运、收货、送货及回报作业等。

第四节　大数据与数据挖掘技术

随着网络信息化时代的日益普遍，移动互联、社交网络、电子商务大大拓展了互联网的疆界和应用领域，我们正处在一个数据爆炸性增长的“大数据”时代，人们用“大数据”来描述和定义信息化爆炸时代产生的海量数据。大数据在社会、经济、政治、文化以及人们的生活等方面产生着重大的影响。

一、大数据的基本概念

美国互联网数据中心指出，互联网上的数据每年将增长 50%，每两年将翻一番，而目前世界上 90%以上的数据是近几年才产生的。此外，数据不仅仅指人们在互联网上发布的信息，全世界的工业设备、汽车、电表上有着无数的数码传感器，随时测量和传递着有关位置、运动、振动、温度、湿度乃至空气中化学物质的变化，也产生了海量的数据信息。

研究机构 Garmer 将大数据定义为：大数据是需要新处理模式才能具有更强大的决策力、洞察发现力和流程优化能力的海量、高增长率和多样化的信息资产。

大数据首先是指数据量大，指代大型数据集，一般在 10BT 的规模左右，但在实际应用中，很多企业用户把多个数据集放在一起，已经形成了 PB 级的数据量；其次是指数据类别大，数据来自多种数据源，数据种类和格式日渐丰富，已冲破了以前所限定的结构化数据范畴，囊括了结构化和非结构化数据；再次是指数据处理速度快，在数据量非常庞大的情况下，也能够做到数据的实时处理；最后是指数据的真实性高，随着社交数据、企业内容、交易与应用数据等新数据源的兴起，传统数据源的局限将被打破，企业越发需要有效的信息之力以确保其真实性及安全性。

二、大数据的特性

大数据有四个基本特征（“4V”特性）：数据规模大（volume）、数据种类多（variety）、数据要求处理速度快（velocity）以及数据价值密度低（value）。

三、大数据的关键技术

大数据其实不只是数据量大，最重要的是对大数据进行分析，只有通过分析才能获得很多智能的、深入的、有价值的信息。

（一）可视化分析

大数据分析的最基本要求是可视化分析，因为可视化能够直观地呈现大数据的特点，同时容易被读者所接受。

（二）数据挖掘算法

大数据分析的理论核心就是数据挖掘算法，各种数据挖掘算法基于不同的数据类型和格式才能更加科学地呈现出数据本身的特征。也正是因为这些被全世界统计学家所公认的各种统计学方法才能深入数据内部，挖掘出数据的价值。另外，也是因为这些数据挖掘算法才能快速地进行大数据处理，如果一个算法需要好几年才能得到结果，那这个算法也就没有其存在的意义。

（三）数据质量和数据管理

大数据分析离不开数据质量和数据管理。高质量的数据和有效的数据管理无论是在学术研究还是在商业应用领域，都能够保证分析结果的真实性和有价值。当然要更加深入大数据分析的话，还有很多专业的大数据分析方法需要去掌握和探索。

四、大数据时代的发展方向、趋势

我国大数据核心技术研发加速突破，硬件关键技术逐步发力，阿里巴巴公司在2018年持续推进神经网络芯片研发，该芯片将运用于图像视频分析、机器学习等大数据计算和分析领域。数据仓库、大数据分析与云计算技术进一步融合，通过公共云基础设施提供在线服务。百度、阿里巴巴、腾讯、电信运营商等企业持续引领大数据应用技术创新与落地，覆盖制造、金融、政务、交通、医疗、能源等众多领域。

大数据的整体态势和发展趋势主要体现在几个方面：大数据与学术，大数据与人类活动，大数据的安全隐私、关键应用、系统处理和对整个产业的影响。在整体态势上，数据的规模将变得更大，数据资源化，数据的价值凸显，数据私有化出现和联盟共享。

大数据的发展会催生许许多多新兴的职业，会产生数据分析师、数据科学家、数据工程师，经验丰富的数据分析人才将炙手可热。随着大数据的发展，数据共享联盟将逐渐壮大成为产业的核心一环。随着大数据共享越来越多，隐私保护也将成为另一个热点和难点。大数据在国家、企业和社会层面已成为重要的战略资源。

中国计算机学会（CCF）大数据专家委员会年度报告指出，大数据技术将呈现出十大发展趋势：

（1）数据科学与人工智能的结合越来越紧密；

（2）机器学习继续成为大数据智能分析的核心技术；

（3）大数据的安全和隐私保护成为研究和应用热点；

（4）数据科学带动多学科融合，基础理论研究受到重视，但未见突破；

（5）基于知识图谱的大数据应用成为热门应用场景；

（6）数据的语义化和知识化是数据价值的基础问题；

（7）人工智能、大数据、云计算将高度融合为一体化的系统；

（8）基于区块链技术的大数据应用场景逐渐丰富；

（9）大数据处理多样化模式并存融合，基于海量知识仍是主流智能模式；

（10）关键数据资源涉及国家主权。

思政园地

2014 年 3 月，大数据首次被写入政府工作报告；2015 年 10 月，党的十八届五中全会正式提出“实施国家大数据战略，推进数据资源开放共享”。这表明中国已将大数据视作战略资源并上升为国家战略，期望运用大数据推动经济发展、完善社会治理、提升政府服务和监管能力。2018 年 5 月，习近平在向中国国际大数据产业博览会的致贺信中指出，我们秉持创新、协调、绿色、开放、共享的发展理念，围绕建设网络强国、数字中国、智慧社会，全面实施国家大数据战略，助力中国经济从高速增长转向高质量发展。

技能实训

实训一：制作双绞线并组建一个无线局域网络。

任务要求：掌握网络环境中双绞线的作用及连接设备的功能；掌握双绞线的制作方法；能够熟练组建无线局域网，掌握路由器的基本配置。

实训二：通过注册域名，建立一个简单的电子商务网站域名。

任务要求：了解域名的命名规则，确定网站的域名。在网站上查询和注册域名。

（1）为自己的电子商务网站设计一个合适的域名。

（2）通过搜索引擎查找域名注册网站。

（3）选择一个域名注册网站，了解网站提供的服务类型及域名注册价格等信息。

实训三：分析我国电子商务“双十一”现象。

任务要求：利用网络搜索最新的网民相关特征，将相关表格数据记录下来。结合近几年“双十一”销售数据情况，分析我国“双十一”发展迅猛的原因。

第三章 电子商务安全技术

■学习要点及目标

理解电子商务面临的安全问题、安全需求及其体系结构；理解防火墙技术的工作原理，掌握计算机网络病毒的防治方法与措施；理解加密技术的基本要素和工作过程，掌握对称加密技术与非对称加密技术的实现原理；掌握数字信封、数字摘要、数字签名、数字时间戳、数字证书、认证中心等安全认证技术的实现原理和工作过程。

■技能目标

能够对电脑文件夹、办公文件进行加密，实现文件保护。能够对计算机电脑进行安全检测。

■思政目标

熟悉国家新颁布的《中华人民共和国电子商务法》的内容。

■案例

网络社交陷阱多，身份验证防诈骗

某小姐碰到过一件比较蹊跷的事情：某小姐的一个正在国外进修的闺蜜晚上用QQ联系某小姐，聊了些近况，提到国外信用卡的便利，就问某小姐用的是什么信用卡，并好奇地让某小姐发信用卡正反面的照片给她，要比较一下国内外信用卡的差别。某小姐有点犹豫，就拨通了该闺蜜的电话，结果该闺蜜说QQ被盗了。某小姐很庆幸自己没有上传照片，但觉得很奇怪：为什么不法分子要信用卡的正反面照片呢？

（资料来源：http://www.dnnsyh.com/index.php? id=54&r=news/read。）

第一节　电子商务安全与安全技术

安全技术是电子商务安全体系中的一个重要组成部分，目前相关的信息安全技术与专门的电子商务安全技术比较普遍和成熟。电子商务中常用的安全技术有防火墙技术、病毒防范技术、安全协议、数据加密技术和数字认证技术等。

网络安全是电子商务安全的基础。要实现网络安全并不能靠某一种具体的技术，而必须采用包括操作系统日常维护、防火墙、虚拟专用网（VPN）、反黑客与反病毒、漏洞扫描和入侵检测等一系列技术。下面主要介绍防火墙、反病毒和网络安全协议。

一、防火墙技术

防火墙（firewall）是指设置在被保护网络（如企业内部网、局域网）和公共网络（如 Internet）或其他网络之间的软件或硬件设备的组合，它通过在网络边界上建立网络安全检测系统来隔离内外部网络，以确定哪些内部服务允许外部访问以及哪些外部服务访问内部网络，以阻止外部网络的入侵。如图 3-1 所示。

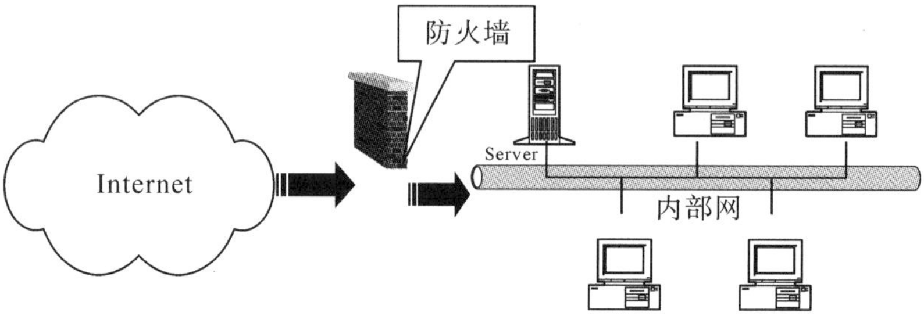

图 3-1　防火墙示意图

防火墙一般具有三个特性：一是所有通信都要经过防火墙；二是防火墙只放行经过授权的网络访问；三是防火墙能经受住对其本身的攻击。

根据物理特性，防火墙可分为两大类：硬件防火墙和软件防火墙。软件防火墙是一种安装在负责内外网络转换的网关服务器或者独立的个人计算机上的特殊程序，它一般跟随系统启动。操作系统或杀毒软件一般都内嵌有防火墙功能，例如 Windows 防火墙、天网防火墙、瑞星个人防火墙、江民防火墙、360 防火墙等。硬件防火墙是一种以物理形式存在的专用设备，通常架设于两个网络的驳接处，直接从网络设备上检查过滤有害的数据报文。这类防火墙主要由网络设备制造商提供，如思科、华为、联想都生产该类防火墙。

常用的防火墙技术有包过滤技术、代理技术、应用级网关、电路级网关、规则检查防火墙、状态监视技术和网络地址转化技术。这里主要介绍包过滤技术和代理技术。

（一）包过滤技术

包过滤技术通过一个检测模块，根据预先设定的过滤原则对流经防火墙的数据包进行检测，以决定是转发还是丢弃该数据包。采用包过滤技术的防火墙，通过在网络中的适当位置对数据包进行过滤，检查数据流中每个数据包的源地址、目的地址、所有的 TCP 端口号和 TCP 链路状态等要素，依据一组预定义的规则，以允许合乎逻辑的数据包通过防火墙进入内部网络，而将不合乎逻辑的数据包加以删除。

（二）代理技术

代理技术与包过滤技术完全不同，包过滤技术是在网络层拦截并检测所有的信息流，而代理技术则是针对每一个特定应用都有一个服务程序。代理是在应用层实现防火墙的功能，提供代理服务的防火墙被称为应用层网关。代理技术将内部系统与外界隔离开来，从外面只能看到代理服务器而看不到任何内部资源。

二、病毒防范技术

随着计算机应用越来越广泛，世界各国遭受计算机病毒感染和攻击的事件数也越来越多，给计算机网络带来了巨大威胁和破坏，防范计算机病毒日益受到人们的重视。

（一）计算机病毒

计算机病毒是指编制或者在计算机程序中插入的破坏计算机功能或者毁坏数据，影响计算机使用，并能自我复制的一组计算机指令或者程序代码。与一般的计算机程序相比，病毒一般具有以下几个特点：

（1）破坏性。任何病毒只要侵入系统，都会对系统及应用程序产生不同程度的影响，轻者会降低计算机工作效率，占用系统资源，重者可导致系统崩溃。

（2）隐蔽性。病毒大多附在正常程序中或磁盘较隐蔽的地方，很难被发现，受到病毒传染后，计算机系统通常仍能正常运行，用户不会感到异常。

（3）潜伏性。大部分计算机病毒感染系统后不会马上发作，可长期潜伏在系统中，只有在满足特定条件时才启动其破坏模块。例如，著名的“黑色星期五”病毒就是在每月 13 日如果又恰逢星期五时发作。

（4）传染性。病毒具有把自身复制到其他程序中的特性，病毒程序代码一旦进入计算机并得以执行，它会搜寻符合其传染条件的程序或存储介质并将自身代码插入其中，以达到自我繁殖的目的。

（5）可激发性。病毒在传染和攻击时都需要一个触发条件。它可以是系统内部时钟、特定字符、特定文件、文件使用次数、系统启动次数等。

（6）攻击性。计算机病毒侵入系统后，时刻监视系统的运行，一旦时机成熟，即对系统实施主动攻击。

网络病毒是一种新型病毒，它依赖网络通道为传播媒介，传染能力更强，破坏力更大，相比于计算机病毒，网络病毒具有感染速度快、破坏性强、更加隐蔽化、形式多样化、智能化和难以彻底清除等特点。

（二）计算机病毒的识别

计算机感染病毒后，系统内部会发生某些变化，并在一定条件下表现出来，这可以作为识别病毒的参考。及早发现病毒很重要，早发现、早处置，可以减少损失。出现以下一些异常现象，就可能是染上了病毒。

第一，屏幕出现异常图形或画面，如雨点、字符、树叶等，并且系统很难退出或恢复；

第二，扬声器发出与正常操作无关的声音，如演奏乐曲或是随意组合的、杂乱的声音；

第三，磁盘的剩余空间突然变小，出现大量坏簇，并且坏簇数目不断增多；

第四，磁盘上文件或程序丢失，或文件名称、属性、类型发生改变；

第五，程序的运行速度明显放慢，磁盘读、写文件操作明显变慢，访问的时间加长；

第六，机器不能正常启动或者工作中突然自动关机；

第七，系统经常死机或出现异常的重启动现象；

第八，原来运行的程序突然不能运行，总是出现出错提示。

（三）计算机病毒的防治

（1）病毒预防。病毒预防是指通过一定的技术手段，防止计算机病毒对系统的传染和破坏。病毒预防主要有防病毒卡和防病毒软件两种预防模式。防病毒卡的主要功能是对磁盘提供写保护，监视在计算机和驱动器之间产生的信号以及可能造成危害的命令。而软件企业推出的各具特色的防病毒软件，有效地抑制了病毒的蔓延、大大降低了病毒对电子商务及计算机网络用户的损害。

（2）病毒检测。病毒检测技术有两种：一种是根据病毒的关键字、特征程序段内容、病毒特征，以及传染方式、文件长度的变化检测；另一种不针对具体病毒程序，而对某个文件进行检测和计算并保存其结果，以后定期或不定期对该文件进行检测，若出现差异则表示该文件已染上了病毒。对于一般的电子商务从业人员，采用这些技术手段检查与防治病毒确实勉为其难。好在专业的开发商现在已经能够提供完善的防病毒软件，并且通过互联网随时升级，可以检测最新出现的病毒。

（3）病毒的清除。手工清除计算机病毒是一个复杂烦琐的过程，且需要相关的专业知识。对一般用户来讲，采用防病毒软件来清除病毒是最好的选择。防病毒软件对病毒的处理有三种方式：一是修复，即在感染了病毒的文件中区分出文件，文件修复后可继续使用；二是删除，即将感染了病毒的不重要的文件直接删除，这是一种可靠的清除病毒的方法；三是隔离，有些被病毒感染的文件无法修复，而文件可能还有用途，不能轻易删除，则可将文件加入标记并存放在特定区域，使之不能执行或读写。

不过，防病毒软件大都是在某种病毒出现后对其进行分析研究后研制出来的具有相应解毒功能的软件，带有滞后性，并且杀毒软件对某些变种病毒也经常无能为力。

由图 3-2 不难看出，2018 年我国网民在上网过程中遇到安全问题的比例进一步下降。数据显示，49. 2%的网民表示在过去半年中未遇到过任何网络安全问题，较 2017 年年底提升 1. 8 个百分点。通过分析用户遭遇的网络安全问题发现，上网设备中病毒或木马的用户比例明显减少，较 2017 年年底降低 7. 3 个百分点；其他网络安全问题的发生情况与 2017 年年底差异不大。

通过对遭遇网络诈骗的用户进一步调查发现，虚拟中奖信息诈骗是最常遭遇的网络诈骗类型，占比为 61. 3%，较 2017 年年底下降 9. 2 个百分点。此外，网络购物诈骗、利用虚假招工信息诈骗和钓鱼网站诈骗的发生比例较 2017 年年底也有所降低，分别下降了 4. 6 个、7. 3 个和 5. 8 个百分点。

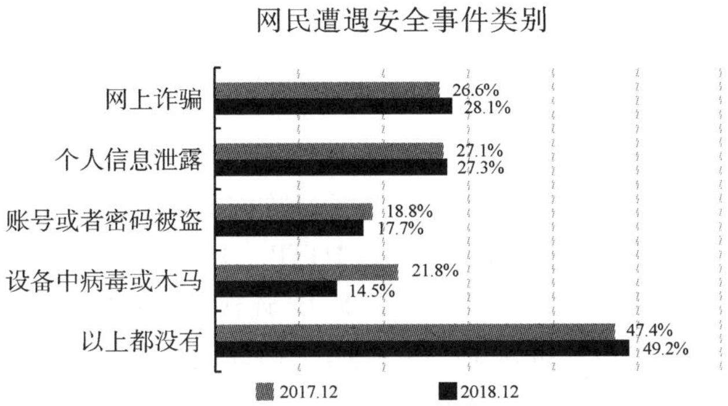

图 3-2　网络安全事件

在网络环境下，防范病毒更加困难，以下是防范网络病毒的一些措施。

（1）在网络系统中，应尽量多用无盘工作站，系统中应只有系统管理员有最高的访问权限，避免出现过多的超级用户。

（2）合理设置杀毒软件。应尽量全部打开杀毒软件各类防护功能，并及时升级更新杀毒软件的病毒库和扫描引擎。

（3）合理设置电子邮件工具。如果是使用 Outlook Express 作为邮件的收发程序，建议在“选项”中的“发送”设置中，选择使用“纯文本”的格式发送电子邮件。

（4）设置始终显示文件的扩展名。在资源管理器中，选择“工具”的“文件夹选项”中“查看”，去掉“隐藏已知文件类型的扩展名”前的选择，这样就可以使那些想伪装成正常文件的病毒文件原形毕露，发现有什么异常扩展名的文件，应禁止使用或直接删除。

（5）慎重对待邮件附件。对邮件附件要尽可能小心，安装杀毒软件，在打开邮件前对附件进行预扫描。

（6）不要盲目转发信件，因为这样会帮助病毒的传播。

（7）不随便点击不明链接。不要随便点击不明邮件中的链接，防止其带有恶意代码。

（8）不要随意接收文件。除非对方是绝对信得过的朋友，否则不要随意接收从 QQ 等聊天工具中好友发送过来的文件。

（9）合理设置浏览器的安全级别。在“Internet 选项”中，进行合理的“安全”设置，不要随意降低安全级别，以减少来自恶意代码和 ActiveX 控件的威胁。

（10）正确设置文件属性，合理规范用户的访问权限。一般情况下勿将磁盘上的目录设为共享，如果确有必要，将权限设置为只读，读操作须指定口令。

（11）堵住系统漏洞，要特别注意下载安装微软网站提供的补丁。

（12）尽量从大型的专业网站下载软件。

（13）启用网络防火墙。通过网络防火墙，可以有效地实现计算机与外界信息的过滤，实时监控网络中的信息流，保护本地计算机不被病毒或者黑客程序破坏。

三、网络安全协议

安全协议可用于保障计算机网络信息系统中秘密信息的安全传递与处理，确保用户能够安全、方便、透明地使用系统中的密码资源。目前安全协议在金融系统、商务系统、政务系统和社会生活中的应用日益普遍。最常用的两种安全协议是 SET 协议和 SSL 协议。

（一）SSL 协议

SSL（secure socket layer，安全槽层）协议是美国 Netscape 公司 1994 年设计开发的基于 Web 应用的安全协议。SSL 是结合使用了对称密码和公开密码技术的安全网络通信协议。SSL 指定了一种在应用层协议（如 HTTP、Telnet、NNTP 和 FTP 等）和 TCP 协议之间提供数据安全性分层的机制，为 TCP/IP 连接提供数据加密、服务器认证、消息完整性验证以及可选的客户机认证，主要用于提高应用程序之间数据的安全性，对传送的数据进行加密和隐藏，确保数据在传送中不被改变，即确保数据的完整性。通过 SSL 协议可以实现数据加密、完整性验证和身份认证等重要通信目标。

SSL 安全协议是国际上最早应用于电子商务的一种网络安全协议，至今仍然有很多网上商店在使用。

（1）单向认证。单向认证又称匿名 SSL 连接，这是 SSL 安全连接的最基本模式，在这种模式下客户端没有数字证书，服务器端具有证书，以确认用户访问的是自己要访问的站点。典型应用就是用户进行网站注册时采用“ID+口令”的匿名认证。

（2）双方认证。双方认证是对等的安全认证，在这种模式下双方皆需安装证书，进行双向认证。通信双方可利用安全应用程序或代理软件进行通信，如网络银行 B2B 专业版就属于此类。

（3）电子商务应用。电子商务与网络银行交易不同，因为有商户参加，形成“客户—商家—银行”两次点对点的 SSL 连接。客户、商家、银行都必须具有证书，并进行两次双向认证，如图 3-3 所示。

图 3-3　SSL 在电子商务中的应用

（二）SET 协议

SET（secure electronic transaction，安全电子交易）协议是一个通过开放网络进行安全资金支付的技术标准，由国际信用卡联盟维萨、万事达卡联合 IBM、RSA、微软等信息产业公司在 1996 年共同制定，并得到了 IBM、惠普、微软等很多大公司的支持，已成为事实上的工业标准。

SET 协议主要是为了解决用户、商家和银行之间通过信用卡支付的交易而设计，以保证支付信息的机密、支付过程的完整、商户及持卡人的合法身份以及可操作性。SET 的核心技术主要有公开密钥加密、电子数字签名、电子信封和电子安全证书等，能够为信息在网络中的传输提供安全性保护，保证数据的一致性和完整性，并可预防交易抵赖。

SET 为商家提供了保护自己的手段，使商家免受欺诈的困扰，使商家运营成本降低；对消费者而言，保证了商家的合法性，并且用户信用卡号不会被泄露和窃取；帮助银行和发卡机构将业务扩展到因特网，从而使信用卡网上支付具有更低欺骗概率；对于参与交易的各方定义了互操作接口，一个系统可以由不同厂商的产品构筑。

第二节　电子商务数据加密技术

数据加密技术用于保障电子商务活动的保密性安全需求，同时也是认证技术、安全协议等其他电子商务安全技术的基础。加密技术主要分对称加密技术和非对称加密技术。

一、数据加密技术概述

数据加密的技术核心是密码技术。密码技术是实现网络信息安全的核心技术，是保护数据最重要的工具之一。通过加密变换，将可读的文件变换成不可理解的乱码，从而起到保护信息和数据的作用。它直接支持机密性、完整性和不可抵赖性。

在密码学中，密码系统是指为实现信息隐藏所采用的基本工作方式，也可称为密码体制。密码系统主要包括明文、密文、加密算法、解密算法和密钥几个基本要素。

（1）明文：希望得到保密的原始信息。

（2）密文：经过加密处理后得到的隐藏信息。

（3）加密算法：通过一系列的变换、替代或其他各种方式将明文信息转化为密文信息的方法。

（4）解密算法：与加密算法相反的过程，指通过一系列变换、替代或其他各种方法将密文恢复为明文的方法。加密算法与解密算法一般都是公开的。

（5）密钥：类似于银行保险箱钥匙，保险箱中放的物品就像密文，除了拥有保险箱钥匙的人能够开启箱子取得“保险物品”之外，其他人都无法获得，即只有拥有密钥的人才能从密文中恢复明文的信息。如果攻击者窃取了密钥，那么也能获得明文的信息，因此密钥是密码系统最关键的要素，其安全性关系着整个密码系统的安全。

加密和解密的过程如图 3-4 所示。

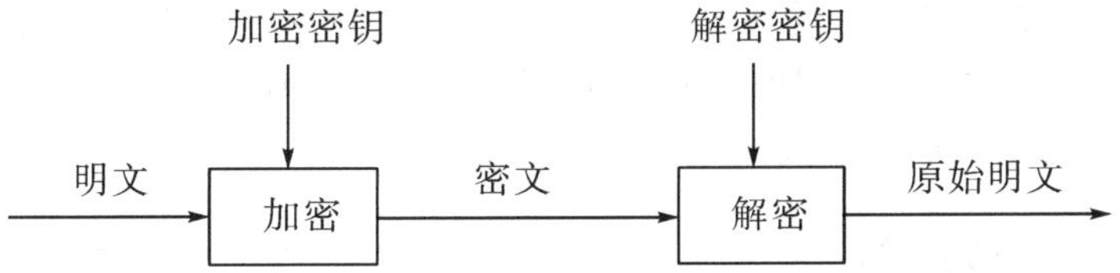

图 3-4　加密和解密的过程

加密技术从原理上可分为两类：对称加密技术和非对称加密技术，它们的主要区别在于所使用的加密和解密密钥是否相同。

二、对称加密技术

对称加密技术是应用较早的加密技术，使用对称密钥进行加密。在这种体系中，数据收发双方加密和解密均使用同一种加密算法和同一个密钥或本质上相同的一对密钥（通过其中一个可推导出另一个密钥）。采用对称加密技术加密数据和通信的过程如图 3-5 所示。

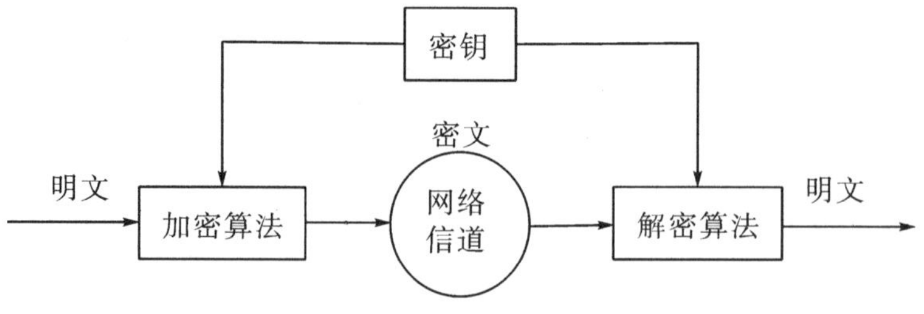

图 3-5　对称加密技术的工作过程

（1）发送方 A 和接收方 B 协议同一密码算法系统和同一密钥；

（2）A 用加密算法和密钥加密明文信息，得到密文信息；

（3）A 通过网络信道将密文信息传送给 B；

（4）B 用同样的算法和密钥解密密文，得到原始的明文信息，并阅读。通过这样的加密体制，即使 A、B 间的窃听者截取了密文，知道采用何种密码算法系统加密，由于没有密钥，同样很难破译出明文。

对称加密技术的安全性主要取决于两个因素：一是加密算法足够强大，使得不必为算法保密，仅根据密文就能破译出明文是不可行的；二是密钥的安全性，密钥必须保密并保证有足够大的密钥空间，仅根据密文和加密/解密算法破译明文也是不可行的。

对称加密技术的优点是算法简单，加密、解密的处理速度快，适用于加密大量数据的信息，同时，密钥也相对较短。对称加密技术的最大缺点是密钥管理困难，一是数据收发双方约定密码算法和密钥的通信过程存在安全隐患；二是为了安全起见，应保持每次通信的密钥不同，这样密钥的数量会随着通信人数的增加成几何级数增长，如 3 个人两两通信只需 3 个密钥，10 个人两两通信则需要 45 个密钥，N 个人则需要 $N(N-1)/2$ 个。另外，对称加密技术无法解决消息确认，消息发送方可否认发送过某个信息，这不符合电子商务不可抵赖性的要求。

对称加密技术根据对明文消息加密方式的不同可分为分组密码和流密码，前者将明文进行分组，每个分组作为整体来产生等长的密文分组；后者则对数据流一次加密一个比特或字节。常见的对称加密算法有 DES、AES、3DES、IDEA、Blowfish、RC4、RC5 和 RC6 等，其中，应用的最广泛的是 DES 和 IDEA。

三、非对称加密技术

非对称加密技术于由 1977 年美国斯坦福大学赫尔曼教授提出，其产生主要基于两个原因：一是为了解决对称加密中密钥管理困难的问题；二是为了实现数字签名，防止交易的抵赖行为。非对称加密也称为公开密钥加密，分配给每个人一对密钥：公钥和私钥，公钥是公开的，一般可在相关网站自由查询，私钥则由用户个人保密私有。公钥与私钥唯一对应，但公钥不能推导出私钥。

采用非对称加密进行加密与解密时，双方通信过程如图 3-6 所示。

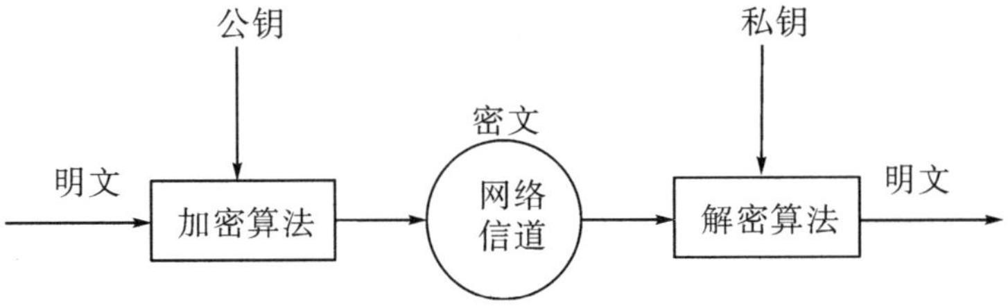

图 3-6 非对称加密技术的工作过程

（1）网络中的每个端系统都产生一对密钥（公钥和私钥）；

（2）每个端系统公布自己的公钥；

（3）发送方 A 在获得 B 的公钥后，用之加密要传输的明文信息成密文；

（4）B 收到密文后，用自己的私钥解密成明文，并阅读。

由于除 B 外任何人都没有 B 的私钥，即使有人截取了该密文，也无法对其进行解密。

由于私钥具有唯一性和标识性，使用非对称加密技术能够实现信息发送方身份的鉴别，其过程如图 3-7 所示。

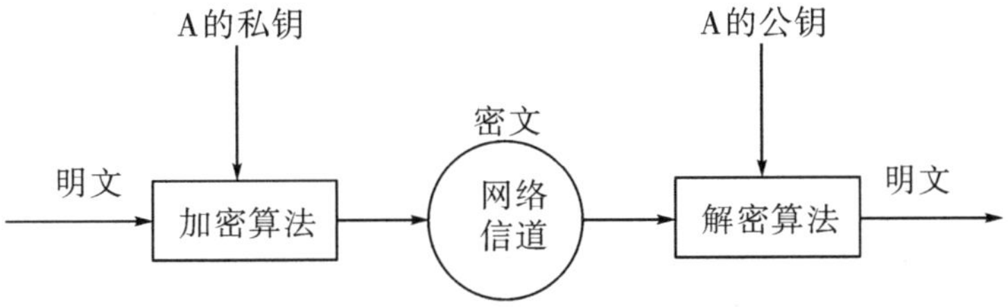

图 3-7 非对称加密技术的鉴别过程

（1）A 要给 B 发送消息时，用自己的私钥加密要传输的明文信息成密文；

（2）B 收到密文后，使用获取到的 A 的公钥进行解密，如果解密成功，则证明消息发送者是 A。

非对称加密技术的优点在于：密钥的分配与管理非常简单和安全，不需要秘密通道和复杂协议来传送密钥；能够实现数字签名和数字鉴别，从而达到电子商务所要求的不可抵赖性，这是非对称加密的最大贡献。当然，非对称加密也有加密时间长、速度慢等缺点，因而不适合对数据量较大的文件加密，只能用于对少量数据（如密钥）的加密。

常见的非对称加密算法有 RSA、DSA、ECC、Diffie-Hellman、EIGamal、背包密码和椭圆曲线等，其中最著名和最有影响力的无疑是 RSA 算法，它的安全性基于分解极大整数很难的数学理论。

第三节 电子商务数字认证技术

数字认证技术是电子商务安全最重要的技术，用于保障电子商务活动中的完整性和认证性，主要包括数字信封、数字摘要、数字签名、数字时间戳、数字证书和 CA 认证中心等。

一、数字信封

数字信封的功能类似于普通信封，保证只有规定的接收人才能阅读信的内容。它采用对称加密和非对称加密两种技术，既利用了对称加密速度快、安全性好的优点，又通过非对称加密来解决密钥管理问题。其过程为：发送方利用对称密钥加密信息，再利用接收方公钥加密对称密钥，被公钥加密后的对称秘钥称为数字信封。接收方收到信息后，若要解密信息，必须先用自己的私钥解密数字信封，得到对称密钥，才能再用对称密钥解密密文，得到原文信息。数字信封保证了数据的真实性和完整性，如图 3-8 所示。

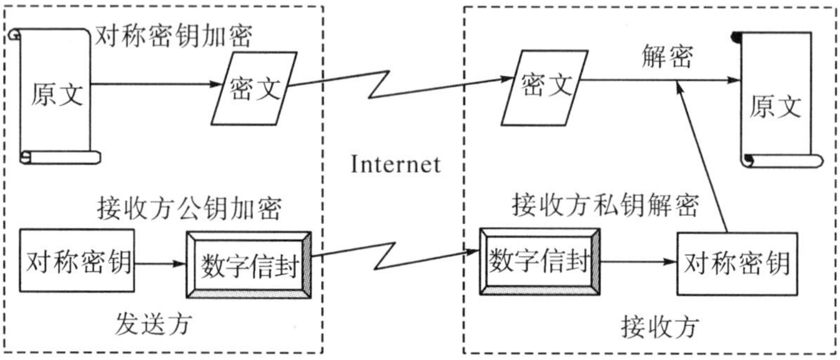

图 3-8　数字信封的工作过程

二、数字摘要

在介绍数字摘要之前，需要先了解一下 Hash（哈希或散列）函数。Hash 函数是能把任意长度输入变换成杂乱固定长度输出的一种函数。Hash 函数还是一种单向函数，即不同的输入会转换成不同的输出，且不可能通过输出来推断出输入。Hash 函数主要用于信息安全领域中加密算法，著名的 Hash 算法有 MD5 和 SHA 算法。

数字摘要是采用 Hash 函数为明文生成一串固定长度的摘要密文，这一串密文也称为数字指纹。数字摘要有固定长度，且不同明文生成的摘要密文总是不同的，而同样明文的摘要密文则必定一致。在传输信息时，发送方将原文和摘要一同送给接收方，接收方收到后，用相同的 Hash 算法将原文进行变换，得到的结果如与发送过来的摘要相同，则可断定文件未被篡改；否则，文件一定有丢失、重复或改动。这样，数字摘要解决了电子商务对于信息完整性的需求，如图 3-9 所示。

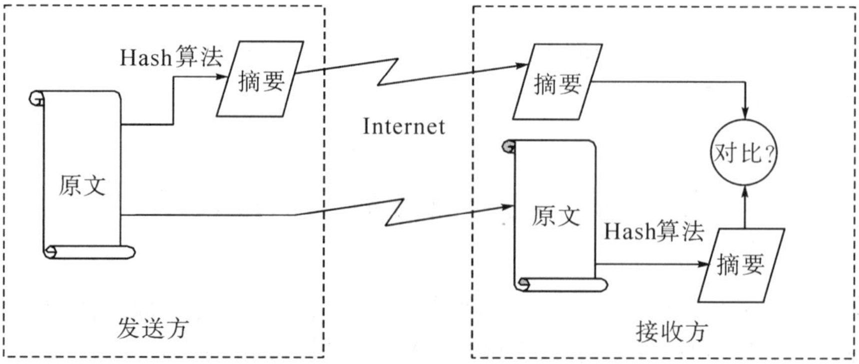

图 3-9　数字摘要的工作过程

三、数字签名

数字签名是只有信息发送者才能产生的一段数字串，这段数字串别人无法伪造，因而能够证明信息发送者身份的真实性。数字签名与书面文件签名有相同之处，采用数字签名能确认以下两点：第一，信息是由签名者发送的；第二，信息自签发到收到为止未曾做过任何修改。数字签名应用涉及法律问题，美国联邦政府制定了自己的数字签名标准（DSS），法国和德国等国家也制定了数字签名法。

数字签名技术是非对称加密技术与数字摘要技术的综合应用，它将摘要用发送者私钥加密，与原文一起传送给接收者，接收者再用发送者公钥鉴别此摘要是否为其私钥加密。数字签名的具体过程如图 3-10 所示。

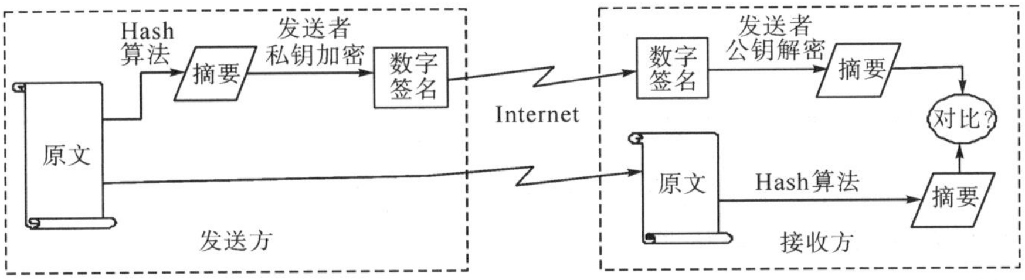

图 3-10　数字签名的工作过程

（1）发送方首先使用 Hash 算法从原文得到一个数字摘要；

（2）发送方用自己的私钥对这个摘要进行加密来形成发送方的数字签名；

（3）发送方将该数字签名作为附件和原文一起发送给接收方；

（4）接收方首先从接收到的原文中用 Hash 算法计算出摘要；

（5）接收方用发送方公钥对附加在原文后的数字签名进行解密，得到原文数字摘要；

（6）接收方对比两个数字摘要是否相同。如果相同，那么就能确认该数字签名是发送方的；如果不同，则表明该信息非发送者所发或是假冒的。

数字签名本身不具备对信息加密的功能，其主要作用是保证信息传送的完整性和不可抵赖性，并可用来识别信息来源。

（1）完整性。当破坏者截获信息后，只要他对报文作一个字节的改动，接收方就会在最后验证数字摘要时出错而发现这次篡改；就算破坏者改动报文后计算出新的摘要，但他不知道发送方的私钥，无法生成有效的数字签名，就还是无法实现篡改。

（2）不可抵赖性。由于接收者能够核实对信息的签名，如果发送方否认这一次信息的传输，那么接收方就可以用收到报文和数字签名来反驳。

四、数字时间戳

数字时间戳是数字签名一种变种的应用，是由专门的第三方数字时间戳服务机构（DTS）在数字签名上附加一个时间标记，即形成有数字时间戳的数字签名，其目的是为了保证电子交易的时效性。数字时间戳是一个经加密后形成的凭证文档，它一般包括三个部分：需加时间戳文件的摘要；DTS 收到文件的日期和时间；DTS 的数字签名。

数字时间戳的产生过程如图 3-11 所示，用户将需要加时间戳的文件用 Hash 加密形成摘要，然后将该摘要发送到 DTS，DTS 给文件摘要加入日期和时间信息后再用自己的私钥对该文件加密（数字签名），然后送回用户。书面签署文件的时间是由签署人自己写上的，而数字时间戳则由认证机构 DTS 来加，以 DTS 收到文件的时间为依据。

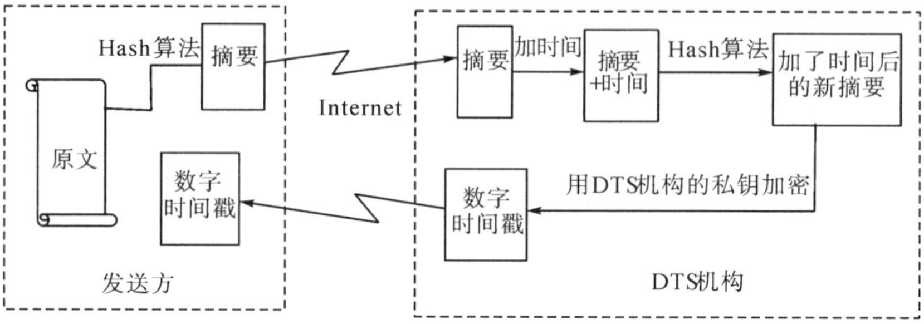

图 3-11　数字时间戳的工作过程

五、数字证书

下面介绍数字证书的概念与格式、申请方式和步骤、使用和撤销。

（一）数字证书的概念与格式

数字证书又称为数字标识，是各类终端实体和最终用户在网上进行信息交流及商务活动的身份证明。在电子交易的各个环节，数字证书可证实用户的身份及用户对网络资源的访问权限，交易各方通过验证对方数字证书的有效性来解决同对方的信任问题。数字证书采用非对称密钥密码体制，每个用户拥有一把私钥，由个人自己保管，用于信息解密和数字签名；同时拥有一把公钥，在数字证书中公开，用于信息加密和签名验证。

数字证书的格式遵循 ITUT X. 509 国际标准，包含证书版本号、序列号、签名算法、发行机构名称、有效期、所有人名称、公开密钥和证书颁发机构签名等内容。

（二）数字证书的申请方式和步骤

数字证书有两种申请方式：一是在线申请；二是离线申请。在线申请就是通过浏览器或其他应用系统通过在线的方式来申请证书，一般用于申请普通用户证书或测试证书。离线申请一般通过人工的方式直接到证书机构证书受理点去办理证书申请手续，通过审核后获取证书，这种方式一般用于比较重要的场合，如服务器证书和商家证书等。下面以在线申请方式为例，说明数字证书的申请步骤。

（1）用户申请。用户首先下载 CA 证书，填写个人信息，浏览器生成私钥和公钥对，将私钥保存在用户客户端，同时将公钥和个人信息提交给注册机构服务器。

（2）注册机构审核。用户与注册机构人员联系，证明自己的真实身份，或者请求代理人与注册机构联系。注册机构核对用户信息，并且可以进行适当的修改，如果同意用户申请证书请求，则对证书申请信息进行数字签名。

（3）CA 发行证书。注册机构向 CA 传输用户证书申请与自身数字签名，CA 查看用户详细信息，并且验证注册机构数字签名，如果验证通过，则同意用户证书请求，将证书输出并颁发给注册机构。

（4）注册机构转发证书。注册机构从 CA 处得到新证书，首先将证书输出到目录服务器以提供浏览服务，然后向用户发送一封电子邮件，通知用户证书已经发行成功，并且把用户的证书序列号告诉用户，让用户到指定的网址去下载自己的数字证书。

(5) 用户获取证书。用户使用证书申请时的浏览器（保存了用户私钥）到指定的网址，键入证书序列号，下载用户的数字证书。这时用户打开浏览器安全属性，就可发现已经拥有了 CA 颁发的数字证书，可以利用该数字证书与其他人或 Web 服务器进行安全通信。

（三）证书的使用与撤销

（1）证书的使用。数字证书可用于发送安全电子邮件、访问安全站点、网上证券交易、网上采购招标、网上办公、网上保险、网上税务、网上签约和网上银行等安全电子事务处理和安全电子交易活动。按用途不同可将数字证书分为个人数字证书、单位数字证书、服务器数字证书、安全邮件证书及 CA 证书等。在实际使用时，用户必须获取通信对象和 CA 的公钥证书，然后分别用相应证书进行加密或签名验证。

（2）证书的撤销。当证书用户个人身份信息发生变化，用户私钥丢失、泄露或者疑似泄露时，证书用户应及时地向 CA 提出证书的撤销请求。

六、CA 认证中心

下面介绍 CA 认证中心的结构、功能、职责等内容。

（一）CA 认证中心概述

CA 认证中心，又称证书授权机构（certificate authority），是一个负责发放和管理数字证书的第三方公正、权威机构，承担网上安全电子交易的认证服务。建立安全的 CA 认证中心是电子商务的中心环节，其目的是加强数字证书和密钥的管理工作，增强网上交易各方的相互信任，提高网上购物和网上交易的安全，控制交易的风险，从而推动电子商务的发展。

CA 一般采用树型的多层次分级机构，各级 CA 类似于各级行政机关，上级 CA 负责签发和管理下级 CA 的证书，最下面一级 CA 直接面向最终用户。

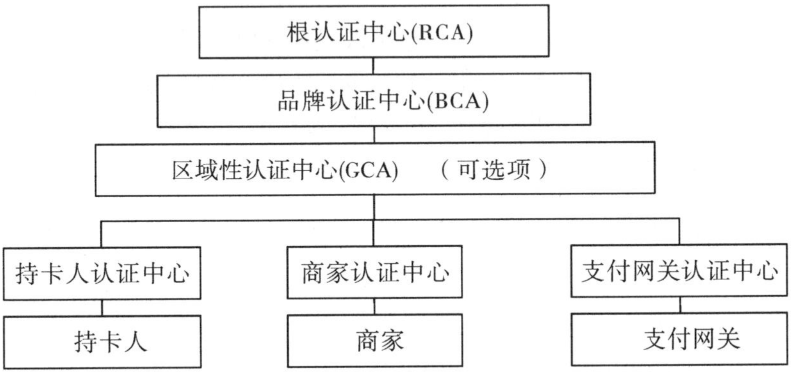

图 3-12 CA 认证中心的树型结构体系

第一层为 RCA（root CA，根 CA），负责制定和审批 CA 的总政策，签发并管理第二层 CA 的证书，与其他根 CA 进行交叉认证；

第二层为 BCA（brand CA，品牌 CA），它根据 RCA 的规定，制定具体政策、管理制度及运行规范，签发第三层 CA 证书并进行证书管理；

第三层为 ECA（end user CA，终端用户 CA），为参与电子商务的各实体颁发证书，包括支付网关（payment gateway）、持卡人（cardholder）和商家（merchant）证书，签发这三种证书的CA分别称为PCA、CCA和MCA。

（二）CA的功能与职责

CA具有证书颁发、证书更新、证书查询等证书管理功能。它的职责归纳起来有以下几个方面。

（1）证书颁发。CA接收、验证用户的数字证书的申请，将申请内容进行备案，并根据申请内容确定是否受理该数字证书申请。如果接受该数字证书申请，则进一步确定给用户颁发何种类型的证书。

（2）证书更新。用户证书过期后，可以申请更新。更新方式有两种：一是通过执行人工密钥更新来更新证书；二是通过实现自动密钥更新来更新证书。用户可利用现行证书建立与CA之间的连接，CA将创建新的证书，并进行归档和供用户在线下载。

（3）证书查询。证书的查询可以分为两类：其一是证书申请的查询，CA根据用户的查询请求返回当前用户证书申请的处理过程；其二是用户证书的查询，这类查询由目录服务器来完成，目录服务器根据用户的请求返回适当的证书。

（4）证书作废。如果出现证书私钥丢失泄密、证书超过有效期等情况，必须废除证书。CA通过CRL（证书作废列表）来存放作废证书的序列号，用户可以通过在线的方式查询。

（5）证书归档。CA所发证书要定期归档，以备查询。除用于用户的签名密钥外，对证书所有的数据信息，都要进行归档处理。CA使用目录服务器系统存储证书和CRL。可以根据组织机构的安全策略执行归档，最长可达7年保存期。

（6）密钥备份与恢复。CA很重要的一个功能就是密钥的备份与恢复。密钥的备份分为CA自身密钥与用户密钥的备份与恢复。其中最为重要的是对CA本身的密钥的管理，它必须确保其高度的机密性，防止他方伪造证书。

（三）国内的主要认证机构

由中国人民银行牵头，联合14家银行建立的中国金融认证中心（CFCA）标志着中国正式开始了CA认证工作。国内主要的认证机构有中国电信CA安全认证中心（CTCA），海关认证中心（SCCA），国家外贸部EDI中心建立的国富安CA安全认证中心，广东电子商务认证中心（以后称广东CA）为首的“网证通”认证体系，SHECA（上海CA）为首的上海市电子商务安全证书管理中心。

七、身份认证技术

身份认证技术是指计算机及网络系统确认操作者身份的过程所应用的技术手段。当用户登录系统时，用户必须提供他是谁的证明，系统将对其辨认，比较、验证该用户的真实性。在真实世界，对用户身份认证的基本方法可以分为以下三种。

第一种：根据用户所知道的信息来证明用户的身份，比如密码、密钥。

第二种：根据用户所拥有的东西来证明用户的身份，比如智能卡、动态口令牌、USB Key等。

第三种：直接根据独一无二的身体特征来证明用户的身份，比如指纹、声音、视网膜或签名等。

网络世界中的手段与真实世界中一致，为了达到更高的身份认证安全性，逐渐产生了一些新型的认证技术和产品。目前，除了常见的用户名加密码的方式以及前面讲过的数字证书和数字签名之外，可用的身份认证技术还有生物特征识别技术、动态 151 令、IC 卡认证和 USB Key。在某些场景下，为了进一步加强认证的安全性，会在上面三种中挑选两种混合使用，即所谓的双因素认证或多因素认证。例如，使用网银进行转账时需要使用动态口令牌+静态密码或 USB Key+静态密码的方式。

（1）中国金融认证中心（CFCA）。该中心 2000 年 10 月开始运行，是一个由 13 家银行参与建设和运行的 CA 认证体系，目前 CFCA 具有覆盖全国的认证服务体系，提供多种用途的证书和信息安全服务，支持金融领域及其他各界用户的应用需求，包括网上购物、网上银行、网上证券、网上保险、网上申报缴税、网上购销和其他安全业务等，CFCA 证书全面支持电子商务的各种业务运作模式，是国内唯一一家能够全面支持电子商务安全支付业务的第三方网上专业信任服务机构。

（2）中国电信认证中心（CTCA）。该中心 1999 年 6 月开始运行，是一个全部由中国电信集团建设和运行的 CA 认证体系，其主要市场是企业与个人的电子商务应用。中国电信已经与银行、证券、民航、工商、税务等多个行业联合开发出了网上安全支付系统、电子缴费系统、电子银行系统、电子证券系统、安全电子邮件系统、电子订票系统、网上购物系统、网上保税等一系列基于中国电信安全认证系统的电子商务应用，已经初步建立起中国电信电子商务平台。

（3）中国电子邮政安全证书管理中心（CPCA）是国家邮政局牵头开发的，并在各省建立了认证受理和证书发放中心，构成了中国邮政安全认证系统。它的业务范围包括提供网上客户身份认证、数字签名、电子公证、安全电子邮件等服务。该中心可以给用户提供个人数字证书、服务器数字证书、机构数字证书、代码签名数字证书。

（4）上海市电子商务安全认证中心（SHECA）是由上海电信数据局等部门建设和运行的 CA 认证体系，其主要市场是政府、企业、个人的电子商务应用。SHECA 成立于 1998 年 12 月 31 日，是中国第一家专业的第三方网络安全和信任服务提供商，专门从事信息安全技术认证和安全信任服务以及相关产品的研发和整合。该中心在全国有近 400 余个证书受理网点，其证书发放量、证书应用范围全国第一，相关认证机构有北京数字证书认证中心、天津 CA 认证中心、湖北省电子商务认证中心等各省市的政府机构认证系统。

在国内 CA 认证市场上除了上述的一些本土的 CA 认证机构之外，还活跃着一些国外的知名的数字认证提供商，如 VeriSign、Entrust 等。

思政园地

《中华人民共和国电子商务法》（以下简称《电子商务法》）于 2019 年 1 月 1 日开始施行，它为了保障电子商务各方主体的合法权益，规范电子商务行为，维护市场秩序，促进电子商务持续健康发展，是我国电子商务领域的首部综合型法律，涉及电子商务（平台）经营主体、经营行为、合同、快递物流、电子支付等多项内容，对我国电子商务行业进行了规范。

2019 年 1 月 2 日，湖州市南浔区市场监督管理局执法人员在日常网络巡查中发现个体户卢某在其微信朋友圈内从事饼干、蛋糕等糕点食品销售，但未公示其营业执照、食品经营许可证等信息。由此，执法人员立即前往当事人所描述的某地址进行现场检查。

经查，当事人在上述地址开设了一家从事糕点类食品制售的店铺，并且能提供合法有效的个体工商户营业执照以及食品经营许可证。不过，自 2018 年 7 月起，当事人为了提高知名度，方便开拓市场，吸引消费者，通过微信朋友圈的方式发布了数十条关于店内所制售的饼干、蛋糕、饮料等食品信息，但未在其销售食品的微信朋友圈内公示营业执照、食品经营许可证信息。

鉴于上述行为涉嫌违反《电子商务法》第十五条第一款的相关规定，该局当即依法予以立案查处，责令当事人改正上述违法行为，并对其处以罚款 2 000 元人民币。当事人在案发后积极配合调查，已及时在微信朋友圈的显著位置公示了营业执照和食品经营许可证信息。

技能实训

实训一：搜索关于网络安全的信息。

任务要求：通过访问赛迪网、Symantec、CNNIC、100EC 等网站，总结过去一个月内关于电子商务及个人计算机软件的主要网络安全漏洞。能下载安装并配置相关杀毒安全防护软件。

实训二：请列举四个以上能保障电子商务交易安全的措施。

任务要求：请总结如何利用这些安全措施进行防范。

实训三：安装并申请数字签名。

任务要求：下载并安装相关网络银行的网银安全软件对比各大行的安全证书。

第四章 电子商务物流技术

■学习要点及目标

掌握电子商务物流的各种技术，了解条形码技术、自动跟踪技术。了解射频技术、EOS、POS 技术，了解电子数据交换技术的原理及应用，掌握条形码技术的应用。

■技能目标

能正确使用条形码，能够使用 GPS 导航功能，能够总结当前物流技术的应用。

■思政目标

正确认识时代责任和历史使命，正确认识远大抱负和脚踏实地。

■案例

中国快递量破 500 亿件

据国家邮政局消息，截至 2018 年 12 月 28 日，中国快递业务量闯过又一个百亿级关口，突破 500 亿件，连续五年居世界第一。目前，快递物流业已经成为国民经济的基础。各大快递物流企业加快连接成骨干网，形成“1+8+N”的新格局，通过协同与技术驱动，令 500 亿件包裹高效送达。数据显示，从 2013 年开始，中国快递量自 92 亿件起，进入增长快车道。这么多包裹之所以能够高效送达，源于协同结网和智能技术。目前，中国快递物流业已形成“1+8+N”的网络协同效应。“1”是以阿里巴巴和菜鸟为代表打造的物流骨干网；“8”是指中国邮政，还有中通等七家快递上市公司，它们作为行业龙头，承担了包裹运输和配送；“N”是包括仓储、落地配送、即时物流、物流科技公司等在内的整个物流生态。

（资料来源：2019 年 1 月 4 日《北京商报》。）

第一节　电子商务物流技术概念及意义

一、电子商务物流技术的概念

随着电子商务时代的到来，企业销售范围不断扩大，企业和商业销售方式及最终消费者的购买方式发生转变。对少数无形商品和服务来说，可以直接通过网络传输的方式进行配送，如各种电子出版物、信息咨询服务、有价信息软件等；而对大多数有形商品来说物流仍要经由物理方式传输，使得送货上门等业务成为一项极为重要的服务业务，这极大地促进了物流行业的兴起。而在这一发展过程中，物流不仅已成为有形商品网上交易的一个障碍，而且也已成为有形商品网上商务活动能否顺利进行和发展的一个关键因素。因为电子商务优势的发挥需要有一个与电子商务相适应的，高效、合理、畅通的物流系统，否则电子商务就难以得到有效的发展。

一个完整的商务活动，必然要涉及信息流、商流、资金流和物流四个流动过程。在电子商务模式下，四流中的前三流均可通过计算机和网络通信设备实现，而物流，只有诸如电子出版物、信息咨询等极少数商品和服务可以直接通过网络传输的方式进行，其他商品的物流目前尚不可能在网上实现，都要借助机械化、自动化工具传输，通过一系列的物流技术手段等得以实现。

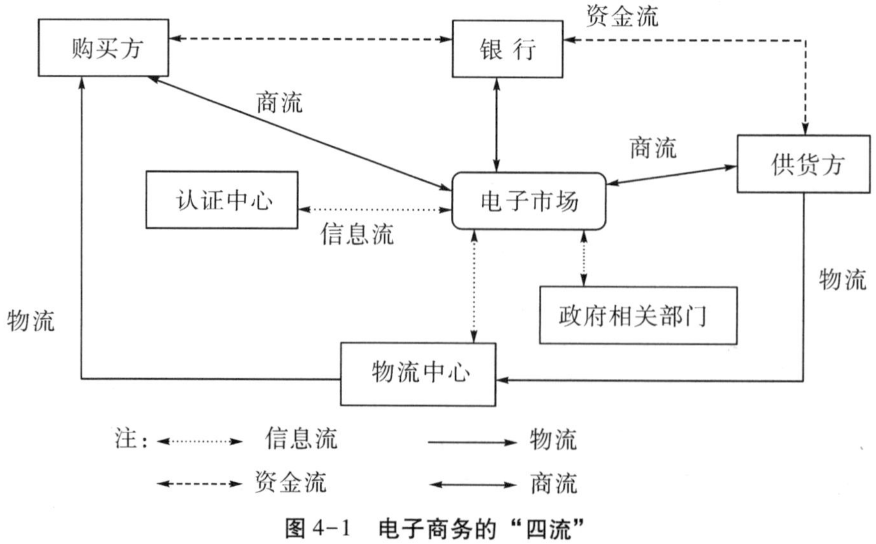

图 4-1　电子商务的“四流”

电子商务时代的来临，使物流早已告别了以往那种简单的储存运输，成为全新的基于信息化、标准化和科学化的电子商务物流。具备了信息化、自动化、网络化、智能化和柔性化等特点，同时也正是这些特点，推动物流技术不断地向前发展。

物流技术（logistics technology）是物流要素活动中所采用的自然科学与社会科学方面的理论、方法，以及设施、设备、装置与工艺的总称，可以包括各种操作方法、管理技能等，如流通加工、物品包装、物品标识、物品实时跟踪技术等。此外，物流技术还包括物流规划、物流评价、物流设计、物流策略等。

物流技术包括两个方面，即物流硬技术和物流软技术。

物流硬技术是指物流设施、设备和手段。传统的物流硬技术主要指材料（集装、包装材料等）、机械（运输机械、装卸机械、包装机械等）、设施（仓库、车站、码头、机场等）。随着计算机网络技术的应用普及，物流技术中综合了许多现代技术，典型的现代化物流技术手段和装备即电子商务物流技术，主要包括计算机、互联网、数据库技术、条形码技术，同时还有电子数据交换（electronic data interchange，EDI）、全球卫星定位系统（global positioning system，GPS）、地理信息系统（geographical information system，GIS）、射频识别技术（radio frequency identification，RFID）等。

物流软技术是指为组织实现高效率的物流所需要的计划、分析、评价等方面的技术和管理方法等，主要包括物流系统化、物流标准化、各种物流设备的合理调配使用、库存、成本、操作流程、人员、物流线路的合理选择，以及为物流活动高效率而进行的计划、组织、指挥、控制和协调等。物流软技术又称为物流技术应用方案，主要包括运输或配送中的路线规划技术、库存控制技术、物流过程中的可视化技术，以及供应链管理（supply chain management，SCM）、客户关系管理（customer relationship management，CRM）、快速反应（quick response，QR）、准时制生产（just in time，JIT）等。

综上，电子商务物流技术是指在电子商务物流活动中把商品（或物品）进行移送和储存，为社会提供无形服务的技术。电子商务物流技术不但涵盖了传统物流技术的各个方面，也吸收了现代电子商务技术的精髓，是物流技术在电子商务环境下的具体体现。电子商务物流技术是电子商务物流活动的重要技术支撑，其水平的高低直接关系到电子商务物流活动各项功能的完善和有效实现。在电子商务环境下，电子商务物流系统目前常用的物流技术有条码技术、射频技术、地理信息系统、全球定位系统等现代信息技术。通过这些物流技术来实现空间数据和非空间数据的动态信息交互式管理。电子商务物流系统是能进行信息搜索、谈判处理、单证处理、信息采集、识别自动化、车辆定位和跟踪调度的物流活动全过程信息服务、支付等商务活动的信息系统，具有信息动态交互性、移动性、中介性和多接口的特点。

二、电子商务物流技术的意义

（一）提高电子商务物流效率

电子商务物流的优势之一就是能简化物流的业务流程，从而提高物流的作业效率。在电子商务物流情况下，一方面，人们可以通过电子商务方面的有关技术，对电子商务物流活动进行模拟、决策和控制，从而使物流作业活动选择最佳方式、方法和作业程序，提高物流的作业效率；另一方面，物流作业技术的应用可以提高物流作业的水平、质量和效率。

（二）降低电子商务物流费用

先进、合理的电子商务物流技术不仅可以有效地提高电子商务物流的效率，还可以降低电子商务物流的费用，这主要是由于先进、合理的电子商务物流技术的应用不仅可以有效地使物流资源得到合理的运用，还可以有效地减少物流作业过程中的货物损失。

（三）提高电子商务物流的运作质量，提高客户的满意度

电子商务物流技术的应用在提高电子商务物流效率、降低物流费用的同时，也大幅度提高了客户的满意度，密切了与客户的关系。随着电子商务物流技术的应用和快速反应的建立，企业能够及时地根据客户的需要，将货物保质保量迅速准确地送到客户所指定的地点。

三、电子商务物流技术的评价标准

（一）关于经济性标准需要考虑的问题

（1）要考虑采用某项电子商务物流技术时的投资规模不能脱离企业的财政状况。

（2）要考虑电子商务物流技术在应用过程中所需的费用问题。

（3）要考虑企业的物流规模和发展方向。

（二）先进性标准

在采用电子商务物流技术时，应尽可能采用先进的电子商务物流技术。不仅要考虑技术的功能性和稳定性，而且要从技术是否具有拓展性以及是否安全等方面进行评价。

（三）适用性标准

这种标准是指电子商务物流技术的应用应符合物流的现实经济状况。在物流活动的实际过程中，对物流过程中的某一个项目、技术方案或新的措施都应进行技术分析和评价（或可行性研究），务必使技术和经济相统一，使两者处于最佳的状态中。

第二节　电子商务物流相关技术

一、条码自动识别技术

条码是在计算机的应用实践中产生和发展起来的一种自动识别技术，是为实现对信息的自动扫描而设计的，是实现快速、准确而可靠地采集数据的有效手段。自动识别技术是信息数据自动识读、自动输入计算机的重要方法和手段，是以计算机技术和通信技术为基础的综合性科学技术。自动识别技术近几十年在全球范围内得到了迅猛发展，初步形成了一个包括条形码技术、磁条（卡）技术、光学字符识别、系统集成化、射频技术、声音识别及视觉识别等集计算机、光、机电、通信技术为一体的高新技术学科。

（一）条码概念

条形码简称条码，条码（barcode）是将宽度不等的多个黑条和空白，按照一定的编码规则排列，用以表达一组信息的图形标识符。条码隐含着数字信息、字母信息、标志信息、符号信息，主要用来表示商品的名称、产地、价格、种类等，是全世界通用的商品代码的表示方法。常见的条形码是由反射率相差很大的黑条（简称条）和白条（简称空）排成的平行线图案。

1. 一维条形码

一维条形码的条纹是由一组宽度不同、反射率不同的黑色的条和白色的空按规定的编码规则组合起来的，如图 4-2 所示。普通的一维条形码在使用过程中仅作为识别信息，它的意义是通过在计算机系统的数据库中提取相应的信息而实现的。一维条形码按照不同的分类方法、编码规则可以分为许多类别，目前经常使用的码制为 EAN、UPC、39 码、2/5 码、Code128 码等。一维条形码可以标出物品的生产国、制造厂家、商品名称、生产日期、图书分类号、邮件起止地点、类别、日期等许多信息，因而在商品流通、图书管理、邮政管理、银行系统等许多领域都得到广泛的应用。

9 787115 459657 >

图 4-2　一维条形码示意图

我国制定的通用商品条形码结构与 EAN-13 条形码结构相同。它由 13 位数字及相应的条码符号组成：前缀码，由三位数字组成，是国家的代码，我国为 690；制造商代码，由四位数字组成；商品代码，由五位数字组成，表示每个制造商的商品，由制造商决定；校验码，由一位数字组成，用以校验前面各码的正误。

2. 二维条形码

二维条形码，最早发明于日本，是由一种“点单元”组成的图形，如图 4-3 所示。二维条形码用它来表示商品时，一个符号可以将商品的所有属性表示出来，如我们可以将货物的名称、尺寸、重量、发货地、发货人、收货地、收货人、运输方式等 1K 以上的数据，全部存储在一个二维条形码中。

如果说一维条形码是商品的身份证，二维条形码则是商品便携的数据库。二维条形码具有密度高、容量大、安全性强的特点。在二维码符号表示技术研究方面，已研制出多种码制，常见的有 PDF417、QR Code、Code 49、Code 16K、Code One 等。我国采用的是 PDF417 二维条形码。

图 4-3　二维条形码示意图

条形码技术是随着计算机与信息技术的发展和应用而诞生的，它是集编码、印刷、识别、数据采集和处理于一身的新型技术。使用条形码扫描，是市场流通的大趋势。为了使商品能够在全世界自由、广泛地流通，企业无论是设计制作、申请注册，还是使用商品条形码，都必须遵循商品条形码管理的有关规定。

（二）条形码编码方案

1. 宽度调节法

宽度调节法是指条形码符号由宽窄的条单元和空单元以及字符符号间隔组成，宽的条单元和空单元逻辑上表示“1”，窄的条单元和空单元逻辑上表示“0”，宽的条空单元和窄的条空单元可称为四种编码元素。code－ll 码、code—B 码、code39 码、2/5code 码等均采用宽度调节法编码。

2. 色度调节法

色度调节法是指条形码符号是利用条和空的反差来标识的，条逻辑上表示“1”，而空逻辑上表示“0”。把“1”和“0”的条空称为基本元素宽度或基本元素编码宽度，连续的“1”“0”则可有 2 倍宽、3 倍宽、4 倍宽等。所以此编码法可称为多种编码元素方式，如 ENAUPC 码采用八种编码元素。

3. 条形码编码法

条形码编码有 Codabar、Codell、Code39、Code93、EAN－8、EAN－13、GSl－128（EAN-128）、ISBN（用于图书）、UPC-A（用于普通商品）、UPC-E 等多种编码方法。

UPC-A 编码用于普通商品的条形码编码，该条形码编码技术如表 4-1 所示。

表 4-1　UPC-A 码左边编码与右边编码对照表

字码	左边编码	右边编码	字码	左边编码	右边编码
0	0001101	1110010	5	0110001	1001110
1	0011001	1100110	6	0101111	1010000
2	0010011	1101100	7	0111011	1000100
3	0111101	1000010	8	0110111	1001000
4	0100011	1011100	9	0001011	1110100

条形码是由黑线和白线组成的（一般用“1”表示黑线，用“0”表示白线）。要了解线有四种不同的宽度。编码中最细的线被看作“1”，比最细的宽一倍的自然就是“2”，再宽点儿的是“3”，最宽的就是“4”；每个 UPC-A 条形码以 101（细黑、细白、细黑）开始并以它结束，并且在中间有 01010（细白、细黑、细白、细黑、细白）将条形码分为左右两部分，这样做的目的是为了防止扫描时出错。每个 UPC-A 码有 12 位阿拉伯数字，分为左右两个部分。

4. 条形码标签

通过上述介绍的条形码编码方法采用特殊技术（条形码生成器）制作的标签称为条形码标签。

（三）条形码的用途

通用商品条形码一般由前缀部分、制造厂商代码、商品代码和校验码组成。商品条形码中的前缀码是用来标识国家或地区的代码，赋码权在国际物品编码协会，如 00~09 代表美国、加拿大，45、49 代表日本，69 代表中国大陆（内地），471 代表中国台湾地区，489 代表中国香港地区。制造厂商代码的赋权，在各个国家或地区的物品编码组织，中国由国家物品编码中心赋予制造厂商代码。商品代码是用来标识商品的代码，赋码权由产品生产企业自己行使。商品条形码最后用1位校验码来校验商品条形码中左起第1~12位数字代码的正确性。商品条形码是指由一组规则排列的条、空及其对应字符组成的标识，用以表示一定的商品信息的符号。其中条为深色、空为浅色，用于条形码识读设备的扫描识读。其对应字符由一组阿拉伯数字组成，供人们直接识读或通过键盘向计算机输入数据使用。这一组条空和相应的字符所表示的信息是相同的。

使用条形码扫描，是市场流通的大趋势。为了使商品能够在全世界自由、广泛地流通，企业无论是设计制作，申请注册还是使用商品条形码，都必须遵循商品条形码管理的有关规定。

（四）条形码运作原理

1. 识别原理

要将按照一定规则编译出来的条形码转换成有意义的信息，需要经过扫描和译码两个过程。物体的颜色是由其反射光的类型决定的，白色物体能反射各种波长的可见光，黑色物体则吸收各种波长的可见光，所以当条形码扫描器光源发出的光在条形码上反射后，反射光照射到条码扫描器内部的光电转换器上，光电转换器根据强弱不同的反射光信号，转换成相应的电信号。根据原理的差异，扫描器可以分为光笔、红光CCD、激光、影像四种。电信号输出到条码扫描器的放大电路增强信号之后，再送到整形电路将模拟信号转换成数字信号。白条、黑条的宽度不同，相应的电信号持续的时间长短也不同。然后译码器通过测量脉冲数字电信号0，1的数目来判别条和空的数目。通过测量0，1信号持续的时间来判别条和空的宽度。此时所得到的数据仍然是杂乱无章的，要知道条形码所包含的信息，则需根据对应的编码规则（例如：EAN-8码），将条形符号换成相应的数字、字符信息。最后，由计算机系统进行数据处理与管理，物品的详细信息便被识别了。

2. 扫描原理

条形码的扫描需要扫描器，扫描器利用自身光源照射条形码，再利用光电转换器接收反射的光线，将反射光线的明暗转换成数字信号。不论是采取何种规则印制的条形码，都由静区、起始字符、数据字符与终止字符组成。有些条码在数据字符与终止字符之间还有校验字符。

静区：静区也叫空白区，分为左空白区和右空白区，左空白区是让扫描设备做好扫描准备，右空白区是保证扫描设备正确识别条码的结束标记。

起始字符：第一位字符，具有特殊结构，当扫描器读取到该字符时，便开始正式读取代码了。

数据字符：条形码的主要内容。

校验字符：检验读取到的数据是否正确。不同编码规则可能会有不同的校验规则。

终止字符：最后一位字符，一样具有特殊结构，用于告知代码扫描完毕，同时还起到进行校验计算的作用。

为了方便双向扫描，起止字符具有不对称结构。因此扫描器扫描时可以自动对条码信息重新排列。条码扫描器有光笔、CCD、激光、影像四种。

光笔：最原始的扫描方式，需要手动移动光笔，并且还要与条形码接触。

CCD（电荷耦合器件）：以CCD作为光电转换器，LED作为发光光源的扫描器。在一定范围内，可以实现自动扫描，并且可以阅读各种材料、不平表面上的条码，成本也较为低廉。但是其与激光式相比，扫描距离较短。

激光：以激光作为发光源的扫描器，又可分为线型、全角度等几种。

影像：以光源拍照利用自带硬解码板解码，通常影像扫描可以同时扫描一维及二维条码，如霍尼韦尔（Honeywell）引擎。

线型：多用于手持式扫描器，范围远，准确性高。

全角度：多为工业级固定式扫描，自动化程度高，在各种方向上都可以自动读取条码及输出电平信号，结合传感器使用。

3. 在电子商务技术中条形码的优点

条形码是迄今为止最经济、实用的一种自动识别技术。条形码技术具有以下几个方面的优点：

（1）输入速度快。与键盘输入相比，条形码输入的速度是键盘输入的5倍，并且能实现“即时数据输入”。

（2）可靠性高。键盘输入数据的出错率为三百分之一，利用光学字符识别技术的出错率为万分之一，而采用条形码技术的误码率低于百万分之一。

（3）采集信息量大。利用传统的一维条形码一次可采集几十位字符的信息，二维条形码可以携带数千个字符的信息，并有一定的自动纠错能力。

（4）灵活实用。条形码标识既可以作为一种识别手段单独使用，也可以和有关识别设备组成一个系统实现自动化识别，还可以和其他控制设备连接起来实现自动化管理。

二、射频技术

（一）射频技术的概念

射频技术（radio frequency，RF）是一种基于电磁理论的通信技术，利用无线电波对记录媒体进行读写。射频系统的优点是不局限于视线，识别距离比光学系统远。射频识别卡具有可读写能力、可携带大量数据、难以伪造。射频识别技术适用的领域为物料跟踪、运载工具和货架识别等要求非接触数据采集和交换的场合，在要求频繁改变数据内容的场合尤为适用。射频识别系统一般都由信号发射机、信号接收机、发射接收天线几部分组成。最简单的RFID系统由电子标签（tag）、阅读器（reader）、天线（antenna）和数据库组成。

与条码的自动识别技术相比，RFID的优势非常明显：不需要光源，甚至可以通过外部材料读取数据；使用寿命长，能在恶劣环境下工作；能够轻易嵌入或附着在不同形状、类型的产品上；读取距离更远；可以写入及存取数据，相比打印条码写入时间更短；标签的内容可以动态改变；能够同时处理多个标签；标签的数据存取有密码保护，安全性更高；可以对RFID标签所附着的物体进行追踪定位。

（二）射频技术的应用

RFID发展异常迅速，其应用已经深入很多领域，如铁路车辆的自动识别，生产线的自动化，过程控制，货物的跟踪和管理等。在物流领域RFID主要用于对物品的跟踪，运载工具和货物的识别等。射频技术的一些典型应用介绍如下。

1. 集装箱自动识别系统

在集装箱上安装射频标签，当集装箱到达或离开货场时，通过射频识别设备，可以对集装箱进行自动识别，将识别信息通过各种通信设施传递给信息系统，实现集装箱的动态跟踪和管理，提高集装箱的运输效率。

2. 智能托盘系统

在每个托盘上都安装射频标签，把射频阅读器安装在托盘进出仓库必经的通道口上方。当叉车装载着托盘以及货物通过时，阅读器获取射频标签内的信息，将其传递给计算机，记录托盘的通过情况；当托盘装满货物时，自动称重系统会自动记录装载货物的总重量，与存储在计算机中的单个托盘的重量进行比较计算货物的实际重量，了解货物的实时进出信息。通过使用射频技术，可以高效地了解仓库中货物、托盘的状况，提高仓库的管理水平。

3. 通道控制系统

通道控制系统给仓库中可重复使用的包装箱，都安装上射频标签，在包装箱进出仓库的通道上安装射频阅读器。阅读器天线固定在通道上方，当包装箱通过天线所在位置时，计算机将从射频标签里获得的信息与数据库中的信息进行比较，正确时绿色信号灯亮，包装箱可通过，不正确时红色信号灯亮，同时将时间和日期记录在数据库中。该系统消除了人工管理系统时经常出现的人为错误，排除了以往不堪重负的运输超负荷状况，建立了快速高效和良好的信息输入途径，可在高速移动过程中获取信息，大大节省了人力、物力和时间。

4. 对贵重物品的保护

为了防止贵重货物被盗或放错位置而导致延迟交货，可以采用射频识别技术，保证叉车按正确的路线移动托盘，降低货物被盗的可能性。在仓库内的上方安装射频阅读器，给叉车上配备射频标签。通过射频识别系统连接到中央数据库中，从中下载叉车经过的详细路径，这些信息包括正确的装货位置、沿途经过的标识等。如果射频标签发现错误，叉车会被停止，由管理者重新设置交通路径，同时自动称重并实时提供监控信息。

5. 货物防盗系统

在需要重点防盗的商品上安装射频标签。当装有商品的车辆通过装有射频阅读器的出口时，阅读器可实时识别每件商品上的标签信息，如有未被授权运出的商品运出，射频识别系统将限制其运出。运用射频识别系统可识别高速移动的物体，并可同时识别多个射频标签，实现对商品运输过程的实时监控和防盗。

三、GIS 技术与 GPS 技术

（一）GIS 技术

1. GIS 的概念

地理信息系统（geographic information system，GIS）是处理地理信息的系统。地理信息是指直接或间接与地球上的空间位置有关的信息，又被称为空间信息。一般来说，GIS 可定义为：用于采集、存储、管理、处理、检索、分析和表达地理空间数据的计算机系统，是分析和处理海量地理数据的通用技术。通俗地讲，它是整个地球或部分区域的资源、环境在计算机中的缩影。GIS 处理、管理的对象是多种地理空间实体数据及其关系，包括空间定位数据、图形数据、遥感图像数据、属性数据等，用于分析和处理在一定地理区域内分布的各种现象和过程，解决复杂的规划、决策和管理问题。地理信息系统在资源调查、评价、管理和监测，城市的管理、规划和市政工程、行政管理与空间决策、灾害的评估与预测、地籍管理及土地利用，以及交通、农业、公安等诸多领域得到了广泛的应用。

2. GIS 的应用

（1）测绘与地图制图。GIS 技术源于机助制图。GIS 技术与遥感（RS）、全球定位系统（GPS）技术在测绘界的广泛应用，为测绘与地图制图带来了一场革命性的变化。数字地图、网络地图、电子地图等一批崭新的地图形式为广大用户带来了巨大的应用便利。GIS 技术的使用使得测绘与地图制图进入了一个崭新的时代。

（2）资源管理。资源的清查、管理和分析是 GIS 应用最广泛的领域，也是目前趋于成熟的主要应用领域，包括森林和矿产资源的管理、野生动植物的保护、土地资源潜力的评价和土地利用规划，以及水资源的时空分布特征研究等。系统的主要任务是将各种来源的数据和信息有机地汇集在一起，GIS 软件能在一个连续无缝的方式下管理大型的地理数据库。这种功能强大的数据环境允许集成各种应用，最终用户通过 GIS 的客户端软件，可直接对数据库进行查询、显示、统计、制图，以及提供区域多种组合条件的资源分析，为资源的合理开发利用和规划决策提供依据。

（3）区域规划。城市与区域规划具有高度的综合性，涉及资源、环境、人口、交通、经济、教育、文化、金融等因素，规划人员需要切实可行的、实时性强的信息，而 GIS 能为规划人员提供功能强大的工具。例如，规划人员利用 GIS 对交通流量、土地利用和人口数据进行分析，预测将来的道路等级；工程人员利用 GIS 将地质、水文和人文数据结合起来，进行路线和构造设计；GIS 可以帮助政府部门完成总体规划、分区、现有土地利用、分区一致性以及空地、开发区和设施位置等分析工作。

（4）国土监测。GIS 方法和多时相的遥感数据可以有效地用于森林火灾的预测预报、洪水灾情监测和淹没损失估算、土地利用动态变化分析和环境质量的评估研究等。例如，黄河三角洲地区的防洪减灾研究表明，在 ARC/INFO 地理信息系统支持下，可以计算出若干个泄洪区域内的土地利用及其面积，比较不同泄洪区内房屋和财产损失等，从而确定泄洪区内人员撤退、财产转移和救灾物资供应的最佳路线。

（5）辅助决策。GIS 利用拥有的数据和互联网传输技术，已经实现了电子商贸的革命，可以满足企业决策多维性的需求。当前在全球协作的商业时代，90%以上的企业决策与地理数据有关，例如，企业的分布、客货源、市场的地域规律、原料、运输、跨国生产、跨国销售等。利用 GIS 可以迅速有效地管理空间数据，进行空间可视化分析，确定商业中心位置和潜在市场的分布，寻找商业地域规律，研究商机时空变化的趋势，不断为企业创造新的商机，GIS 和互联网已成为最佳的决策支持系统和威力强大的商战武器。

（二）GPS 技术

1. GPS 的概念

GPS（global positioning system，全球定位系统），是一个全球性、全天候、高精度的导航定位和时间传递系统。全球定位系统是美国从 20 世纪 70 年代开始研制，历时 20 年，耗资 200 亿美元，于 1994 年全面建成，具有在海、陆、空进行全方位实时三维导航与定位能力的新一代卫星导航与定位系统。全球定位系统由导航星座、地面台站和用户定位设备三部分组成。导航星座包括 24 颗卫星，其中 21 颗卫星是工作星，3 颗作为备用星，它们分布在6条轨道上，轨道高度约2万千米，倾角55度。运行周期为12小时。这种分布方式可以保证世界上任何地点的用户至少能同时接收4颗卫星播发的导航信号，实现三维精确定位。GPS的用户设备简称GPS接收机，由天线、接收机、信号处理器和显示器组成，能同时接收4颗卫星发射的导航信号，经过对信号到达时间的测量、数据解调处理和计算，得出用户本身位置的三维坐标和运动速度。GPS定位精度可达10米，测速精度为0.1米/秒，是一个军民两用系统。

2. GPS的应用

（1）陆地应用，主要包括车辆导航、应急反应、大气物理观测、地球物理资源勘探、工程测量、变形监测、地壳运动监测、市政规划控制等。

（2）海洋应用，包括远洋船最佳航程航线测定、船只实时调度与导航、海洋救援、海洋探宝、水文地质测量以及海洋平台定位、海平面升降监测等。

（3）航空航天应用，包括飞机导航、航空遥感姿态控制、低轨卫星定轨、导弹制导、航空救援和载人航天器防护探测等。

（4）GPS卫星接收机有很多，根据型号分为测地型、全站型、定时型、手持型、集成型；根据用途分为车载式、船载式、机载式、星载式、弹载式。

经过20余年的实践证明，GPS系统是一个高精度、全天候和全球性的无线电导航、定位和定时的多功能系统。GPS技术已经发展成为多领域、多模式、多用途、多机型的国际性高新技术产业。

3. 全球四大导航系统

全球四大导航系统分别介绍如下。

（1）GPS。GPS是美国历经20年耗资超过300亿美元建立的全球卫星定位系统，目前共有30颗、4种型号的导航卫星，是一个全天候、实时性的导航定位系统，也是目前世界上应用最广泛、技术最成熟的导航定位系统。

（2）欧洲伽利略。伽利略定位系统是欧盟一个正在建造中的卫星定位系统，有“欧洲版GPS”之称。形象地说，GPS系统只能找到街道，而伽利略则可找到家门。目前太空中已有4颗正式的伽利略系统卫星。欧盟计划使伽利略系统在2014年初步投入运营。

（3）俄罗斯格洛纳斯。格洛纳斯由24颗卫星组成，尽管其定位精度比GPS、伽利略略低，但其抗干扰能力却是最强的。格洛纳斯项目是苏联在1976年启动的项目，2011年11月，随着一颗“格洛纳斯-M”卫星发射成功，该系统额定24颗卫星已全部在轨工作，另有4颗在轨备份，从而实现全球覆盖。

（4）中国北斗。北斗卫星导航系统是中国正在实施的自主发展、独立运行的全球卫星导航系统。北斗卫星导航系统由空间段、地面段和用户段三部分组成，预计由30颗以上卫星组成。把短信和导航结合是中国北斗卫星导航系统的独特发明。一般来讲，世界上其他全球卫星导航系统只是告诉用户什么时间、在什么地方，而北斗系统除此之外还可以将用户的位置信息发送出去，使用户想告知的其他人获知用户的情况。

四、EOS、POS技术

（一）电子订货系统

电子订货系统（electronic ordering system，EOS）是指不同组织间利用通信网络和终端设备以在线连接方式进行订货信息交换的体系，即通过计算机通信网络连接的方式将批发商、零售商所发生的订货数据输入计算机后传送至总公司、批发商、商品的供货商或制造商处。

1. 电子订货系统的构成

电子订货系统是由批发、零售商场、供货商、商业增值网络中心等角色构成的，它们的作用如下。

（1）批发、零售商场。采购人员根据管理信息系统（MIS）提供的功能，收集并汇总各机构要货的商品名称、要货数量，根据供货商的可供商品货源、供货价格、交货期限、供货商的信誉等资料，向指定的供货商下达采购指令。采购指令按照商业增值网络中心的标准格式进行填写，经商业增值网络中心提供的 EDI 格式转换系统而成为标准的 EDI 单证，经由通信界面将订货资料发送至商业增值网络中心，然后等供货商发回有关信息。

（2）商业增值网络中心。商业增值网络中心不参与交易双方的交易活动，只提供用户连接界面，当接收到用户发来的 EDI 单证时，自动进行 EOS 交易伙伴关系的核查，只有互有伙伴关系的双方才能进行交易，否则视为无效交易。确定有效交易关系后还必须对 EDI 单证格式进行检查，只有交易双方均认可的单证格式，才能进行单证传递，并对每笔交易进行长期保存，供用户今后查询或在交易双方发生贸易纠纷时，可以使用商业增值网络中心所储存的单证内容作为司法证据。

（3）供货商。供货商根据商业增值网络中心转来的 EDI 单证，经商业增值网络中心提供的通信界面和 EDI 格式转换系统转换而成为一张标准的商业订单。根据订单内容和供货商的 MIS 系统提供的相关信息，供货商可及时安排出货，并将出货信息通过 EDI 传递给相应的批发、零售商场，从而完成一次基本的订货作业。

当然，交易双方交换的信息不仅是订单和交货通知，还包括订单更改、订单回复、变价通知、提单、对账通知、发票、退换货等许多信息。

2. 电子订货系统的基本流程

电子订货系统的基本流程是在零售店的终端利用条形码阅读器获得准备采购的商品条形码，并在终端机上输入订货资料；利用电话线或网线通过调制解调器传到批发商的计算机中；批发商开出提货传票，并根据传票同时开出拣货单，实施拣货，然后依据送货传票进行商品发货；送货传票上的资料就成为零售商的应付账款资料及批发商的应付账款资料，并接到应收账款的系统中去；零售商对送到的货物进行检验后，就可以销售了。

3. EOS 系统在企业物流管理中的作用

相对于传统的订货方式，如上门订货、邮寄订货、电话、传真订货等，EOS 系统可以缩短从接到订单到发出订货的时间，缩短订货商品的交货期，减少商品订单的出错率，节省人工费。

EOS 系统有利于减少企业的库存水平，提高企业的库存管理效率，同时也能防止商品特别是畅销商品缺货现象的发生。

对于生产厂家和批发商来说，通过分析零售商的商品订货信息，能准确判断畅销商品和滞销商品，有利于企业调整商品生产和销售计划。

EOS 系统有利于提高企业物流信息系统的效率，使各个业务信息子系统之间的数据交换更加便利和迅速，丰富企业的经营信息。

4. 电子订货系统与物流管理

在物流作业流程中，可以将供货商发运作业过程中的业务往来划分成以下几个步骤：

第一，供货商根据采购合同要求将发货单通过商业增值网络中心发给仓储中心。

第二，仓储中心对接收到商业增值网络中心传来的发货单进行综合处理，或要求供货商送货至仓储中心或发送至批发、零售商场。

第三，仓储中心将送货要求发送给供货商。

第四，供货商根据接收到的送货要求进行综合处理，然后根据送货要求将货物送至指定地点。

上述几个步骤完成了一个基本的物流作业流程，通过这个流程，将物流与信息流牢牢地结合在一起。

（二）销售时点系统信息系统

销售时点系统（point of sales，POS）是通过一套红外线光电传感器从条形码上自动扫描商品的有关信息，并将此信息传递到收银机上，以取代过去传统的单一功能的收银机。它除了能够计算商品货款外，还能分门别类地读取和收集各种销售、进货、库存等数据的变化信息。资料经所连接的计算机处理、分析后，打印出各种报表，提供给管理层作为决策的依据。

1. POS 系统构成

POS 系统包含前台 POS 系统和后台 MIS 系统两大基本部分。前台 POS 系统是指通过自动读取设备（收银机），在销售商品时直接读取商品销售信息（商品名、单价、销售数量、销售时间、销售店铺、购买顾客等），实现前台销售业务的自动化，对商品交易进行实时服务管理，并通过通信网络和计算机系统传送至后台，通过后台计算机系统（MIS）的计算，分析与汇总商品销售的各项信息，为企业管理者分析经营成果，制定经营方针提供依据，以提高经营效率的系统。

后台 MIS 负责整个商场进、销、调、存系统的管理以及财务管理、库存管理、考勤管理等。它可以根据商品进货信息对厂商进行管理，又可以根据前台 POS 提供的销售数据控制进货数量，合理周转资金，可以分析统计各种销售报表，快速准确地计算成本与毛利，还可以对售货员、收款员的业绩进行考核，是职工分配工资、奖金的客观依据。因此，商场现代化管理系统中前台 POS 与后台 MIS 是密切相关的，两者缺一不可。

2. POS 系统功能

POS 系统的作业流程主要包括进销存三个功能。一个完整的 POS 系统包括收银系统、销售系统、库存系统、采购系统、验收系统、价格系统、盘点系统和安全控制系统。

以零售业为例，POS 的运行有以下五个步骤：

第一，商店销售商品都贴有表示该商品信息的条形码。

第二，在顾客购买商品结账时，收银员使用扫描器自动读取商品条形码上的信息，通过店铺内的微型计算机确认商品的单价，计算顾客购买商品的总金额等，同时返回收银机，打印出顾客的购买清单和付款总金额。

第三，各个店铺的销售时点信息通过 VAN 以在线联接的方式即时传送给总部或物流中心。

第四，在总部、物流中心和店铺利用销售时点信息来进行库存调整、配送管理、商品订货等作业。通过对销售时点信息进行加工分析来掌握消费者购买动向，找出畅销商品和滞销商品，以此为基础，进行商品品种配置、商品陈列、价格设置等方面的作业。

第五，在零售商与供应链的上游企业（批发商、生产商、物流作业等）结成协作伙伴关系（也称战略联盟）的条件下，零售商利用 VAN 以在线联接的方式把销售时点信息即时传送给上游企业，这样上游企业可以利用销售现场最及时准确的销售信息制订经营计划，进行决策。例如，生产厂家利用销售时点信息进行销售预测，掌握消费者购买动向，找出畅销商品和滞销商品，把销售时点信息（POS 信息）和订货信息（EOS 信息）进行比较分析来把握零售商的库存水平，以此为基础制订生产计划和零售商库存连续补充计划 CRP（continuous replenishment program）。

3. 商业 POS 系统的作用

（1）简化了超市收银台业务。POS 系统应用于超市，首先通过条码识读设备迅速识读商品外包装上的条码标识，采集相应的商品信息，由计算机完成结算并自动生成账单。由于 POS 系统具有简单直接、及时入账的实时处理能力，使得销售商品的各种信息数据处理在交易的瞬间就可完成，既缩短了商品的检查时间，又降低了输入商品数据的出错率，使超市高峰时间的收银作业变得更为容易，现金管理也更为合理。

（2）提高了数据收集能力。POS 系统在销售点即时采集数据，具有省力、迅速、实时的优势，能为企业经营提供更快速、更精确、更有利的信息资料。

（3）使商店作业更为合理。使用条码管理有两种做法：一是无论商品原来有无条码，一律使用自制的“店内条码”；二是充分利用商品原有的条码。通过 POS 系统中的应用程序，采用流水作业法可自动生成店内条码，使条码制作方便、省力、效率高，同时销售人员可根据柜台销售额，适时调整商品价格，做到灵活经营，使商品的进、销、存管理协调合理，在激烈的市场竞争中处于有利地位。

（4）提高商店运营的效率。超市借助 POS 系统，可记录销售过程中的每一笔交易，每售出一件商品，POS 系统数据库就实时减少该商品的库存记录，并自动完成该商品的盘点，从而有效地实施库存管理和库存盘点管理。商家通过比较 POS 系统生成的盘盈、盘亏表，能轻易测定出销售目标的实现程度，便于准确把握畅销商品、滞销商品的信息，从而实现商品单品管理，大大降低了经营企业的库存占用资金并提高了销售能力，大大提高了商品种类、数量和价格。

（5）能实现对企业信息和职工的规范化管理。商业 POS 系统能通过日期、小组进价、批发价、零售价、前台码、后台码和品名规范名称等途径，迅速查询所经营的各种商品，清楚地记录每个职工的业绩。

（6）提高服务质量。顾客用信用卡购物，无须携带现金；每笔交易结账迅速准确，能及时了解顾客需要及购买倾向，为顾客提供所需商品，提高企业经营利润。

（7）从整体上提高了企业经营管理水平。商场在完善 POS 系统的同时，可以建立商场管理信息系统，即实现 POS 系统的后台管理。在商品销售过程中，商场的决策者可掌握 POS 系统的经营状况，实现商场库存商品的动态管理，同时基于销售水平制定出合理的销售、采购计划，提高资金周转率，使经营管理水平上一个新台阶。

五、物联网技术

（一）物联网的概念

物联网是新一代信息技术的重要组成部分，其英文名称是 The internet of things。顾名思义，“物联网就是物物相连的互联网”。这有两层意思：第一，物联网的核心和基础仍然是互联网，是在互联网基础上延伸和扩展的网络；第二，其用户端延伸和扩展到了任何物品与物品之间，进行信息交换和通信。物联网就是“物物相连的互联网”。物联网通过智能感知、识别技术与普适计算，广泛应用于网络的融合中，被称为继计算机、互联网之后世界信息产业发展的第三次浪潮。物联网是互联网的应用拓展，与其说物联网是网络，不如说物联网是业务和应用。

物联网技术在电子商务上有着多方面的应用，对电子商务企业经营管理、消费者购物等方面具有十分重要的推动作用。

1. 提升物流服务质量

如果说当年人们所说的制约电子商务发展的三大因素还剩下什么没有解决的话，可能就要属物流了。在网络营销过程中，遇到的客户投诉很多就集中在物流配送服务的质量上。虽然和前几年相比，现在的物流网络已经有很大的改善，但在物流服务质量上还有很多不尽如人意的地方，比如送错目的地，物流状态网络上查询不到，送货不及时等现象时有发生。这主要是由于企业和消费者对物流过程不能实时监控所造成的。物联网通过对包裹进行统一的产品电子代码（EPC）编码，并在包裹中嵌入 EPC 标签，在物流途中通过射频识别技术读取 EPC 编码信息，并传输到处理中心供企业和消费者查询，实现对物流过程的实时监控。这样，企业或消费者就能实现对包裹的实时跟踪，以便及时发现物流过程中出现的问题，有效提高物流服务的质量，切实增强消费者网络购物的满意程度。

2. 完善产品质量监控

在网络购物逐渐被人们接受的今天，仍有许多消费者对这种“看不见、摸不着”的购物方式望而却步。究其原因，除了网络安全、购买习惯等因素外，对产品质量的不放心是一个主要的原因。相比而言，消费者觉得在实体店那种“看得见、摸得着”的购物比较踏实。消费者这种对网络购物商品质量的疑问在物联网中将得到有效地解决。物联网从产品生产（甚至是原材料生产）开始，就在产品中嵌入 EPC 标签，记录产品生产、流通的整个过程。消费者在网上购物时，只要根据卖家所提供的产品 EPC 标签，就可以查询到产品从原材料到成品，再到销售的整个过程，以及相关的信息，从而决定是否购买。彻底解决了目前网上购物中商品信息仅来自卖家介绍的问题，消费者可以主动了解产品信息，而这些信息是不以卖家的意志而改变的。

3. 改善供应链管理

通过物联网，企业可以实现对每一件产品的实时监控，对物流体系进行管理，不仅可对产品在供应链中的流通过程进行监督和信息共享，还可对产品在供应链各阶段的信息进行分析和预测。通过对产品当前所处阶段的信息进行预测，估计出未来的趋势或意外发生的概率，从而及时采取补救措施或预警，极大地提高了企业对市场的反应能力，加快了企业的反应速度。

物联网技术在电子商务中的应用前景是十分广阔的，应用方法和类型多种多样。物联网技术在电子商务各环节中的应用，不仅能给电子商务带来新的经济增长点，而且能解决电子商务中的一系列问题，提升电子商务的核心竞争力。现在很多电子商务领域都引入了物联网技术，物联网是继计算机、互联网之后世界信息产业发展的第三次浪潮。物联网是互联网的应用拓展，与其说物联网是网络，不如说物联网是业务和应用，它已经融入了我们的生活。

（二）物联网的特点

1. 具有感知能力

物联网中的“物”与一般物品的不同是其具有自主表达能力，能够将它周围的情况及自身的感受明确地表达出来，并作为物联网处理和传递的信息。传感器技术是使物品具有感知能力的重要技术之一，嵌入物品中的各类传感设备是物品的重要感觉器官。通过传感器网络，物品及其周围的环境情况被实时采集，并利用无线网络将这些采集到的信息传递出去，实现物品的自主表达。因此，传感网往往被人们称为物联网。事实上，它是物联网的一种具体实现方式。随着传感器和无线传感器网络技术的发展，许多传感网已经在现实世界中得到了有效应用，并在多个领域发挥重要作用。这些传感网的应用实例也正是物联网的早期应用。

近年来，随着微型集成电路技术的进步，微型智能射频识别标签技术得到快速发展。安装在物品上的射频识别标签中存储物品的基本信息，当该物品进入磁场后，阅读器通过发射特定频率的无线电波传输能量给标签，驱动标签电路将内部的数据送出，此时阅读器便依序接收解读数据，并送至中央信息系统进行有关数据处理。射频识别技术、红外线识别、模式识别等是物联网中的重要感知技术。

2. 具有通信能力

具有感知能力的物品不仅要有感觉和表达能力，还要能够把它的感觉告诉其他人或物品，这就需要物品具有一定的通信能力，能够把感知到的信息传递出去。无论物联网是构建在局域网上还是互联网上，若要实现通信，参与通信的终端就必须具有收发数据的能力，即在物品上要有数据发送器和接收器。对于收发的数据，物品还必须能够暂时存储以保证信息处理的顺利进行，因此，这些物品上一定存在着某一形式的存储器。在与网络中其他终端进行通信的过程中，通信双方遵循统一的通信协议是通信工作的基础，无论物品采用传感器还是射频识别标签作为其感觉器官，都需要遵循适合其工作的相应的通信协议。

3. 具有被识别能力

在网络通信中，通信双方必须在网络中具有唯一标识，以便在通信过程中能正确识别发送方和接收方，确保数据的正确发送和接收。接入物联网中的物品是通信的参与者，这些物品必须具有可被识别的编码。在组建物联网系统时，需要给具有感知能力的物品进行标识认定。对于传感器，首先将传感器编号，然后将带有编号的传感器安装在指定位置上，成为传递传感信息的主体。如果物品采用射频识别技术进行智能感知，那么物品的编号将和物品的基本信息一起写入射频识别标签中进行存储，利用射频识别阅读器可以读取物品的编号，进而确认物品的身份。当所有的物品都具有可被标识的编号之后，就能够通过无线网络或互联网随时掌握具有不同编号的传感器或射频识别标签目前所处的位置，读取物品传递出来的信息，并将信息传送给中央处理设备。利用中央处理设备的计算能力和数据分析能力，可以明确接下来对物品的操作，将相应的控制信息发送回指定编号的传感器或射频识别标签。

4. 具有被控制能力

物联网中的物品都具有智能性。除了利用各种感知技术使物品可以表达它们自身的情况和周围环境的相关信息外，它们还需要能够完成双向的信息交流，即除了发送传感信息和标签信息外，还能够作为通信的接收方接收由控制设备发送给它们的控制信息，并按照控制指令完成相应的操作。比如，一套安装了传感器的照明系统，在周期性地将当前环境的亮度信息发送给中央控制器的同时，中央控制器会根据实时的环境光线情况向照明灯具发出控制信息。如果光线过暗，控制器会要求照明系统调高照明光线的亮度，如果光线过亮，控制器会发出要求照明系统降低光线亮度的控制信号。因此，照明系统必须能够接收控制器向其发出的控制信息，并依照控制命令的要求完成相应的操作。为了对控制信息进行识别并遵照信息执行动作，物联网中的物品需要嵌入基本的数据处理单元，并安装简单的操作系统和具有针对性功能的应用软件，通过硬件与软件的协同工作最终实现人—物交流或物—物交流。

（三）物联网的应用

1. 物联网环境下的超市应用

在物联网环境下的未来商店里，智能货架配有电子价格标签，不断更新最新的价格，同时通过无线电信号实现集中控制补货。货架旁的智能秤则简化了称重的程序，它能自动识别水果和蔬菜的类别，称取重量，最后还体贴周到地为顾客打印出条形码标签。自助结账处人们不再排着长龙。

2. 食品安全应用

给放养的牲畜中的每一个动物都贴上一个二维码，这个二维码会一直保持到超市出售的肉品上，消费者可通过手机阅读二维码，知道牲畜的成长历史，确保食品安全。我国已有10亿存栏动物贴上了这种二维码。

3. 智能交通应用

现有的城市交通管理基本是自发进行的，每个驾驶者根据自己的判断选择行车路线，交通信号标志仅仅起到静态的、有限的指导作用。这导致城市道路资源未能得到最高效率的运用，并由此产生了不必要的交通拥堵甚至瘫痪。而智能的城市交通基础设施可以将整个城市内的车辆和道路信息实时收集起来，并通过超级计算中心动态地计算出最优的交通指挥方案和行车路线。

4. 健康医疗应用

在人身上可以安装不同的传感器，对人的健康参数进行监控，并且实时传送到相关的医疗保健中心，如果有异常，保健中心会通过手机提醒您去医院检查身体。

5. 智能电网应用

现有的电力输送网络缺少动态调度，从而导致电力输送效率低下。据美国能源部的统计，使用传统电网，大量上网电力被消耗在输送途中。智能电网通过先进信息系统与电网的整合，把过去静态的、低效的电力输送网络转变为动态可调整的智能网络，对能源系统进行实时监测。根据不同时段的用电需求，将电力按最优方案予以分配。

6. 智慧城市

智慧城市利用部署在大街小巷的传感器，实现图像敏感性智能分析，并与 110、119、120 等交互，实现探头与探头之间、探头与人之间、探头与报警系统之间的联动。智能建筑及智能家居是指各类消费电子产品、通信产品、信息家电及智能家居等通过物联网进行通信及数据交换，实现建筑设备、办公环境、家庭网络中各类电子产品之间的“互联互通”，并实现随时随地对智能设备的控制。

7. 工业控制应用

工业是物联网应用的重要领域。具有环境感知能力的各类终端、基于泛在技术的计算模式、移动通信等不断融入工业生产的各个环节，可大幅提高制造效率，改善产品质量，降低产品成本和资源消耗，将传统工业提升到智能工业的新阶段。

8. 智慧农业

智慧农业实现标准化生产监测，将农业生产过程中最关键的温度、湿度、二氧化碳含量、土壤温度、土壤含水率的信息通过农田中的传感器组实时采集。利用 M2M 运营支撑平台和 GPRS/ESGE 网络传输，利用短信息、Web、WAP 等手段，可以让从事农业生产的客户实时掌握这些信息。

9. 军事应用

物联网被许多军事专家称为“一个未探明储量的金矿”，正在孕育军事变革深入发展的新契机。可以设想，如果在国防科研、军工企业及武器平台等各个环节与要素设置标签读取装置，通过无线和有线网络将其连接起来，那么每个国防要素及作战单元甚至整个国家的军事力量都将处于全信息和全数字化的状态。大到卫星、导弹、飞机、舰船、坦克、火炮等装备系统，小到单兵作战装备，从通信技侦系统到后勤保障系统，从军事科学试验到军事装备工程，其应用遍及战争准备、战争实施的每一个环节。可以说，物联网扩大了未来作战的时域、空域和频域，对国防建设各个领域产生了深远影响，将引发一场划时代的军事技术革命和作战方式的变革。

第三节　电子商务下的物流配送

一、电子商务下物流配送概述

伴随着电子商务的蓬勃发展，中国快递业务快速增长。国家邮政局公布 2018 年邮政行业运行情况，2018 年，全国快递服务企业业务量累计完成 507.1 亿件，同比增长 26.6%；业务收入累计完成 6 038.4 亿元，同比增长 21.8%。其中，同城业务量累计完成 114.1 亿件，同比增长 23.1%；异地业务量累计完成 381.9 亿件，同比增长 27.5%；国际/港澳台业务量累计完成 11.1 亿件，同比增长 34%。12 月份，全国快递服务企业业务量完成 54.2 亿件，同比增长 29%；业务收入完成 609.6 亿元，同比增长 17.3%。

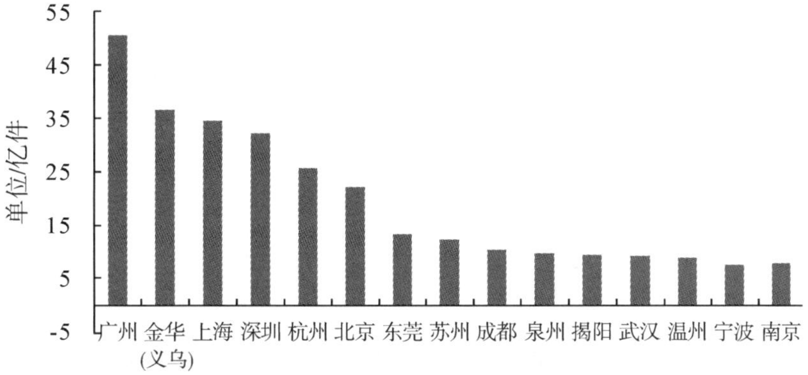

图 4-4 快递业务量排名前 15 的城市

（一）电子商务下物流配送的概念

电子商务下的物流配送就是信息化、现代化和社会化的物流配送。它是物流配送企业采用网络化的计算机技术和现代化的硬件设备、软件系统及先进的管理手段，针对社会需求，严格地、守信用地按用户的订货要求，进行一系列分类、编配、整理、分工、配货等理货工作，定时、定点、定量地交给没有范围限度的各类用户，满足其对商品的需求。这种新型的物流配送能使商品流通较传统的物流配送方式更容易实现信息化、自动化、现代化、社会化、智能化、合理化、简单化，使货畅其流，物尽其用。电子商务下的物流配送既能减少生产企业库存，加速资金周转，提高物流效率，降低物流成本，又刺激了社会需求，有利于整个社会的宏观调控，也提高了整个社会的经济效益。

（二）电子商务下物流配送的特点

新型物流配送除了具备传统物流配送的特点外，还具备以下几个特点：

1. 信息化

通过网络使物流配送由信息武装起来，实行信息化管理是新型物流配送的基本特征，这也是实现现代化和社会化的前提保证。

2. 现代化

传统的物流配送虽然也具备相当高的现代化程度，但要求并不是十分严格，与电子商务下的新型物流配送相比，在水平、范围、层次等各个环节上都有很大的不足和欠缺。现代化程度的高低是区别新型物流配送和传统物流配送的一个重要特征。

3. 社会化

同现代化一样，社会化程度的高低也是区别新型物流配送和传统物流配送的一个重要特征。很多传统的物流配送中心往往是某一企业为给本企业或本系统提供物流配送服务而建立起来的，有些配送中心虽然也是为社会服务的，但同电子商务下的新型物流配送所具备的社会性相比，具有很大的局限性。

（三）电子商务下物流配送的作用

电子商务下的物流配送的定位是为电子商务的客户提供服务。电子商务下的物流配送是根据电子商务的特点，对整个物流和配送体系实行统一的信息管理和调度，按照用户订货要求，在物流基地进行理货工作，并将配好的货物送交收货人的一种物流方式。这一先进的、优化的流通方式对流通企业提高服务质量、降低物流成本、优化社会库存配置，从而提高企业的经济效益及社会效益具有重要意义。物流配送对电子商务可以起到如下作用：

（1）提高电子商务的效率与效益；

（2）协调电子商务的目标；

（3）扩大电子商务的市场范围；

（4）实现基于电子商务的供应链集成；

（5）集成电子商务中的商流、信息流与资金流；

（6）支持电子商务的快速发展。

二、电子商务对传统物流配送的影响

（一）电子商务为传统的物流配送观念带来深刻的革命

物流配送经历了和正在经历三次革命：初期阶段就是送物上门，即为了改善经营效率，国内许多商家较为广泛地采用了把货送到买主手中的方式，这是商务的第一次革命；第二次物流革命是伴随着电子商务的出现而产生的，不仅影响到物流配送本身，也影响到上下游的各体系，包括供应商和消费者；第三次物流革命就是物流配送的信息化及网络技术的广泛应用所带来的种种影响，这些影响是有益的，将使物流配送更有效率。以计算机网络为基础的电子商务催化着传统物流配送的革命。

传统的物流配送企业需要置备大面积的仓库，而电子商务系统网络化的虚拟企业将散置在各地的分属不同所有者的仓库通过网络系统连接起来，使之成为“虚拟仓库”，进行统一管理和调配使用，服务半径和货物集散空间都放大了。这样的企业在组织资源的速度、规模、效率和资源的合理配置方面都是传统的物流配送所不可比拟的，相应的物流观念也必须是全新的。

（二）网络对物流配送的实时控制代替了传统的物流配送管理程序

一个先进系统的使用，会给一个企业带来全新的管理方法。传统的物流配送过程是由多个业务流程组成的，受人为因素和时间影响很大。网络的应用可以实现整个过程的实时监控和实时决策。新型的物流配送的业务流程都由网络系统连接，当系统的任何一个神经末端收到一个需求信息的时候，该系统都可以在极短的时间内做出反应，并可以拟订详细的配送计划，通知各环节开始工作。这一切工作都是由计算机根据人们事先设计好的程序自动完成的。

（三）物流配送的持续时间在网络环境下会大大缩短

这对物流配送速度提出了更高的要求。在传统的物流配送管理中，由于信息交流的限制，完成一个配送过程的时间比较长，但这个时间随着网络系统的介入会变得越来越短，任何一个有关配送的位置和资源都会通过网络管理在几秒钟内传到有关环节。

（四）网络系统的介入简化了物流配送过程

传统物流配送的整个环节极为烦琐，而网络化的新型物流配送则可以大大缩短这一过程。在网络支持下的成组技术可以在网络环境下更加淋漓尽致地被使用，物流配送周期会缩短，其组织方式也会发生变化；计算机系统管理可以使整个物流配送管理过程变得简单和容易；网络上的营业推广可以使用户购物和交易过程变得更有效率、费用更低；可以提高物流配送企业的竞争力；随着物流配送业的普及和发展，行业竞争的范围和残酷性大大增加，信息的掌握、信息的有效传播和其易得性，使得用传统的方法获得超额利润的时间和数量会越来越少；网络的介入，使人们不再是机器、数字和报表的奴隶，人的潜能得到充分发挥，自我实现的需求成为多数员工的工作动力。

（五）物流配送模式从少品种、大批量向多品种、小批量转变

传统配送主要是为企业间交易服务的，配送的对象主要是生产资料。由于生产资料品种规格单一，需要量大，配送过程基本不需要分拣，配送环节采用少品种、大批量的配送模式。在电子商务环境下，网络化的商务模式使企业间及企业与消费者之间的交易都更加活跃。一方面，对消费者网上订购的商品进行配送，生活资料的配送量增多，成为电子商务下物流配送的主流。而生活资料由于用户和所需商品的品种规格繁多，需求量小，故要求多品种、小批量、多批次的配送。另一方面，企业间通过电子商务进行交易，订货作业变得简单、快捷，成本降低，因此趋于小批量、多批次订货，以实现自身零库存，增强市场应变能力。同时，生产资料配送也向小批量、多批次配送方式转化。

综上所述，推行信息化配送制，发展信息化、自动化、现代化的新型物流配送业是我国发展和完善电子商务服务的一项重要内容，势在必行。

三、电子商务下的物流配送流程

在电子商务条件下，物流配送可以分为三个具体的流程，即订单处理流程、送货处理流程和退货处理流程。下面就这三个流程分别进行系统的介绍。

（一）订单处理流程分析

订单处理在配送中心的业务运作中占有十分重要的地位，它既是配送业务的核心，也是配送服务质量得以保障的根本条件。随着科学技术的进步和信息传输手段的提高，订单传输的方式也更加先进，采用电子化、网络化方法进行传递，条码技术、射频技术、电子数据交换系统的使用，可及时将订货信息传输给配送中心。配送中心接到客户的订单后，要对订单进行处理，按作业计划分配策略，分组释放。订单处理程序如下：

（1）检查订单。检查客户订单是否真实有效，即确认收到的订货信息是否准确可靠。

（2）顾客信誉审查。由信用部门审查，确认顾客的信誉。

（3）将顾客的订单集合、汇总，并按一定的分类标志进行分拣。

（4）打印订单分拣清单。列明拣出商品的项目，并将清单的一联票据交库存管理部门。

（5）库存管理部门确定供应订货的仓库，并向仓库发出出货指示。

（6）仓库接到相关出库通知后，按分拣要求拣货、包装、贴标签，将商品交运输部门。

（7）财会部门记录有关的账务。

（8）配送中心向顾客传递发货单。

（9）运输部门组配装车，安排货物运输，将货物送至收货地点，同时完成送货确认。

在电子商务条件下，以上部分过程可通过计算机网络实时完成。

（二）送货处理流程分析

配送中心在完成拣选工作后，要对发出的货物进行出货检查，然后将发出的货物交给运输部门或委托运输商送货。

装车时，对于配送数量达不到货车的载运负荷或不满货车有效容积的客户的货物要进行配装，即将不同客户不同种类的货物进行合理组配，搭配配载。对于配送货物种类繁多、装车数量较多的情况，可采用计算机进行组配。商品配装后，按照所确定和规划的最佳运输路线及送货客户的先后次序，将货物交给顾客。

（三）退货处理流程分析

退货处理是售后服务中的一项任务，应该尽可能地避免，因为退货或换货，会大幅度增加成本，减少利润。

1. 退货的原因

（1）瑕疵品回收。生产厂商在设计、制造过程中所造成的有质量问题的商品，往往在已开始销售后，才由消费者或厂商自行发现的重大缺陷，必须立即部分或全部回收。从物流企业的角度来考虑，必须采取最快速的方法将商品收回，集中处理。

（2）搬运中损坏。包装问题或搬运中剧烈震动，造成商品破损或包装污损，必须重新研究包装材料的材质、包装方式和搬运过程中各项上、下货动作，找出真正的原因加以改善。

（3）商品送错退回。由于物流中心本身处理不当所产生的问题，如拣货不确切或条形码、出货单等处理错误，使客户收到的商品数量与订单不符，必须要换货或退回，这时必须立即处理以减少客户抱怨，还应该尽快查出出现错误的原因。可能出错的环节有：订单接收时产生错误、拣货错误、出货单贴错、货物装错车等。找出原因后，配送中心应立即采取有效的措施，在经常出错的地方增加控制点，以提高正确率。

（4）商品过期退回。商品一般都有有效期限，为了保证消费者的利益，要从货架上卸下过期的货品，不可以再卖。但过期商品的处理，要符合环境保护的要求，由回收到销毁，需要投入一定的成本，所以要事先分析商品的需求，在配送时尽量减少过期商品的产生。

2. 退货的处理方法

（1）无条件重新发货。由于发货人按订单发货发生错误，则应由发货人重新调整发货方案，将错发货物调回，重新按原正确订单发货，中间发生的所有费用应由发货人承担。

（2）运输单位赔偿。对于因为运输途中产品受到损坏而发生退货的，根据退货情况，确定所需的修理费用和赔偿金额，由运输单位负责赔偿。

（3）收取费用，重新发货。对于因为客户订货有误而发生退货的，退货所有费用由客户承担，退货后，再根据客户新的订货单重新发货。

（4）重新发货或替代。对于因为产品有缺陷，客户要求退货的，配送中心接到退货指示后，应安排车辆收回退货商品，将商品集中到仓库退货处理区进行处理。生产厂家及其销售部门应立即采取步骤，用没有缺陷的同一种产品或替代品重新发货。

思政园地

2019 年 9 月，远在北京工作的李建峰想给家住义桥镇北坞村的母亲寄两件新衣服。要是以往，村庄偏远运输不便，李建峰只能利用节假日大包小包一起扛回家，而今年却可以通过村里的农村物流点及时传递这份“亲情”。

农村物流点的开通，不仅满足了快递下乡的需求，也满足了农产品进城的需要。

“今年我们新建了 150 个农村物流点，和农村电商、当地超市小店进行合作。一些农产品都可以在我们的‘邮乐购’线上平台进行购买，通过我们的‘急速鲜’快速送到顾客手中。”邮政负责人介绍，“寄件费用都是全国统一定价，我们要求快递到达的当天领取，如有特殊情况可以和当地物流点进行协商。”

农村公路的建设，为乡村物流快递的运输打通了血脉。在 2018 年布点 60 个的基础上，2019 年，区运管处和邮政公司开始合作。4 月以来，邮政公司对萧山各镇街进行走访摸底，目前 157 个物流点布点位置全部确定，基本实现“一村一点”。“我们要求区内各个行政村至少布一个快递点，真正打通农村物流服务‘最后一公里’。”区运管处相关负责人表示。

据悉，在这 157 个乡村物流点中，20 个为精品点，单个面积达 200 平方米。布点位于萧山物流量大、农村物流运输任务重、周边交通道路通畅的重点行政村内的物流主干道附近。“我们借助邮政成熟的快递技术和功能，与其进行合作，方便偏远村庄居民收发快递，带有公益性质。”区运管处负责人说，“又可以带动当地电商、企业的发展，促进当地电商经济的发展。”

技能实训

实训一：条码标签生成与打印。

任务要求：通过实训，理解条码技术的理论知识，加深对条码的认识，真切地体会到条码的优越性，提高对物流管理现代化的认识。要求学生根据验货清单生成并打印出条码标签，再贴到商品上。

实训二：电子商务物流技术现实应用。

任务要求：结合当地的超市分布情况，学生自己确定一个电子商务物流技术练习的主题，对电子商务物流技术进行现实应用。能够列举出所使用物流的技术有哪些？分析使用电子商务物流技术为企业带来的方便。

实训三：二维码分享和应用。

任务要求：利用二维码分享浏览器内容，可以让用户立即跳转到当前页；利用二维码让消费者可以用手机随时随地观看视频；利用二维码扫描共享单车，体验行车线路，并了解定位技术。

第五章 移动电子商务技术

■学习要点及目标

熟悉移动通信技术相关概念，了解目前移动电子商务应用技术。

■技能目标

能够列举移动电子商务技术在行业中的应用。能够使用微信小程序生成个人名片。

■思政目标

具备法律意识，不侵权，不犯法，能遵守个人隐私、数据保护等法律法规。

■案例

微信小程序邂逅旅游行业 扫一扫，即可“一码游扬州”

微信小程序正在为用户沟通、出行、购物、旅游提供全新体验。12 月 21 日，聚焦于旅游智慧化体验的微信小程序“一码游扬州”上线仪式在江苏省苏州市举行。扬州市旅游局领导、旅游业界专家、多家主流媒体、同程旅游会员代表等共同见证了上线仪式。业内人士表示，作为全域旅游智能体验端口，“一码游扬州”这一创新产品的上线，将会满足游客“吃住行游购娱”等方面的需求，为游客提供智能化的游览体验，成为扬州旅游发展的“新引擎”。

（资料来源：东方网。）

第一节　移动网络通信技术

移动电子商务（M-commerce）是近年来一种新兴的商务模式，由电子商务（E-commerce）的概念衍生而来。原先的电子商务以个人电脑为主要界面，是“有线的电子商务”；而移动电子商务，则是通过手机、具有无线功能的电脑、无线 POS 以及 PDA（个人数字助理）等各种无线移动通信设备与信息网络有机地结合，并利用无线网络进行的电子商务活动。移动互联网应用技术和无线数据通信技术是移动电子商务的技术基础。

一、移动通信网络技术概述

最早的移动通信可以追溯到 20 世纪 20~40 年代，当时移动通信主要应用于船舶、飞机和汽车等专用无线通信系统以及军事通信系统，其使用的频段主要是短波，设备是电子管的，采用人工交换和人工切换频率的控制和接续方式。这时的移动通信可以算是目前的蜂窝移动通信系统的雏形。随着时代的发展，电子管逐渐被淘汰，集成电路逐渐成了移动终端的主要组成部件，而微型卫星计算机的发展也使移动通信系统的结构产生了翻天覆地的变化。大约到 20 世纪 70 年代，真正算得上移动通信的第一代蜂窝系统才出现在人们的面前。

20 世纪 70 年代到 80 年代，美国贝尔实验室推出了蜂窝系统的概念和理论的应用。之后，美国和日本等国家纷纷研制出了陆地移动电话系统。具有代表性的就有美国的 AMPS（advanced mobile phone system）系统、英国的 TACS（total access communication system）系统、北欧的 NMT 系统和日本的 NAMTS 系统等。

这一时期的移动通信技术主要有模拟调频、频分多址，以模拟的方式工作，使用频段为 800MHz/900MHz，被业内称为第一代蜂窝移动通信系统，也就是 1G。1G 首先开创了蜂窝覆盖技术，系统的大容量化、信息传输的实时化、交换的自动化和程控化，为将来移动通信的发展打开了一个良好的局面。

移动通信技术发展到今天，已经不再局限于单一的通信模式，其中一个重要的标志就是网络化，移动通信与有线通信的结合构成了直接面向用户的移动通信网络。移动通信网络分为核心网和接入网两部分，移动网络主要扮演接入网的角色，提供给用户在移动中进行通信的可能性，如图 5-1 所示。目前，移动接入技术已经成为现代通信的一大热点问题。

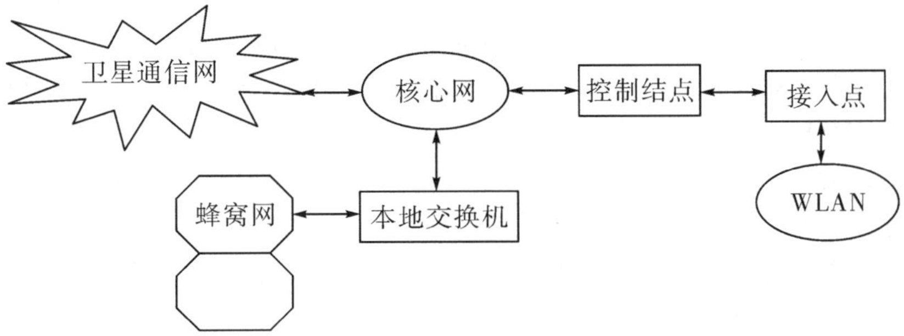

图 5-1　无线通信网络结构

二、移动通信技术相关术语

（一）GSM/2G 技术

由于半导体技术的不断进步，微波传输设备的改进位数字传输进入了移动通信领域。同时，随着时代的发展，人们对移动通信网络的传输质量、系统容量和覆盖面要求越来越高。第二代移动通信技术的代表标准有全球数字式移动通信系统 GSM 和码分多址技术 CDMA。

全球移动通信系统（global system for mobile communication，GSM）是 1992 年欧洲标准化委员会统一推出的标准，它采用数字通信技术、统一的网络标准。在 GSM 系统中，信号的传送方式和传统有线电话的方式相同，都是采用电路交换技术。这种技术使得通话两端在通话的整个过程中独占一条线路。GSM 的数据传输速率只有 9.6kbps，手机上网会十分慢，所以出现了通用分组无线业务（general packet radio service，简称 GPRS），是 GSM 移动电话用户可用的一种移动数据业务。

之后 GSM 即数字式移动电话系统开始迅速发展，与第一代模拟蜂窝通信技术相比，具有保密性强的特点，其频谱利用率高、能提供丰富的业务。GSM 相对于模拟移动通信技术是第二代移动通信技术，所以简称 2G。

20 世纪 80 年代中期开始，欧洲首先推出了 GSM 体系，随后，美国和日本也制订了各自的数字移动通信体制。其中，GSM 使得全球范围的漫游首次成为可能，是一个可互操作的标准，从而被广为接受：进一步，由于第二代移动通信以传输语音和低速数据业务为目的，所以从 1996 年开始，为了解决中速数据传输问题，又出现了 2.5 代的移动通信系统，如 GPRS（general packet radio service，通用分组无线服务技术）、EDGE（enhanced data rate for GSM evolution，增强型数据速率 GSM 演进技术）和 IS-95B。虽然这一阶段的移动通信主要提供的服务仍然是针对语音以及低速率数据的业务，但是由于网络的发展，数据和多媒体通信的发展势头很快，所以逐步出现了以移动宽带多媒体通信为目标的第三代移动通信。

（二）3G 技术

3G 是指第三代移动通信技术。相对于第一代模拟制式手机（1G）和第二代 GSM 数字手机（2G），3G 手机是将无线通信与互联网等多媒体通信结合的新一代移动通信系统。它能够处理图像、音乐、视频等多种媒体形式，支持高质量的话音、视频、分组数据、多媒体业务和多用户高速率通信，提供包括网页浏览、电话会议、电子商务等多种信息服务。为了提供这种服务，无线网络必须能够支持不同的数据传输速度，也就是说在室内、室外和行车的环境中能够分别支持至少 2M/s、384kbps 以及 144kbps 的传输速度。3G 技术为电子商务的发展创造了更加有利的条件。

国际电信联盟确定的第三代移动通信主流接口标准有 WCDMA，CDMA2000 和 TD-SCDMA。WCDMA 技术是欧洲的技术厂商和日本企业联合提出的，能够架设在现有的 GSM 网络上，对于网络运营商而言可以较容易普及且接受程度高。CDMA2000 这一标准由美国高通公司主导提出，摩托罗拉和韩国三星都有参与，韩国是该标准的主导者。TD-SCDMA 是第一个中国拥有完全自主知识产权的无线通信技术标准。该标准将智能无线、同步 CDMA 和软件无线电等技术融入其中，在频谱利用率、业务支持的灵活性及成本等方面具有独特的优势。

（三）CDMA 技术

码分多址（code-division multiple access，CDMA）是数字移动通信进程中出现的一种先进的无线扩频通信技术，它能够满足市场对移动通信容量和品质的高要求，具有频谱利用率高、话音质量好、保密性强、掉话率低、电磁辐射小、容量大、覆盖广等特点，可以大量减少投资和降低运营成本。CDMA 最早由美国高通公司推出，近几年由于技术和市场等多种因素作用得以迅速发展，目前全球用户已突破 5 000 万，我国也已全面开通了 CDMA 移动通信业务。

（四）4G 技术

随着数据通信与多媒体业务需求的发展，适应移动数据、移动计算及移动多媒体运作需要的第四代移动通信开始兴起。4G 在开始阶段是由众多自主技术提供商和电信运营商合力推出的，技术和效果也参差不齐。后来，国际电信联盟（ITU）重新定义了 4G 的标准，即符合 100Mbps 传输数据的速度。达到这个标准的通信技术，理论上都可以称之为 4G。对于第四代通信技术来说，并没有脱离以前的通信技术，而是以传统通信技术为基础，并利用了一些新的通信技术，来不断提高无线通信的网络效率和功能，其中包括信道传输，抗干扰性强的高速接入技术、调制和信息传输技术，高性能、小型化和低成本的自适应阵列智能天线，大容量、低成本的无线接口和光接口，系统管理资源；软件无线电、网络结构协议等。

第四代移动通信技术的主要特点：①数据速率从 2Mbps 提高到 100Mbps。②支持高速数据和高分辨率多媒体服务的需要。实现宽带多媒体通信，形成综合宽带通信网。③对全速移动用户能够提供 150Mbps 的高质量影像等多媒体业务。

（五）5G 技术

第一代移动通信技术（1G）到第四代移动通信技术（4G），主要是以人为中心，满足人们随时随地语音通话与上网的需求。然而当前的 4G 网络已经无法满足移动互联网及物联网快速发展的需求。为应对未来移动互联网及物联网发展带来的移动数据流量的爆发式增长，海量的终端连接，终端的多样化及不断出现的新应用场景，第五代移动通信技术（5G）应运而生。5G 将以人为中心的通信扩展到同时以人与物为中心的通信，将为社会的生活与生产方式带来巨大的变化。各个国家地区也都在 ITU-RWP5D 工作组提出了 5G（the fifth generation，第五代）移动通信系统的构想，在 IMT-Advanced 之后，ITU-R 已经针对名为 IMT-2020 的 5G 系统开始征集意见并开展相关的工作。

我国 5G 发展进入全面深入落实阶段。2016—2017 年，随着《“十三五”国家信息化规划》和《新一代人工智能发展规划》的发布，国家 5G 顶层设计基本完成。随后，各部委出台配套实施细则，政策逐步落地。2017 年 11 月，《国家发展改革委办公厅关于组织实施 2018 年新一代信息基础设施建设工程的通知》，对 5G 规模组网建设及应用示范工程设置了明确的指标；2018 年 5 月，《工业和信息化部 国资委关于深入推进网络提速降费加快培育经济发展新动能 2018 专项行动的实施意见》，提出加快宽带网络演进升级，推进 5G 技术产业发展。2018 年我国 5G 核心技术研发和标准制定取得突破。截至 2018 年 3 月，我国提交的 5G 国际标准文稿占全球的 32%，主导标准化项目占比达 40%，推进速度、推进质量均位居世界前列。2018 年 6 月，首个 5G 国际标准正式公布，我国企业多项技术方案进入国际核心标准规范。目前，全球统一的 5G 标准正在制定中，我国产学研各界积极参与国际电信联盟（ITU）、第三代合作伙伴计划（3GPP）等国际标准化组织的关键项目，充分体现了我国在该领域的技术研发创新活力。

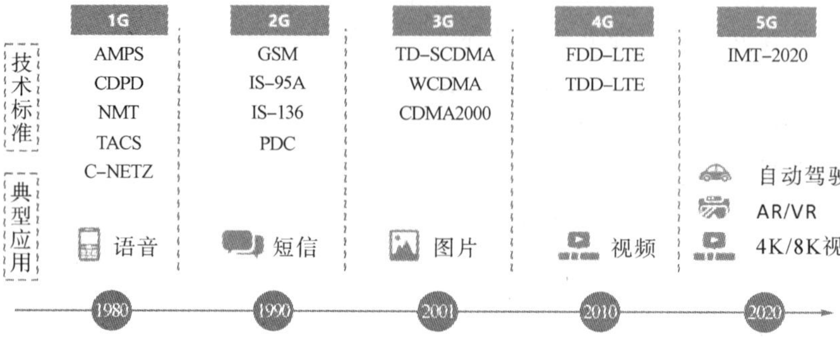

图 5-2　移动通信技术的发展历程

资料来源：艾瑞咨询：2019 年 5G 行业研究报告。

第二节　移动电子商务应用技术

一、蓝牙技术

（一）蓝牙技术概念

蓝牙（bluetooth）技术，实际上是一种短距离无线电技术，利用蓝牙技术，能够有效地简化掌上电脑、笔记本电脑和移动电话手机等移动通信终端设备之间的通信，也能够成功地简化以上这些设备与因特网 Intemet 之间的通信，从而使这些现代通信设备与因特网之间的数据传输变得更加迅速高效，为无线通信拓宽道路。说得通俗一点，就是蓝牙技术使现代一些能随身携带的移动通信设备和电脑设备，不必借助电缆就能联网，并且能够实现无线上因特网，其实际应用范围还可以拓展到各种家电产品、消费电子产品和汽车等信息家电，组成一个巨大的无线通信网络。

（二）蓝牙技术的特点

蓝牙技术属于一种短距离、低成本的无线连接技术，是一种能够实现语音和数据无线传输的开放性方案，因此，移动通信的“蓝牙”刚刚露出一点儿“芽尖”，就已经引起了全球通信业界和广大用户的密切关注。蓝牙技术产品是采用低能耗无线电通信技术来实现语音、数据和视频传输的，其传输速率最高为每秒 1Mb/s，以时分方式进行全双工通信，通信距离为 10 米左右，配置功率放大器可以使通信距离进一步增加。蓝牙产品采用的是跳频技术，能够抗信号衰落；采用快跳频和短分组技术，能够有效地减少同频干扰，提高通信的安全性；采用前向纠错编码技术，以便在远距离通信时减少随机噪声的干扰；运行于在全球范围开放的 2. 4G 赫兹 ISM 波段上；采用 FM 调制方式，使设备变得更为简单可靠；“蓝牙”技术产品一个跳频频率发送一个同步分组，每组一个分组占用一个时隙，也可以增至 5 个时隙；蓝牙技术支持一个异步数据通道，或者三个并发的同步语音通道，或者一个同时传送异步数据和同步语音的通道。蓝牙的每一个话音通道支持 64kbps 的同步话音，异步通道支持的最大速率为 721kbps、反向应答速率为 57.6Kbps 的非对称连接，或者 432.6Kbps 的对称连接。

二、红外技术

（一）红外技术概念

随着移动通信业务的需求不断增加、个人通信的兴起，无线接入技术已得到迅速发展。目前，主流的无线局域网移动通信技术的传输媒介包括微波、红外、无线电等技术。红外无线数字通信是一种采用红外线作为通信载体，可用于室内外以实现点对点及无线通信的技术。红外无线通信技术已用于语音、数据通信等领域，目前该技术正向高带宽、高速率的方向发展。红外无线数字通信可分为室内与室外通信两种类型，室外红外无线通信指人们所熟悉的空间红外（激光）无线通信，而室内红外无线数据通信则主要是近距离的无线接入。

由于红外线的波长较短，对障碍物的衍射能力差，所以更适合应用在需要短距离无线通信的场合，从而进行点对点的直线数据传输。目前应用红外线最广泛的通信技术为红外接口。IrDA 红外接口是一种红外线无线传输协议以及基于该协议的无线传输接口，它支持手机与电脑以及其他数字设备进行数据交流。通过红外接口，各类移动设备可以自由进行数据交换。

红外通信的实质就是对二进制数字信号进行调制与解调，以便利用红外信道进行传输，而红外通信接口就是针对红外信道的调制解调器。红外通信利用 950nm 近红外波段的红外线作为传递信息的媒体，即通信信道。红外通信的基本原理是发送端将二进制基带信号调制为一系列的脉冲串信号，通过红外发射管发射红外信号。

（二）红外通信技术的优点

（1）它是目前在世界范围内被广泛使用的一种无线连接技术，被众多的硬件和软件平台所支持；

（2）通过数据电脉冲和红外光脉冲之间的相互转换实现无线数据收发；

（3）主要用来取代点对点的线缆连接；

（4）新的通信标准兼容了早期的通信标准；

（5）可以进行小角度（30 度以内）、短距离、点对点直线数据传输，保密性强；

（6）传输速率较高。

（三）红外通信技术的缺点

由于红外采用的是无线信道，因此红外通信也有相应的局限性，具体表现为：

（1）通信距离短，视距直线传播，方向性强，不能穿过或绕过不透明物体。红外通信通常分为直射（light of sight，LOS）方式和漫射方式（diffuse）两种方式；

（2）目前广泛使用的 SIR 标准通信速率较低；

（3）主要用于取代线缆连接进行无线数据传输，功能单一，扩展性差。

（四）红外无线通信的应用

根据原理和特点，红外无线通信技术的应用范围包括：笔记本电脑、台式电脑和手持电脑；打印机、键盘鼠标等计算机外围设备；电话机、移动电话、寻呼机；数码相机、计算器、游戏机、机顶盒、手表；工业设备和医疗设备；网络接入设备，如调制解调器。

三、NFC（近场通信）技术

（一）NFC技术概述

NFC是一种近距离无线通信技术。NFC由非接触式射频识别及互联互通技术整合演变而成，在单一芯片上结合感应式读卡器、感应式卡片和点对点的功能，由索尼和飞利浦共同开发，可以在移动设备、消费类电子产品、个人电脑和智能控件工具间进行近距离无线通信。NFC提供了一种简单、触控式的解决方案，可以让消费者简单直观地交换信息。简单地说，也就是在手机中嵌入非接触卡，在短距离内与兼容设备进行识别和数据交换。这项技术最初只是RFID技术和网络技术的简单合并，现在已经演变成一种短距离无线通信技术，发展相当迅速。

NFC采用13.56MHz作为通信频率的近距离通信标准，与目前广为流行的非接触智能卡ISO14443所采用的频率相同，能在大约10em范围内建立设备之间的连接，传输速率可为106kbit/s、212kbit/s、424kbit/s，未来可提高到848kbit/s以上，所以移动支付市场是NFC技术所要主打的领域。2002年，NFC被批准成为ISO/IEC IS 18092国际标准，此后还被批准为EMCA-340标准与ETSI TS 102 190标准。

NFC支付系统需要具备这样一些组成部分：安全单元SE（secure element）负责确保支付系统的安全，SE可以固化在手机中也可以存在于SIM卡、SD卡这样的可拆卸装置中；NFC前端芯片通过连接的天线负责无线通信；OTA（over the air）空中下载控制部分负责对存储在SE中的NFC支付应用进行下载和管理。

NFC是一种非接触式识别和互联技术，可以在移动设备、消费类电子产品、个人电脑和智能控件工具间进行近距离无线通信。它将非接触读卡器、非接触卡和点对点（peer-to-peer）功能整合进一块单芯片，这是一个开放接口平台，可以对无线网络进行快速、主动设置，也是虚拟连接器，服务于现有蜂窝状网络、蓝牙等移动通信设备。

（二）NFC的特点以及应用

具有NFC芯片的手机，在防盗用方面比一卡通更具安全性。用户可以根据自己的需求，在需要使用刷卡功能时，通过开启软件设定密码，使用结束后可以及时关闭刷卡功能。如果手机不幸丢失，只要有设定密码，卡内的余额就不会被别人使用。据悉，用户能够直接在手机上进行余额查询，还可以通过中国移动的GPRS网络及相应的银行账户进行充值，随时读取交易记录，并浏览手机内的WAP站点，查询商户范围和商品信息。

与RFID一样，NFC信息也是通过频谱中无线频率部分的电磁感应耦合方式传递，但两者之间还是存在很大的区别。首先，NFC是一种轻松、安全、快速的无线连接技术，其传输范围比RFID小，RFID的传输范围可以达到几米、甚至几十米，但由于NFC采取了独特的信号衰减技术，相对于RFID来说，NFC具有距离近、带宽高、能耗低等特点。其次，NFC与现有非接触智能卡技术兼容，目前已经成为得到越来越多主要厂商支持的正式标准。再次，NFC还是一种近距离连接协议，能够提供各种设备间轻松、安全、迅速而自动的通信。与无线世界中的其他连接方式相比，NFC是一种近距离的私密通信方式。最后，RFID更多地被应用在生产、物流、跟踪、资产管理上，而NFC则在门禁、公交、手机支付等领域内发挥着巨大的作用。

同时，NFC还优于红外和蓝牙传输方式。作为一种面向消费者的交易机制，NFC

比红外更快、更可靠，而且简单得多，不用像红外那样必须严格地对齐才能传输数据。与蓝牙相比，NFC 面向近距离交易，适用于交换财务信息或敏感的个人信息等重要数据。蓝牙能够弥补 NFC 通信距离不足的缺点，适用于较长距离数据通信。因此，NFC 和蓝牙互为补充，共同存在。事实上，快捷轻型的 NFC 协议可以用于引导两台设备之间的蓝牙配对过程，促进了蓝牙的使用。

NFC 手机内置 NFC 芯片，组成 RFID 模块的一部分，即可以当作 RFID 无源标签使用——用来支付费用，也可以当作 RFID 读写器——用作数据交换与采集。NFC 技术支持多种应用，包括移动支付与交易、对等式通信及移动中信息访问等。通过 NFC 手机，人们可以在任何地点、任何时间，通过任何设备，与他们希望得到的任何娱乐服务与交易联系在一起，从而完成付款等。

NFC 技术支持多种应用，包括移动支付与交易、对等式通信及移动中信息访问等。

通过 NFC 手机，人们可以在任何地点、任何时间，通过任何设备，与他们希望得到的任何娱乐服务与交易联系在一起，从而完成付款、获取海报信息等。NFC 设备可以用作非接触式智能卡、智能卡的读写器终端以及设备对设备的数据传输链路，其应用主要体现在以下的几个方面：

1. 用于付款和购票

NFC 手机可作为乘车票，通过接触进行支付。目前中国一些大城市推行的一卡通通过使用载有信息的智能卡片与特定设备接触从而实现乘车票的支付。NFC 手机可以将车票内容保存在芯片中，从而实现瞬间购票。除了电子车票的应用之外，NFC 手机的使用范围还可以扩大到观光地点的入场券、住宿券等。

NFC 手机还可当作电子钱包，通过接触和密码确认进行支付。现在一些便利店都只有现金收款机设备，允许使用内置 NFC 功能的手机来付款将大大提高便利性，而手机购买积分或者手机购物抽奖的形式还能刺激用户消费。

2. 用于电子票证

作为电子入场券和钥匙的 NFC 手机，可通过接触完成认证。使用者只要通过手机上网下载电子票券，带着手机就可以入场。NFC 手机还可以当作公寓钥匙，只要将手机贴近门，就可以开锁，还可在大楼内设置一台多媒体终端，方便用户直接利用手机交付房租及水电费。

3. 用于智能媒体

智能媒体将成为手机下载的上端。例如，使用内嵌 NFC 卡的手机，只需要在智能媒体表面晃动即可下载票务信息、铃声和壁纸等。用户在智能海报旁闪动一下手机，就能从海报的智能芯片中下载关于该活动的信息。

4. 用于交换、传输数据

将两台支持 NFC 的设备进行连接，即可进行点对点的网络数据传输，例如下载音乐、交换图像或同步处理通信录等。现今的大多数手机都配备了蓝牙等相关功能，所以 NFC 可以充当启动设备，使电话之间的数据交换传输更加便捷。NFC 还支持多台手机间的多人游戏，允许用户与环境进行交互式通信，而无须浏览复杂的菜单或执行复杂的设置程序。

NFC 技术不仅会对传统的信用卡产生影响，而且还将取代传统的钥匙、员工身份识别卡、音乐会的门票等。银行的发卡方式也将改变，目前，万事达卡已经将信用卡数据通过移动网络传输装载于 NFC 手机中，从而节省了传统的发卡成本。

四、基于 WiFi 和 WiMax 的无线宽带技术

wifi 是无线保真（wireless fidelity）的缩写，其核心是 WLAN（WiFi 仅指 802. 11b，WLAN 则可分别采用 802. 11b 及 802. 11b+）。麦肯锡管理学家（Reed E. Hundt）指出，这是一项全新的技术，它能重新激发经济增长，而且可以帮助任何人在任何地方以低成本接入互联网。只要将一个便宜的 WiFi 基站（芯片加上收发器）与 DSL、光缆调制解调器或 T1 线路等高速互联网接入设备相连，并将该基站放置在离用户一定距离的范围内，则这一范围内的所有用户都能通过带有廉价的 WiFi 装置的手机或其他无线终端共享这一低价、高速的互联网接入服务，而无须分别支付专用 DSL 或光缆调制解调器较高的服务费用。另外，WiFi 能以低廉的价格轻而易举地将互联网互联互通的脉络延伸到任何社区，把信息流汇入高速光纤主干网络的各个端点。

建设无线宽带城域网络能在企业、学校、图书馆、医院、市民、外来访客和旅游者以及政府机构之间搭建一个能随时随地良性互动的和谐交互环境，提供方便快捷的、可支付得起的、丰富的、个性化的公共服务，并为城市经济发展提供新的商业机会。

第三节　移动电子商务的发展影响及主要应用

互联网的技术在不断更新，电子商务也在不断成熟，人们的消费意识也在不断变化，移动电子商务的发展将会有一个良好的平台，同时也会带动很多经济结构的改变。根据第 43 次《中国互联网络发展状况统计调查》，截至 2018 年 12 月，我国手机网民规模达 8. 17 亿，全年新增手机网民 6 433 万；网民中使用手机上网的比例由 2017 年年底的 97. 5%提升至 2018 年年底的 98. 6%，如图 5-2 所示。

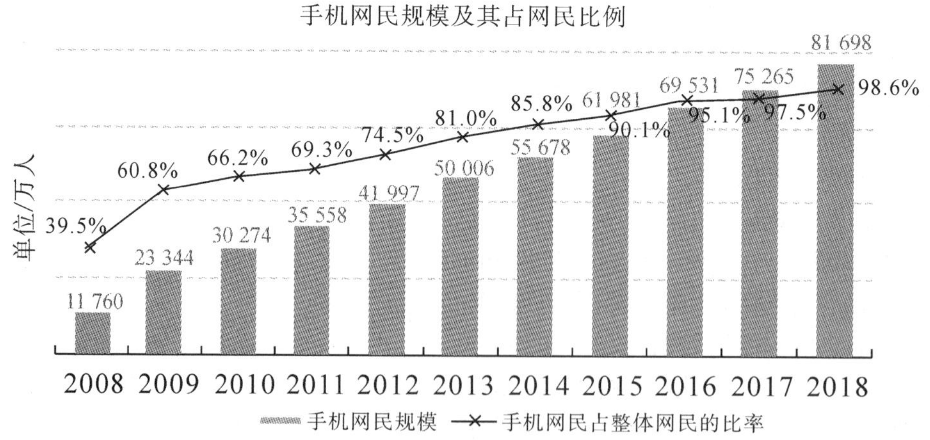

图 5-3　手机网民规模

一、移动电子商务的发展影响

（一）移动电子商务的发展将对运营商和企业产生重大影响

移动运营商和通信设备制造商将围绕移动互联网进行大肆宣传，因为他们已经在

数据通信设备和运营许可证上投入了巨额资金。这些公司将倾尽全力唤醒用户的意识，并且使他们接纳这一通信方式。随着大批商业应用服务投入运营，可以预见移动通信运营商会将其业务的销售对象从终端消费者转向企业用户，而那些能成功实现这一策略转变的运营商，不但可以赢得市场份额，而且可以提高其每个用户的收入。

（二）消费者使用移动设备主要是获取信息而不是进行事务处理和交易

对消费者来说，他们主要使用手机获取信息，如电子邮件、股票行情、天气、旅行路线和航班信息等。不过，尽管这些服务并不代表直接的商业机会，但是在电子商务的引导下，这些业务有助于构建客户关系，并且创造间接商业机会。

（三）移动电子商务的技术发展

移动电话中将集成嵌入式条形码阅读器，这为移动商务带来新鲜的风气。智能手持设备的显示屏将有所改善，但是表格输入和原始数据输入依然成问题，分辨率较高的显示屏以及具有条形码阅读功能会使移动设备增加用户的友善性。移动安全性将成为一个热点问题，随着人们开始逐渐接受采用移动设备接入互联网，同时也开始日益关注类似于PC机的安全性问题。当采用移动通信设备进行数据共享，以及移动设备功能的不断增加，这种安全性顾虑就更加突出。由于语音看起来是移动通信设备的最自然的接口，所以语言网络导航进入研究领域。不过采用语音方式接入互联网这一研究工作在近期内不会获得突破性进展，更不会投入商业应用中。

（四）从4G到5G业务给移动电子商务创造了发展机遇

1. 传输速度越来越快

从第一代的移动通信到现在的第四代，每一次的发展都使网络速度有很大的提升。在用2G、3G网络时，在人群密集的地方往往网速很慢，或者下载一张图片需要花很长的时间，而随着4G网络的部署，图片下载可以在几秒钟内完成。截至2016年5月底，中国的4G用户就已经达到5.8亿，4G用户占中国移动用户电话总用数户的44.6%。5G网络现在被实际应用还为时过早，据目前的一些消息可以看出，5G的传输速度将是目前4G的10~100倍，被称为“没有光纤的网络”，例如一部电影在4G网络下可能要十多分钟才能下载完毕，运用5G可能不到一分钟。

2. 消费、能耗更低、稳定性更高

通信技术的发展，使得移动网络的消费更低。第一代移动网络出现，其应用并不算广泛，其中一个原因就是在当时的消费水平下，其对于普通群众而言消费过高，而随着移动网络的发展，其费用一次比一次低，同时，其能耗也越来越低。目前4G可以实现50~100毫秒的延时，而5G时代的网络延时只有百万分之一秒，而且5G的网络可靠性不亚于光纤连接，因此其稳定性也会更高，不会出现在3G、4G网络的应用过程中，有时由于同时上网的人过多，网可能会断掉，从而影响使用的情况。

3. 应用更广泛

移动通信正在成为我国推动经济发展的新驱动力，如移动购物、移动支付、移动医疗、移动游戏等。其中移动购物是主要的驱动力，目前移动通信的市场规模已经迎来起高峰期，但未来还会持续走高。华为运营总裁丁耘表示“5G将为运营商带来巨大的商业潜能”，也提出了5G十大最具潜力的应用场景：云VR/AR、车联网、智能制造、智慧能源、无线医疗、联网无人机、社交网络、无线家庭娱乐、智慧城市、个人AI助手，可以说都与人类生活息息相关，也将给生活带来更多的便利。5G技术将使用

3GHz 和 6GHz 的高频段，使无线覆盖范围更广。未来，自动驾驶汽车、无人机应用和远程医疗等应用均需要基于 5G 的海量数据流通、低时延通信。借助具备传感器和连接功能的低成本、长续航模块，5G 技术也将对智慧城市建设和城市基础设施建设起到关键作用。

二、移动电子商务技术主要应用

移动通信终端作为一种工具，已经成为我们工作和生活不可或缺的组成部分。随着移动通信终端和网络技术的发展，以及产业融合的不断深入，移动通信终端还将会融合越来越多的功能，在更多的领域发挥更大的作用。

由第 43 次《中国互联网络发展状况统计报告》，截至 2018 年 12 月，网络视频、网络音乐和网络游戏的用户规模分别为 6. 12 亿、5. 76 亿和 4. 84 亿，使用率分别为 73. 9%、69. 5%和 58. 4%。各大网络视频平台注重节目内容质量提升，自制内容走向精品化。网络音乐企业的版权合作不断加深，数字音乐版权的正版化进程显著加快。越来越多的游戏公司开始侧重海外业务，国产游戏在海外市场的影响力进一步扩大。短视频用户规模达 6. 48 亿，用户使用率为 78. 2%，随着众多互联网企业布局短视频，市场成熟度逐渐提高，内容生产的专业度与垂直度不断加深，优质内容成为各平台的核心竞争力。

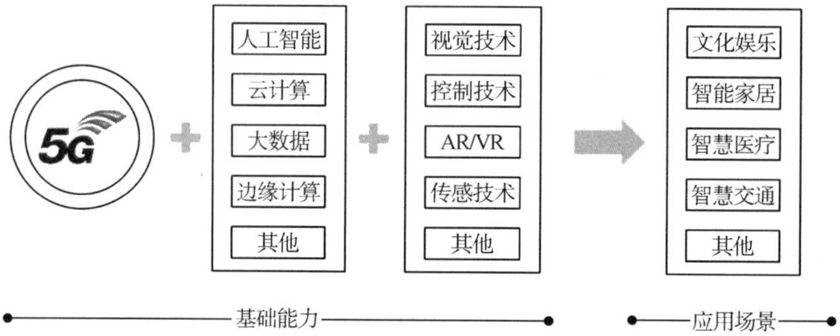

图 5-4　多技术融合推动 5G 应用场景发展

资料来源：艾瑞咨询：2019 年 5G 行业研究报告。

移动电子商务几种特色应用如下：

（一）移动金融服务

无线通信技术的飞速发展使用户能够以更低的价格获得更大的带宽。无线通信技术正在快速进入使用阶段，并且深入社会各个领域，给整个社会带来巨大的变革，使社会经济生活的运作模式和发展模式发生很大变化。其中，金融业作为应用新技术的先锋，与移动电子商务技术相结合，实现了“移动金融”的典型应用。移动金融应用主要包括移动支付、移动银行、移动证券、移动保险等多种典型的业务。

移动电子商务使用户能随时随地在网上安全地进行个人财务管理，进一步完善了因特网银行体系。用户可以使用其移动终端核查其账户、支付账单、进行转账以及接收付款通知等。典型应用是手机银行又称移动银行，是利用移动电话办理有关银行业务的简称。它可以认为是金融机构借助移动通信运营商的新技术平台开展的一种“便民业务”。

1. 手机钱包

作为银行系统与中国移动共同推出的一项服务，手机钱包以储蓄卡账户为资金支持，手机为交易工具，将客户的储蓄卡账户和手机号码绑定，通过层层加密的技术手段，实现购物消费、代缴费、转账、退货以及账户余额和话费余额查询等功能。中国移动手机钱包业务目前开放的范围为北京全球通客户。

2. 随 e 行

你只需在笔记本电脑或掌上电脑（PDA）中插入 GPRS 网卡和专用的数据 SIM 卡，不依靠任何其他外部设备，即可实现无线上网，让互联网随身而行。没有线路接来接去的麻烦。“随 e 行”实现了无线上网。目前全国大部分城市开通了“随 e 行”业务。

（二）移动交易

移动电子商务具有即时性，因此非常适用于股票等交易。移动设备可用于接收实时财务新闻和信息，也可确认订单并安全地在线管理股票交易。如移动股市服务是用户通过手机可以随时随地查询价格和股市行情，并进行股票交易。移动股市提供中文菜单界面，您只需滚动选择，就能完成多项操作，包括行情查询、到价提示、股票交易、交易信息保存及查询等。

（三）移动订票

通过因特网预订机票、车票或入场券已经发展成为一项主要业务，其规模还在继续扩大。因特网有助于方便核查票证的有无，并进行购票和确认。移动订票这种服务可以通过定位技术将距离手机用户最近的餐馆、电影院或者戏院的消息发送到移动手机上，用户通过手机订电影票或者就餐消费。移动电子商务使用户能在票价优惠或航班取消时立即得到通知，也可支付票费或在旅行途中临时更改航班或车次。借助移动设备，用户可以浏览电影剪辑、阅读评论，然后订购邻近电影院的电影票。

（四）移动购物

借助移动电子商务，用户能够通过其移动通信设备进行网上购物。即兴购物会是一大增长点，如订购鲜花、礼物、食品或快餐等。传统购物也可通过移动电子商务得到改进。例如，用户可以使用“无线电子钱包”等具有安全支付功能的移动设备，在商店里或自动售货机上进行购物。

（五）移动娱乐

移动电子商务将带来一系列娱乐服务。用户不仅可以从他们的移动设备上收听音乐，还可以订购、下载或支付特定的曲目，并且可以在网上与朋友们玩交互式游戏，还可以游戏付费，并进行快速、安全的博彩和游戏。通过手机可以参与赌博、彩票、赌马、体育运动赌博等各方面的活动。目前各类彩票在很多国家已经合法化，而国家是否允许其他类别的赌博性质的活动是影响这类业务发展规模的最大因素，目前中国体育彩票的大范围推广为这种业务的成功打下了良好的基础。

（六）无线医疗（wireless medical）

医疗产业的显著特点是每一秒钟对病人都非常关键，因此这一行业十分适合移动电子商务的开展。在紧急情况下，救护车可以作为进行治疗的场所，而借助无线技术，救护车可以在移动的情况下同医疗中心和病人家属建立快速、动态、实时的数据交换，这对每一秒钟都很宝贵的紧急情况来说至关重要。在无线医疗的商业模式中，病人、医生、保险公司都可以获益，也会愿意为这项服务付费。这种服务是在时间紧迫的情形下，向专业医疗人员提供关键的医疗信息。由于医疗市场的空间非常巨大，并且提供这种服务的公司为社会创造了价值，同时，这项服务又非常容易扩展到全国乃至世界，我们相信在这整个流程中，存在着巨大的商机。

（七）移动保险

移动信息工具在保险行业的应用为保险产业带来了直接的效益，因此移动应用在保险行业中已经得到了广泛的应用。借助先进的移动通信技术，移动保险业务可以覆盖客服信息发布、核保、投保、保险理赔等保险业务的全过程。一套使用方便、终端携带方便、获取信息及时、实现现场办公和全面客户相关性分析的移动保险业务解决方案，不仅极大地提高了工作效率，而且可以及时获取根据专家意见定制的客户分析结果，有针对性地展开保险业务和客户服务。

此外，保险业的解决方案还可使客户在第一时间了解保险公司政策和产品的动向，采用摄像头、照片、短信等方式记录事故现场的各项信息并通过手机上传到公司等成为可能，大大提高了保险公司的办公效率，改善了客户体验，从而提高了客户忠诚度。

（八）移动定位服务

移动定位服务是通过电信移动运营商的无线电通信网络（如 GSM 网、CDMA 网）或外部定位方式（如 GPS）获取移动终端用户的位置信息（地理坐标或大地坐标），在 GIS 平台的支持下，为用户提供相应服务的一种增值业务。移动定位服务包括两层含义：首先是确定移动设备或用户所在的地理位置，其次是提供与位置相关的各类信息服务以及与定位相关的各类服务系统。移动电子商务基于定位的一系列服务包括紧急救援、车队管理、交通远程信息处理、车辆救援、自动收费站、票务、财产追踪、储运增值器、特定位置广告、选择性大众广播和基于位置的收费。

（九）移动旅游服务

在移动电子商务的时代，用户要求的是即时即地的服务，那么服务提供者必须具有第一时间、第一地点的反应能力。以移动服务中的旅游业为例，如果用户身处陌生环境，那么其临时需求往往多是与衣食住行有关，而想要获得更准确的相关信息，这时就需要定位服务为用户锁定信息查询范围，提供用户所在区域附近的旅游景点、住宿餐饮、交通路线、商店、医院等公共设施位置信息。

（十）移动广告

对于企业来说，运营商通过位置服务可以赚取特定位置广告费，因为他们了解用户所在位置、用户个人档案信息或细分渠道。如果商家能即时了解移动用户所处的位置、偏好或上网习惯，那么他们就可以将面向特定用户的广告登记处发送到无线设备上。目前，安全管理系统（SMS）和电子邮件是把广告发送到手机使用的主要技术。随着可用的无线宽带越来越多，包括音频、图片、视频片段等内容丰富的广告将针对特定用户的需求、兴趣和倾向生成。

思政园地

2019 年 11 月，国家计算机病毒应急处理中心近期开展电商平台整治行动，发现多款电商平台 App 存在隐私不合规行为，违反《中华人民共和国网络安全法》相关规定，涉嫌超范围采集个人隐私信息。这些移动应用存在未经用户同意收集个人隐私信息、未向用户明示申请的全部隐私权限两方面不合规现象，相关 App 包括楚楚街、返利、微店、转转等。

技能实训

实训一：移动商务所使用的技术。

任务要求：通过网上调查、调研，总结移动商务所使用的技术包含了哪些？分析每一种技术分别实现的功能。

实训二：组建 WiFi 热点的方法。

任务要求：了解组建 WiFi 热点几种不同的方法，并能成功完成组建 WiFi 热点，完成上网工作。

实训三：二维码制作。

任务要求：能够生成（制作）二维码，掌握不同的制作软件，要求制作的二维码应该能引起用户关注和兴趣。以某企业为例，为企业设计一张创意十足、富有个性的二维码图片。

第六章 电子商务支付技术

■学习要点及目标

了解电子商务支付体系及基本功能，熟悉电子支付技术。

■技能目标

能够正确使用网上银行在线支付，能够使用微信、支付宝进行支付，并能使用其他服务。

■思政目标

培养爱国主义思想、民族自豪感。

■案例

顺丰“嘿客”

2014年6月7日上午，杭州城西银泰城附近的小区旁新开了一家便利店名叫“嘿客”。在店里转上一圈，就会发现该店没有满货柜的饮料零食，取而代之的是两台超大尺寸的选购下单的屏幕，以及一排可供手机扫码下单虚拟商品，食品、服饰、母婴、数码、家电统统都在其中。

没错，这就是顺丰开出的首批社区便利店。2014年6月7日，杭州同时有8家“嘿客”试运营，顺丰杭州地区的相关负责人表示。

“嘿客”的名字很拟人化，朗朗上口也容易记。“嘿”字左边的口偏旁很小，乍一看还真以为是黑客。顺丰杭州相关负责人解释，在互联网思维之下，有趣与幽默感不能少。

家住昆仑橡树园的秦女士一进店就懵了，仿佛来到了一家可触网络商店。“如果要买来自新疆的兵团天山鸡，在看了详细视频介绍后，可到店中央的电子屏幕处点击下单，可网络支付也可现金支付。”在店员进行一对一讲解后，秦女士总算有些明白了，这就类似于英国最大的O2O电商Arogs，在店内的海报、二维码墙上放置虚拟商品，再通过手机扫码或者店内网络下单购买，之后顾客可以选择门店自提，也可选择送货上门。

（资料来源：龚辉. 最新电子商务实用技术［M］. 广州：华南理工大学出版社，2015.）

第一节　电子支付体系的基础

一、电子支付的概述

（一）电子支付定义

电子支付指以金融电子化网络为基础，以商用电子化工具和各类交易卡为媒介，以现代计算机技术和通信技术为手段，通过网络系统以电子信息传递的形式来实现资金的流通和支付。

在普通的电子商务中，电子支付表现为消费者、商家、企业、中间机构和银行等通过Intemet所进行的资金流转，主要通过信用卡、电子支票、电子现金等方式来实现。

在全球电子商务发展浪潮中，作为电子商务关键环节的电子支付与结算，愈发显示出其重要性。它是金融电子化中电子银行和互联网银行构建的核心问题。Worldpay发布的《2018年全球支付报告》显示，2018年全球电子商务中使用电子钱包的支付方式占比约达到36%，到2022年预计达到47%；而全球销售点支付的方式中，2018年现金仍占比最高，借记卡将逐渐取代现金成为销售点的主要支付方式，而电子钱包支付比例预计在2022年能达到28%，仅次于借记卡，现金的支付方式的比例则下降到17%，如图6-1所示。

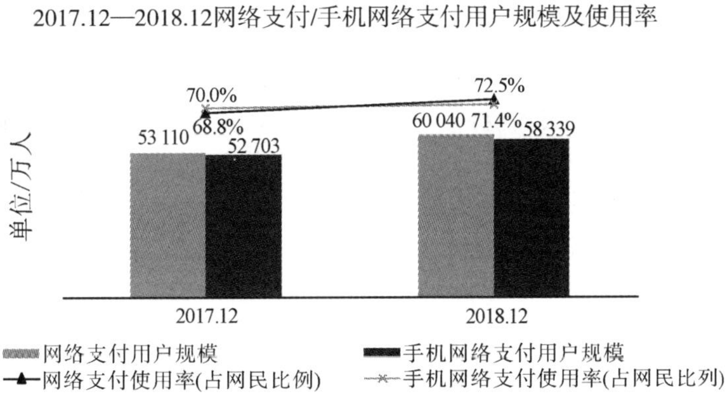

图6-1　网络支付规模

以互联网为代表平台的电子支付与结算方式是伴随互联网应用的普及、电子商务的开展而逐渐研发出来的，其与电子商务一样，是一个新生事物，它依赖于国家电子银行系统的建设与应用水平。

第43次《中国互联网络发展状况统计报告》显示，截至2018年12月，我国手机网络支付用户规模达5.83亿，年增长率为10.7%，手机网民使用率达71.4%。线下网络支付使用习惯持续巩固，网民在线下消费时使用手机网络支付的比例由2017年年底的65.5%提升至67.2%。在跨境支付方面，支付宝和微信支付已分别在40个以上国家和地区合规接入；在境外本土化支付方面，我国企业已在亚洲九个国家和地区运营本土化数字钱包产品。

电子银行和互联网银行的核心是电子支付与结算，电子银行与互联网银行的电子支付与结算过程涉及客户、商家、银行或其他金融机构、商务认证管理部门之间的安全商务互动。随着电子商务时代的到来，Internet上的支付问题愈显突出，广泛采用电子支付技术和手段已势在必行。从技术上看，它涉及用户与银行等金融部门的交互和接口；从交易上看，它连接着支付方、收款方、银行以及电子支付服务商等众多电子商务主体。

（二）电子支付的特点

相比于传统支付结算时普遍使用的“一现三票一卡”（现金、发票、本票、汇票和信用卡）方式，以互联网为主要平台的网上支付结算方式表现出更多的优点和特征，具体如下：

1. 开放性

电子支付的工作环境是基于一个开放的系统平台（Internet）之中；传统支付则是在较为封闭的系统中运作。可见，传统支付结算方式是通过纸质现金的流转、纸质票据的转让和银行的汇兑等物理实体的流转来完成款项支付，需要在较为封闭的系统中运行，大多需要面对面处理。而电子支付的工作基于一个开放的系统平台如互联网平台，互联网应用的特点就是兼容性强，对软、硬件设施的要求并不是很高，联网与应用均十分简便。

2. 数字化

电子支付是采用先进的技术通过数字流转来完成信息传输的，其各种支付方式都是采用数字化的方式完成款项支付结算。

3. 先进、安全性

电子支付使用的是最先进的通信手段，如Internet、Extranet；传统支付使用的则是传统的通信媒介。现在普遍采用的无线上网WiFi技术、移动通信技术更是使上网快捷、方便、高效，互联网运用环境得到很大的改善，从而带动了互联网支付进入质的飞跃。支付的安全性是保护买卖双方不会被非法支付和抵赖，一致性是保护买卖双方不被冒名顶替。网上支付系统和现实的交易情况基本一致，而网上支付协议充分借用了尖端加密与认证技术，其设计细致、安全、可靠。所以，网上支付远比传统的支付结算更安全可靠。

4. 方便、快捷、高效、经济

电子支付具有方便、快捷、高效、经济的优势，用户只要拥有一台上网的个人电脑或移动终端设备（如智能手机等），便可足不出户，在很短的时间内完成整个支付与结算过程。电子支付费用仅为传统方式的几十分之一，甚至几百分之一。与传统的支付方式，由于票据传递迟缓和手工处理的手段落后，形成大量在途资金，无法做到银行间当天结算，因而交易双方的资金周转速度很慢。网上支付系统可以直接将钱打到收费者的银行账号上，这比通过邮寄或第三方转款大大缩短了付款时间，提高了资金的周转率和周转速度，既方便了客户，又提高了商家的资金运作效率，也方便了银行的处理。

随着电子商务的蓬勃发展，电子货币和网上支付的发展已经呈加速趋势。电子支付和电子货币的出现使得在全球范围内统一货币成为可能，货币的统一将进一步推动全球经济的一体化进程，货币交换速度的提高也将加快社会经济的增长速度。

二、电子支付体系的基本构成

银行卡的出现、计算机技术的发展和各种电子资金转账（electronic found transfer, EFT）的建立和推广，促使纸币发展为电子货币，通过资金流和信息流这两种电子信号流将资金支付活动的双方有机地联系起来，形成了各种电子支付系统。电子支付的体系就是融购物流程、支付与结算工具、安全技术、认证体系、信用体系，以及现在的金融体系为一体的综合大系统。电子支付体系的基本构成如图 6-2 所示。

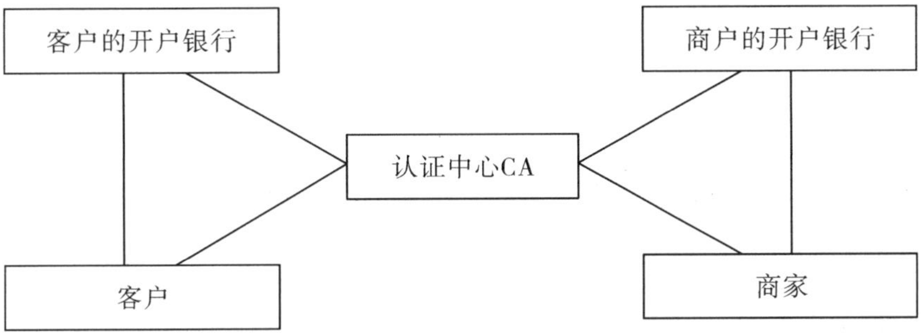

图 6-2　网络支付体系的基本构成

电子支付体系的基本构成中，客户与商家分别代表在网上开展商务交易的双方，即买方与卖方；客户的开户银行，表示网上寻求商品服务的客户在其中有资金账号的某金融机构，它主要指银行，称为支出行或付款行；商户的开户银行，表示商家在其中有账号的某金融机构，主要指银行，称为接收行；认证中心 CA 的功能，可以说是网上商务各方进行商务活动的第三方公证机构，且向商务各方发放、验证各种认证安全工具，如标识网上交易者真实身份的 X. 509 数字证书（由国际电信联盟，即 ITU-T 制定的数字证书标准）及其中携带的公开密钥信息。现阶段，某些接收行为促进电子商务网上支付与结算的开展，也可能设置自己的注册机构，由注册机构向在本银行开设账户的商家发放数字证书，商家可向客户出示这个数字证书，用来说明商家是合法的。当然，认证机构和注册机构的工作应当是协调的。

（一）构成要素

基于互联网公共网络平台的电子商务电子支付体系的基本构成，如图 6-3 所示，其中主要涉及七大构成要素。

1. 客户

客户指在互联网上与某商家或企业有商务交易关系并且存在未清偿的债权、债务关系（一般是债务）的一方。客户用自己拥有的网上支付工具（如银行卡、信用卡、电子钱包、电子支票等）发起支付，它是网上支付体系运作的原因和起点。

2. 商家

商家是拥有债权的商品交易的另一方，可以根据客户发起的支付指令向中介的金融体系请求获取货币给付，即请求结算。商家一般设置专门的后台服务器来处理这一过程，包括协助身份认证及不同电子支付工具的处理。

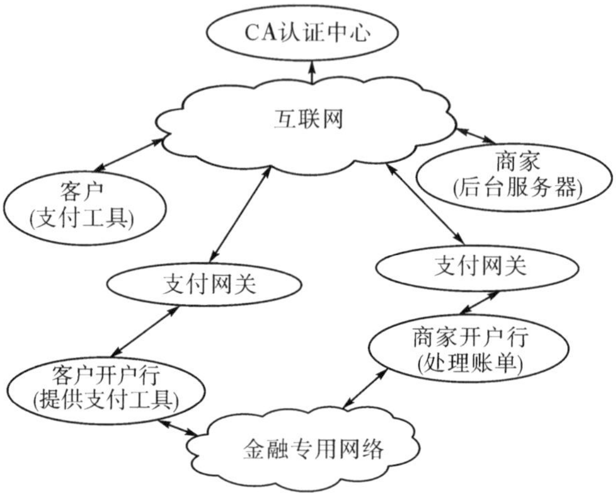

图 6-3　电子支付体系的基本组成

3. 客户开户行

客户开户行指客户在其中拥有资金账户的银行。客户所拥有的电子支付工具主要是由开户银行提供的。客户开户行在提供网上支付工具的时候，同时提供一种银行信用，即保证支付工具是真实并可兑付的。在利用银行卡进行网上支付的体系中，客户开户行又被称为发卡行。

4. 商家开户行

商家开户行指商家在其中开设资金账户的银行，其账户是整个支付结算过程中资金流向的地方或目的地。商家将收到的客户支付指令提交其开户行后，就由开户行进行支付授权的请求，以及进行商家开户行与客户开户行之间的清算等工作。商家开户行是依据商家提供的合法账单（客户的支付指令）来工作的，因此又称为收单行或接收行。

5. 支付网关

支付网关的英文名为 Payment Gateway，是互联网公用网络平台和银行内部的金融专用网络平台之间的安全接口，网上支付的电子信息必须通过支付网关进行处理后才能进入安全的银行内部支付结算系统，进而完成安全支付的授权和获取。支付网关的建设关系着整个电子支付结算的安全及银行自身的安全，关系着电子商务支付结算的安排及金融系统的风险，必须十分谨慎。相对来说，作为网络平台的互联网，其公共信息存在不安全性。在电子商务交易过程中，网络平台上同时传输两种电子信息，即交易信息与支付信息，必须保证这两种电子信息在网络传输过程中不能被无关的第三者阅读，包括商家也不能看到其中客户的支付信息（如客户信用卡卡号、授权密码等），而银行不能看到商务两者其中的交易信息（如商品种类、商品总价等），以保护客户及商家商业交易的隐私。这就要求支付网关必须由商家以外的第三方银行或其委托的信用卡发行机构来建设。不过，支付网关这个网络结点也不能分析通过的交易信息。支付网关对送来的双向支付信息也只是起保护与传输的作用，即这些保密数据对网关而言是“透明”的，而无须网关进行一些涉及数据内容级的处理。

6. 金融专用网络

金融专用网络是银行内部及银行间进行通信的专用网络，它不对外开放，因此具有很高的安全性。如前面提过的中国国家金融通信网，其上运行着中国国家现代化支付系统、中国人民银行电子联行系统、工商银行电子汇兑系统、银行卡授权系统等。目前，中国传统商务中的电子支付与结算应用如信用卡 POS 系统支付结算、ATM 机资金存取、电话银行、专业 EFT 系统等，均运行在金融专用网上。银行的金融专用网发展迅速，虽然不能直接为基于互联网平台的电子商务进行直接的支付与结算，但是它为逐步开展电子商务提供了必要的条件。归根结底，金融专用网络是电子商务网上支付互联网平台的一部分。

7. CA 认证中心

CA 认证中心是网上商务的准入者和市场的规范者，它与传统商务中工商局的作用有点类似，是一个第三方的公证机构。它主要负责为互联网上参与网上电子商务活动的各方（包括客户、商家、支付网关、银行）发放与维护数字证书，以确认各方的真实身份，也发放公共密钥及提供数字签名服务的支持等，保证电子商务支付结算的安全与有序进行。

除以上七大构成要素外，在电子商务网上支付系统的构成中，还应该包括在网上支付时使用的网上支付工具及遵循的支付通信协议，即电子货币的应用过程。其中经常被提及的网上支付工具有银行卡、电子现金、电子支票等。支付通信协议主要指支付的安全通信与控制模式，如 SSL 模式与 SET 模式等。

（二）技术支持

包括电子支付在内的电子支付是一种通信频次大、数据量不定、实时性要求较高、分布面很广的电子通信行为，因此电子支付的网络技术支持平台通常是交换型、通信时间较短、安全保密性好且稳定可靠的通信平台，它必须面向全社会，对所有公众开放。

电子支付的常见网络平台有电话交换网 PSTN、公用数据网、专用数据网、EDI 专用网络平台以及近年发展起来的互联网等。最早的电子支付网络平台主要有 PSTN、X. 25 和 X. 400 网络等，后来出现了 X. 435、X. 500 等网络平台。随着网络时代的到来，这些网络的普及面及速度都明显跟不上当前业务发展的需要，特别是不能支撑以互联网为平台的电子商务下电子支付结算的需要。

目前，支撑电子支付的网络平台主要有两类平台：一类是传统成熟的 EDI 专用电子支付平台，另一类是大众化网络平台——互联网，它们各有优缺点和应用环境。随着互联网在全社会各行各业的大规模普及应用，加上其方便快捷、多媒体、互动性强以及经济的应用特点，大众化网络平台——互联网已成为电子支付平台的发展趋势。EDI 正从专用网络逐渐向互联网转移，如 Web-EDI 的发展就是支付平台的关注热点，也体现出上述两个平台的融合趋势。

三、电子支付的基本功能

虽然网上电子支付体系的基本构成和方式在不同的环境中不尽相同，但安全、有效、方便、快捷是所有电子支付方式或工具追求的共同目标。对于一个实用的电子支付与结算系统而言（可能专门针对一种电子支付方式，也可能兼容几种电子支付方式），它至少应该具有以下七种基本功能：

（一）防止支付欺诈

使用数字签名和数字证书等实现对网上商务各方的认证，以防止支付欺诈。为实现网络交易与支付的安全性，对参与网络贸易的各方身份的有效性进行认证，通过认证机构或注册机构向参与各方发放数字证书，以证实其身份的合法性。例如，防止一些网上黑店利用互联网的漏洞来骗钱，如有不法分子利用工商银行的名义在网上骗取用户资金账号的使用密码。

（二）密码保护

使用较为尖端的加密技术，对相关支付信息流进行加密可以采用单密钥体制或双密钥体制进行信息的加密和解密，可采用数字信封、数字签名等技术加强数据传输的保密性与完整性，防止未被授权的第三者获取信息的真正含义。例如，防止网络信用卡密码被黑客破译窃取。

（三）识别真伪性

使用数字摘要（数字指纹）算法确认支付电子信息的真伪性，防止伪造假冒等欺骗行为为了保护数据不被未授权者建立、嵌入、删除、篡改、重放等，完整无缺地到达接收者一方，可以采用数据杂凑技术（Hash 技术）。

（四）解决纠纷

当网络交易双方出现纠纷，特别是有关支付结算的纠纷时，系统能够保证对相关行为或业务的不可否认性。网上支付系统必须在交易的过程中生成或提供足够充分的证据来迅速辨别纠纷中的是非，可以用数字签名等技术来实现。

（五）处理多边支付

处理网络贸易业务的多边支付问题，支付结算牵涉客户、商家和银行等多方，传送的购货信息与支付指令信息还必须连接在一起，因为商家只有在确认了某些支付信息后才会继续交易，银行也只有在确认支付指令后才会提供支付。为了保证安全，商家不能读取客户的支付指令，银行不能读取商家的购货信息，这种多边支付的关系能够借用系统提供的诸如双重数字签名等技术来实现。

（六）业务处理简单、方便、透明

整个电子支付结算过程对网络贸易各方，特别是对客户来讲，应该是方便易用的，手续与过程不能太烦琐，大多数支付过程对客户与商家来讲应是透明的。

（七）保障支付效率

保证电子支付结算的速度，即应该让商家与客户感到快捷，这样才能体现电子商务的效率，发挥网上支付结算的优点。

第二节　移动支付技术

一、移动支付的概念

移动支付是指用户通过手机、PDA 等移动终端进行付费的一种方式。移动支付按照支付地点远近可分为近距离支付（又称 F2F 支付，即 face to face）和远距离支付。不同地点的支付，其技术实现方式也不相同。远距离移动支付的主要技术实现方式有 SMS、WAP、IVR、Kjava/BREW、USSD（unstructured supplementary service data，非结构化补充服务数据业务）等；近距离移动支付的主要技术实现方式有红外、NFC（近距离非接触智能芯片）等。

二、移动支付技术的发展

我国的移动支付技术前后经历了三个发展阶段。

第一阶段是将手机短信与后台账户捆绑在一起的支付模式。它主要是将用户的手机号和后台中用户的支付账号进行关联，从而来完成支付过程。虽然这种支付方式使用门槛很低，但是存在安全性欠缺、操作烦琐复杂、无法即时支付等问题。

第二阶段则是基于 WAP 和 Java 方式，利用移动终端的客户端或 WAP 浏览器，通过 GPRS 或 cdma20001X 网络进行支付。这种方案既可以采用后台账户绑定模式，也可以采用在支付过程中记录账户信息的模式，如让用户输入银行卡号和密码。这种移动支付模式与第一代移动支付有同样的缺点，还受到网络速度的制约。

第三阶段是一种非接触式移动支付模式。目前已经有 NFC、SIMpass 以及 RFSIM 三种比较成熟的技术，NFC 和 SIMpass 使用 13. 56 MHz 频率，该频率和协议已经广泛地在交通、金融等多个行业应用，是世界公认的标准。RFSIM 技术是将包括天线在内的 RFID 射频模块与传统 SIM 卡功能集成在一张 SIM 卡上，在实现普通 SIM 卡功能的同时也能通过射频模块完成各种移动支付。我国移动支付技术前后经历了两次升级，目前正在走向第三阶段。

从技术和应用上来讲，这三种支付方式仍然有优缺点。例如，使用 SIMpass 不用更换手机，运营商项目启动的成本小，但是占用了用于 OTA 业务的 C4/C8 接口，只具备被动通信模式，不具点对点通信功能，而且产业链单薄；NFC 具有工作稳定、支持主/被动通信模式、支持点对点通信、支持高加密、高安全性、产业链完整等特点，但是用户需更换手机，推广成本高；RFSIM 更容易让运营商控制产业链，且用户使用门槛低，但是采用 2. 4GHz 通信频率，推广的难度会较大。

三、移动支付方法

（一）短信支付

手机短信支付是手机支付的最早应用，将用户手机 SIM 卡与用户本人的银行卡账号建立一种一一对应的关系，用户通过发送短信的方式在系统短信指令的引导下完成交易支付请求，操作简单，可以随时随地进行交易。手机短信支付服务强调了移动缴费和消费。

（二）扫码支付

扫码支付是一种基于账户体系搭起来的新一代无线支付方案。在该支付方案下，商家可把账号、商品价格等交易信息汇编成一个二维码，并印刷在各种报纸、杂志、广告、图书等载体上发布。用户通过手机客户端扫描二维码，便可实现与商家支付宝账户的支付结算。最后，商家根据支付交易信息中的用户收货、联系资料，就可以进行商品配送，完成交易。

（三）指纹支付

指纹支付即指纹消费，采用目前已成熟的指纹系统进行消费认证，即顾客使用指纹注册成为指纹消费折扣联盟平台会员，通过指纹识别即可完成消费支付。

（四）声波支付

声波支付是利用声波的传输，完成两个设备的近场识别。其具体过程是，在第三方支付产品的手机客户端里，内置有“声波支付”功能，打开此功能后，用手机麦克风对准收款方的麦克风，手机会播放一段包含有支付信息的声波，在接收到声波后完成支付。

（五）刷脸支付

刷脸支付是基于人工智能、机器视觉、3D 传感、大数据等技术实现的新型支付方式，具备更便捷、更安全、体验好等优势。根据艾媒咨询发布的《2019 中国刷脸支付技术应用社会价值专题研究报告》，2018 年中国刷脸支付用户达 0. 61 亿人，在支付平台积极推动刷脸支付发展的情况下，2019 年刷脸支付用户有望增至 1. 18 亿人，并保持高速增长，预计 2022 年将突破 7. 6 亿人。

中国人民银行发布了 2018 年支付业务统计数据，随着支付宝、微信支付、百度钱包等第三方支付机构对日常消费场景的不断覆盖，2018 年支付业务统计数据显示，2018 年的网上支付业务为 570. 13 亿笔，金额为 2 126. 30 万亿元，同比分别增长 17. 36%和 2. 47%；全国银行业金融机构共办理非现金支付业务 2 203. 12 亿笔，金额 3 768. 67 万亿元，同比分别增长 36. 94%和 0. 23%。

第三节　电子支付系统的发展和应用

我国金融电子化与信息化虽然起步较晚，但起点较高，发展和应用均很快，并且存在着实现跨越式发展的机会。虽然包括电子支付方式在内的电子支付方式的应用还不尽如人意，与发达国家存在较大差距，但是毕竟在快速发展中。自 20 世纪 90 年代以来一系列电子化与信息化工程的实施（如“三金工程”“金网工程”），以及中国国家现代化支付系统的实施，极大地促进了我国整个金融电子化与信息化进程，这为推进电子支付方式的应用打下了很好的基础。

目前，中国基本上已经建成八类电子支付结算系统。这些系统的相互配合与应用不但形成了中国的现代化电子支付与电子银行体系，而且基本上也能直接或间接地为基于互联网平台的电子商务提供支付结算服务，成为我国目前发展电子支付结算方式的基础。具体如下：

一、同城清算所系统

本地或同城支付是通过同城清算所进行处理的，所有同城跨行支付和大部分行内支付交易是通过同城清算所进行交换和结算的。

二、全国手工联行系统

商业银行的手工联行系统属于贷记和借记支付业务，而人民银行办理各分/支行间的资金划拨，国库款项的上缴、下拨及划转，以及商业银行（50 万元以上）转账在内的支付业务。

三、全国电子联行系统

全国电子联行系统又称 EIS，其目的是克服由于纸质票据传递迟缓和清算流程过分烦琐，占用大量资金的缺点，加速资金周转，减少支付风险。

四、电子汇兑系统

电子汇兑系统主要是采用电子化方式进行资金汇兑业务的处理系统。目前，工商银行、农业银行、建设银行、中国银行都使用电子汇兑系统。

五、银行卡支付系统

银行卡支付系统是指商业银行用于 ATM 提现和 POS 支付。这些支付卡基本上仍然采用磁条技术，授信方式为脱机电话授信。

六、邮政储蓄汇兑系统

邮政局提供信汇和电报汇款，主要面向消费者个人客户。汇款人通常要携带现金到附近邮局办理汇款手续，收款邮局通知收款人到指定邮局领取。邮政局还开办了邮政储蓄业务，消费者可以从其邮政储蓄账户汇出（或汇入）资金。各邮局之间的资金结算是通过开设在中国人民银行的特殊账户实现的。

七、中国现代化支付系统

中国现代化支付系统（CNAPS）是中国人民银行按照我国支付清算需要，并利用现代计算机技术和通信网络自主开发建设的，能够高效、安全地处理各银行办理的异地、同城各种支付业务及其资金清算和货币市场交易的资金清算的应用系统。它是各银行和货币市场的公共支付清算平台，是中国人民银行发挥其金融服务职能的重要的核心支持系统。中国人民银行通过建设现代化支付系统，将逐步形成一个以中国现代化支付系统为核心，商业银行行内系统为基础，各地同城票据交换所并存，支撑多种支付工具的应用和满足社会各种经济活动支付需要的中国支付清算体系。

中国现代化支付系统建有两级处理中心，即国家处理中心（NPC）和全国省会（首府）及深圳城市处理中心（CCPC）。国家处理中心分别与各城市处理中心连接，其通信网络采用专用网络，以地面通信为主，卫星通信备份。

政策性银行和商业银行是支付系统的重要参与者。各政策性银行、商业银行可利用行内系统通过省会（首府）城市的分支行与所在地的支付系统 CCPC 连接，也可由其总行与所在地的支付系统 CCPC 连接。同时，为解决中小金融机构结算和通汇难问题，允许农村信用合作社自建通汇系统，比照商业银行与支付系统的连接方式处理。城市商业银行汇票业务的处理，由其按照支付系统的要求自行开发城市商业银行汇票处理中心，依托支付系统办理其银行汇票资金的移存和兑付的资金清算。

中央银行会计核算系统（ABS）是现代化支付系统运行的重要基础。为有效支持支付系统的建设和运行，并有利于加强会计管理，提高会计核算质量和效率，中央银行会计核算也将逐步集中，首先将县支行的会计核算集中到地市中心支行，并由地市中心支行的会计集中核算系统与支付系统 CCPC 远程连接。地市级（含）以上国库部门的国库核算系统（TBS）可以直接接入 CCPC，通过支付系统办理国库业务资金的汇划。

为有效支持公开市场操作、债券发行及兑付、债券交易的资金清算，公开市场操作系统、债券发行系统、中央债券簿记系统在物理上通过一个接口与支付系统 NPC 连接，处理其交易的人民币资金清算。为保障外汇交易资金的及时清算，外汇交易中心与支付系统上海 CCPC 连接，处理外汇交易人民币资金清算，并下载全国银行间资金拆借和归还业务数据，供中央银行对同业拆借业务的配对管理。

为适应各类支付业务处理的需要，我国的现代化支付系统下建立了大额支付系统（HVPS）和小额批量支付系统（HEPS）。

（一）大额支付系统

大额支付系统实行逐笔实时处理，全额清算资金。建设大额支付系统的目的，就是为了给各银行和广大企业单位以及金融市场提供快速、高效、安全、可靠的支付清算服务，防范支付风险。同时，该系统对中央银行更加灵活、有效地实施货币政策具有重要作用。该系统处理同城和异地、商业银行跨行之间和行内的大额贷记及紧急的小额贷记支付业务，处理人民银行系统的贷记支付业务。2002 年 10 月 8 日，大额实时支付系统在北京、武汉成功试运行，成为中国现代化支付系统建设的重要里程碑。2003 年 4 月，上海等 11 个城市的大额支付系统成功推广上线运行。2003 年 12 月 1 日，石家庄等 19 个城市的大额支付系统切换上线取得了圆满成功。至此，大额支付系统已成功推广覆盖到所有省会（首府）城市和深圳市，并与电子联行系统混合运行。香港清算行也于 2004 年 2 月接入支付系统办理人民币汇款业务。

目前，大额支付系统连接到 32 个城市的近 2 万个银行机构网点，为银行间提供快速、高效、安全的跨行实时支付清算服务。该系统日均处理支付业务达 30 万笔，金额近 4 000 亿元，每笔支付业务在 1 分钟之内即可到账。为确保大额支付系统的安全稳定运行，中国人民银行发布了系统运行管理和清算风险管理的一系列制度规定，加大对商业银行流动性情况的监测力度，加强对清算账户头寸的监视和管理，有效防范了支付清算风险。从运行情况看，大额支付系统业务处理正确，资金清算无误，系统运行稳定。

（二）小额批量支付系统

小额批量支付系统在一定时间内对多笔支付业务进行轧差处理，净额清算资金。建设小额批量支付系统的目的，是为社会提供低成本、大业务量的支付清算服务，支撑各种支付业务的使用，满足社会各种经济活动的需要。该系统处理同城和异地纸凭证截留的商业银行跨行之间的定期借记和定期贷记支付业务、中央银行会计和国库部门办理的借记支付业务，以及每笔金额在规定起点以下的小额贷记支付业务。小额批量支付系统采取批量发送支付指令，轧差净额清算资金。

八、中国网上支付跨行清算系统

2011 年 1 月，由中国人民银行建设的网上支付跨行清算系统正式建成并在全国推广，目前已有 120 多家商业银行法人机构加入系统办理业务，基本覆盖我国已开通网上银行的各商业银行。

中国人民银行将继续稳步推进支付系统建设，确定了全国组建 32 个支付系统 CCPC 的布局，正在抓紧研究和实施支付系统运行维护机制和灾难备份方案，确保大额支付系统的安全稳定运行；实现大额支付系统与债券市场的连接，支持券款对付（DVP 清算）和货币政策的实施；开通大额支付系统与城市商业银行汇票处理系统的连接，以畅通中小金融机构的汇路；继续积极做好各银行地市级（含）以下机构及地市 ABS、TBS 接入大额实时支付系统工作，取代电子联行，同步开发建设小额批量支付系统，充分发挥金融基础设施的作用，更好地履行中央银行支付清算职能。

附：中国现代化支付系统运行管理办法（试行）

（中国人民银行网站，www.pbc.gov.cn）

第一章　总则

第一条　为规范中国现代化支付系统的运行管理，确保支付系统的安全、稳定、高效运行，依据《中华人民共和国中国人民银行法》及有关法律法规的规定，制定本办法。

第二条　本办法所称中国现代化支付系统（以下简称支付系统）包含大额支付系统和小额支付系统。

第三条　本办法适用于承担支付系统运行、维护和管理的中国人民银行清算总中心、清算中心（含结算中心，下同）及直接参与者（含特许参与者，下同）的运行维护部门。负责支付系统网络运行、维护和管理的部门适用本办法。

第四条　支付系统运行管理范围包括：

（一）国家处理中心；（二）城市处理中心；（三）直接参与者；（四）支付系统备份系统；（五）支付系统网络。

第五条　清算总中心负责国家处理中心、支付系统备份系统以及国家处理中心与城市处理中心之间网络（以下简称主干网络）的运行、维护和管理；负责对清算中心进行监督、检查和考核，并对系统运行提供业务指导和技术支持。

清算中心负责城市处理中心的运行、维护和管理，对辖内直接参与者的运行、维护进行指导。清算中心和支付系统网络运行部门负责城市处理中心相关系统网络的运行、维护和管理，配合清算总中心维护主干网络。

思政园地

2020年11月27日，北京大学数字金融研究中心在成立五周年之际，隆重举办了“数字金融创新与经济发展新格局”系列研讨会。会上中国金融学会会长、中国人民银行前行长周小川在分享中主要聚焦于DC/EP（digital currency electronic payment，数字货币电子支付）和电子人民币e-CNY两大问题。他首先简单地回顾了中国支付体系现代化的进程。2012年之前，第三方支付特别是利用数字和网络技术的第三方支付已经有所发展，但是缺少管理和协调主体。于是此次研讨会讨论要求中国人民银行将其管理起来，发放第三方支付牌照，第一张牌照发给了支付宝。2014年，中国人民银行开始成立数字货币项目组，项目实施的方案并没有明确的方向，既包含区块链技术，也包含其他方面的可能性。2016年，中国人民银行成立了数字货币研究所，借用了纸币印制研究所的机构编制，这也表明，下一代纸币的设计研究工作从此停止。2017年中国人民银行开始研发数字人民币。当时已经意识到一定不要把属于支付体系的数字人民币DC/EP和数字资产交易混在一起，所以，2017年人民银行停止了ICO（initial coin offering，仿照IPO命名）和比特币的国内交易。2019年，中国人民银行宣布开始试点，并进行封闭测试。2020年，开始推进深圳、苏州、雄安、成都，加上未来冬奥会场景的“四地一场景”内部封闭试点测试。四个试点城市的人口数，深圳1 340万人，苏州1 075万人，雄安105万人，成都1 650万人，从规模来讲，都大于一些欧洲国家。周小川表示，从概念来讲，DC/EP是一个双层的研发与试点项目计划，并不是一个支付产品。当然，可能有人会有不同理解，这也没有关系，因为对科技创新的新事物有不同理解很正常。DC/EP项目计划里可能包含着若干种可以尝试并推广的支付产品，这些产品最后被命名为e-CNY，即数字人民币。在DC/EP这个双层系统里，人民银行在第一层，第二层有商业银行、电信营运商，还有互联网支付平台，它们之间可以合作或联合，这取决于它们对支付产品和技术框架的了解。

技能实训

实训一：申请个人网上银行。

任务要求：请举例说明其各项基本操作，掌握网上银行和网络支付工具的使用。

实训二：电子商务网站支持的电子支付方式。

任务要求：调查不同的电子商务网站，记录并分析电子商务支持的电子支付方式，形成分析报告。

实训三：网上支付技术。

任务要求：调查目前最新的网上支付技术，分析其发展前景。

第七章 网络营销技术

■学习要点及目标

掌握网络营销的概念，了解4P策略、4C策略、关系营销、数据库营销等网络营销概念，掌握网络营销工具的基本使用方法。

■技能目标

能够列举某产品（某品牌）的网络营销方法，能够使用营销工具为企业做营销推广。

■思政目标

在网络营销活动中坚持正确的道德观。

■案例

维也纳酒店——微信1年订房1个亿

“网络+酒店”拥有十年以上传统刚性需求，在移动化时代彻底颠覆个人电脑端。

维也纳酒店最初就看到了微信服务号强大的智能服务接口，并果断升级为服务号，申请并使用微信各大高级接口开发功能服务客户。

移动端更多注重的是客户体验，维也纳通过自定义菜单的深度优化和闭环管理思维，不断地提升平台的客户体验，有效激活了平台会员的消费黏性和活跃度。其一，开发App系统，通过“微信扫描立减20元”差异待遇进行流量引导和转化。

其二，每日签到的闭环设计，娱乐和让利的双重驱动，让维也纳的会员留在微信平台上，并得到愉快和实惠。微信的自助服务使维也纳订房各环节实现信息一体化和智能化，有效提高客户体验和平台消费黏性。目前维也纳通过微信日均订房超过 1 000 间，结合维也纳服务号的关注量来讲，这一转化率目前在业内也是位居前列的。

（资料来源：陈孟建，陈奕婷. 网络营销［M］. 北京：电子工业出版社，2016.）

第一节 网络营销概述

一、网络营销的概念

20 世纪 90 年代初以来，互联网的飞速发展以及由此引发的全球电子商务浪潮对于传统的市场营销理论提出了强有力的挑战，企业纷纷利用互联网提供信息服务和拓展业务范围，并且按照互联网的特点积极改变企业内部结构和探索新的营销管理方法，网络营销由此诞生。相对于传统的市场营销而言，网络营销在许多方面都具有较明显的优势，带来了一场营销观念的革命。但是我们也应当认识到，网络营销并不是对传统营销的颠覆，而是在传统市场营销理论基础上的发展，即新的手段被加入了原有的营销组合之中。

因此，如果说传统营销是关于创造同时满足公司和客户需求的交换，网络营销则是通过在线活动建立和维持客户关系，以协调满足公司与客户之间交换概念、产品和服务的目标。在这个定义中包含了五个要素：

（1）过程。与传统的市场营销一样，网络营销也是一个过程，包括：框定市场机会、制定营销战略、设计客户体验、精心构思客户体验、设计营销计划、通过技术使用客户信息以及评估整个营销计划的结果，并且这是一个不断循环的过程。

（2）建立和维持客户关系。不论是传统的市场营销还是网络营销，其目标都是建立和维持长久的客户关系，而作为网络营销，其目标是既建立在线关系也建立离线关系。

（3）在线。网络营销运用网络世界可以利用的营销手段，但却不仅限于这些手段。实际上，现在越来越多的企业将离线手段与在线手段结合起来，寻找最佳的组合方案。

（4）交换。在线和离线营销计划的核心是交换。企业需要考虑的是通过何种渠道与其客户进行交换，尤其是在传统经济与网络经济结合的条件下，企业要特别注意原有的传统渠道与新兴网络渠道的整合。

（5）公司和客户双方需求的满足。如前所述，营销是关于创造同时满足公司和客户需求的交换。客户的需求要首先得到满足，这样双方的交换活动才能持续。但是，如果公司不能偿还对员工、供应商或股东的债务，即使客户满意，公司也无法维持其收入，这样的交换就是不稳定的。因此，要使交换延续下去，双方必须都感到满意。

二、4P 及 4C 策略

互联网之所以能够获得如此迅猛的发展，与其交互性和个性化的特点是密不可分的。也正是由于这两个特点，现代网络营销策略与原来传统市场营销策略相比在侧重点上有了很大的不同。传统的营销强调4P（product、price、place、promotion）组合，它强调的是企业利润，而没有将顾客的需要放到与企业利润同等重要的地位上。而互联网的交互性使得顾客能够真正参与整个营销过程，而且其参与的主动性和选择的主动性都得到加强。这就决定了网络营销首先要把顾客整合到整个营销过程中来，从他们的需求出发。据此，以舒尔兹教授为首的一批营销学者提出了4C的市场营销理论，4C即（customer's wants and needs，cost to satisfy wants and needs，convenience to buy，communication）。因此网络营销的模式是从消费者的需求出发，营销决策是在满足4C要求的前提下的企业利润最大化，最终实现的是消费者需求的满足和企业利润最大化。

在这种新营销模式下，企业和客户之间的关系变得非常紧密，甚至牢不可破，这就形成了一对一的营销关系，这种营销框架也被称为整合营销，它始终体现了以客户为出发点以及企业和客户不断交互的特点。

三、涉及营销概念

（一）关系营销

所谓“关系营销”，是把营销活动看成是一个企业与消费者、企业、分销商、竞争者、政府机构及其他公众产生互动作用的过程，其核心是建立和发展与这些公众的良好关系。关系营销观念使企业将顾客视为关系合作者，而不是偶尔从企业购买产品的个体。其内涵是：在市场上，交易并不是最重要的，最重要的是如何与顾客建立起长期互动关系，即使在虚拟的市场上，如在互联网上，也必须珍视这种关系，通过这种关系来向顾客提供价值，从而提高顾客的满意度。

（二）精细化营销

在粗放营销的时代，很多企业对市场进行分类的时候使用的是一些比较浅显的参数。比如，有些企业把市场分割成行业用户和消费用户，面对行业用户的时候，它可能会根据客户的规模大小或者产业类型进行细分，比如金融客户、电信客户、大企业客户、小企业客户，或者按照地域划分，或者按客户年龄划分。这就是粗放型营销的一种表现。

针对传统粗放型营销的种种弊端，近年来精细化营销（precise marketing）的思想受到越来越多企业的关注，并纷纷开始尝试，希望借此提升竞争能力。精细化营销的始祖莱斯特·伟门曾将它定义为：改变以往的营销渠道及方法，以生产厂商的客户和销售商为中心，通过电子媒介、电话访问、邮寄、国际互联网等方式，建立客户、销售商资料库。然后通过科学分析，确定可能购买的消费者，从而引导生产企业改变销售策略，为其制定出一套操作性强的销售推广方案，同时为生产企业提供客户、销售商的追踪服务。薄朗思的定义更简洁：精细化营销就是恰当地、贴切地对市场进行细分。

精细化营销与精准化营销是有联系却完全不同的两个概念。精细化营销是涉及营销战略导向的策略和战术的精细管理过程，注重决策与过程控制；而精准化营销则是结合客户关系管理（CRM）、数据库营销等管理工具，进行准确的目标市场定位，进而采取有针对性的营销策略的营销理念。两者的共同特征是均实现了营销由粗放到精细的转变，其开展的营销活动都是通过现代信息技术手段来实现的。这里撇开各种概念的分歧，仅就其中值得在网络营销中借鉴的相关理念进行探讨。

细分市场是实施精细化营销的第一步。细分市场是为了找到目标市场，作为营销"GPS 技术"的精细化营销是为了更精准地找到市场。互联网、CRM、数据库为细分市场和目标市场定位提供了有效的支持，在这方面网络营销可谓如鱼得水。

精细化营销关心的是客户价值及增值，以客户为导向是精细化营销的真谛。企业在实施精细化营销的过程中需要与某个客户或客户群建立长期的关系，尤其需要与客户进行精准沟通，深入了解他们的需求。而没有客户的反馈，企业就无法得知有价值的市场信息，"精准"也就无从谈起。对于那些标准化程度不高、更加复杂的客户需求，既要实现大规模生产，实现成本最优，又要适应日益差异化的客户需求，就必须有选择地满足能够实现规模化和差异化均衡的客户需求。只有通过精准定位、精准沟通找到并"唤醒"大量的、差异化的需求，通过个性化设计、制造或提供产品与服务，才能最大限度地满足市场的有效需求，获得理想的经济效益。

（三）数据库营销

所谓"数据库营销"就是企业通过收集和积累会员（用户或消费者）信息，在分析筛选后有针对性地使用电子邮件、短信、电话、信件等方式进行客户深度挖掘与关系维护的营销方式。或者，数据库营销就是以与顾客建立一对一的互动沟通关系为目标，并依赖庞大的顾客信息库进行长期促销活动的一种全新的销售手段。它是一套内容涵盖现有顾客和潜在顾客，可以随时更新的动态数据库管理系统。数据库营销的核心是数据挖掘。因此，数据库营销是通过建立、维护和利用顾客数据库及其他数据库（有关产品、供应商和分销商）来达到交易目的。

数据库营销在欧美已经得到了广泛的应用。在中国大陆地区，数据库营销也已经受到越来越多企业的关注，包括定向直邮（direct mail，DM）、电子邮件营销（e-mail dm，EDM）、网络传真营销（E-Fax）和短消息服务（short message server，SMS）等在内的多种形式的数据库营销手段，得到了越来越多的中国企业的青睐。其中，EDM 由于其投资低、回报率高被国内外企业广泛应用，如今 EDM 软件已被国内中小型公司、网店等广泛使用，部分得到初步发展的企业已开始自建 EDM 系统平台，而第三方的营销平台也在蓬勃发展。可以说，数据库营销迎来了一个黄金发展时期。

（四）全球营销

全球营销（global marketing）是经济全球化的产物。随着科技的进步和交通与通信技术的发展，各国间的交往日益频繁，全球经济一体化的趋势日益增强，各国人民的生活方式与需求日趋相同，各国市场表现出越来越多的一致性，某些产品在各国市场间的差异甚至完全消失，形成了统一的全球市场。在这种背景下，西奥多·莱维特于1983 年提出了全球营销理论。全球营销与传统的国际营销（international marketing）不同，国际营销是根据不同国家市场的不同需求制定不同的营销策略，而全球营销是将整个世界市场视为一个整体，以标准化的营销策略销售标准化的产品，将规模优势转化为全球性的竞争优势。

全球市场有以下几个方面的特征：

（1）消费者趋同。国别因素对消费的影响不一定比国家内部差别的影响大。

（2）人口结构趋同。人口老龄化、妇女就业成为世界各国面临的共性问题。

（3）社会结构趋同。核心家庭衰落成为全球的普遍现象。

（4）生活水平普遍提高。

（5）文化融合。

全球市场的形成，使企业可将位于不同国家而特征相似的市场作为细分市场的依据，向其提供标准化的产品或服务。

全球营销是以市场的共性为基础，实行统一的营销策略，这一战略思维尤其适用于网络营销。互联网使全球化的广度和深度均达到了极限，在无国别界限的互联网环境下，不论参与网络营销的主体是否愿意或有无心理准备，其在网上的一举一动都可能产生国际影响，因此，全球营销理论成为网络营销中的行动指南。

网络无界，文化有界。从文化的角度看，互联网也具有本土化的特性。腾讯控股公司总裁刘炽平认为，互联网的全球性，造就了像谷歌、雅虎这样的全球性企业。网络营销必须重视不同民族的文化差异，尤其是在品牌传播与促销沟通的时候，应深入了解不同国家和地区的文化与社会状况，弄清楚隐藏其间的真实需求，找到品牌或产品与人之间的契合点，引发其共鸣，这样才有可能建立品牌的认同。要达到这一目的，应注重以下三点：

（1）内容为王。通过营销传播创造能够使目标受众产生共鸣的内容是成功的基础。语言是实现内容传递的媒介，也是文化的重要组成部分，因此，网络营销需高度重视中外语言上的差异，在传播的内容上回避一些敏感的问题，尤其是避开一些可能导致文化冲突的元素。三星电子株式会社副会长兼首席执行官李润雨认为，雅虎、谷歌在韩国基本上没什么市场，最大的原因还是本土文化，尤其是语言的隔阂在某种程度上影响了互联网全球性优势的充分发挥。

（2）寻找合适的、熟知相关国家文化与市场的合作伙伴，帮助企业掌握这些国家的文化与价值偏好，寻找东西方文化中具有普世价值观的共同点，以提供能引起当地受众共鸣的内容。

（3）分析当地市场、定位目标受众，掌握其需求偏好与价值取向，结合当地市场动向和热点话题，有针对性地开展营销及产品和品牌推广。

第二节　网络营销工具和方法

网络营销不仅仅是一种技术手段的革命，还是一种更深层的观念革命。网络营销职能的实现需要通过一种或多种网络营销手段，常用的网络营销工具和方法主要有：搜索引擎营销、电子邮件营销、网络社区营销、病毒性营销、会员制营销、博客营销和网站资源合作营销推广等。下面将分别介绍这些常用的网络营销的工具和方法。

一、搜索引擎营销技术

（一）搜索引擎营销的概念

搜索引擎营销（search engine marketing，SEM），是基于搜索引擎平台的网络营销，利用人们对搜索引擎的依赖和使用习惯，在人们检索信息的时候尽可能将营销信息传递给目标客户。搜索引擎营销追求最高的性价比，以最小的投入，获取最大的来自搜索引擎的访问量，并产生商业价值。互联网作为全面的平台，已经成为人们信息获取的常规来源。根据中国互联网络信息中心发布的第 43 次《中国互联网络发展状况调查统计报告》，截至 2018 年 12 月，我国搜索引擎用户规模达 6.81 亿，使用率为 82.2%，用户规模较 2017 年年底增加 4 176 万，增长率为 6.5%；手机搜索用户规模达 6.54 亿，使用率为 80.0%，用户规模较 2017 年年底增加 2 998 万，增长率为 4.8%。如图 7-1 所示。

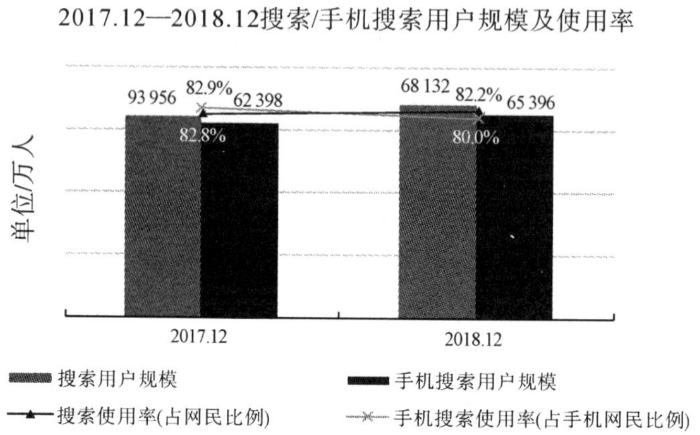

图 7-1　搜索引擎规模

主流搜索引擎利用平台入口优势，通过连接新闻、短视频等内容，推出信息流产品，以持续提升用户使用黏性。信息流广告为搜索引擎收入增长提供了新动力，正在成为业务收入的重要部分。一方面，搜索引擎用户规模和渗透率持续增长；另一方面，用户使用搜索引擎的频率增加，生活中各种信息的获取更多地借助于互联网和搜索引擎。

（二）搜索引擎的定义

搜索引擎（search engine）是指根据一定的策略、运用特定的计算机程序搜集互联网上的信息，在对信息进行组织和处理后，将处理后的信息显示给用户，是为用户提供检索服务的系统。

（三）搜索引擎的分类

（1）全文索引。全文搜索引擎是名副其实的搜索引擎，国外的代表有谷歌，国内代表则有著名的百度搜索。它们从互联网提取各个网站的信息（以网页文字为主），建立起数据库，并能检索与用户查询条件相匹配的记录，按一定的排列顺序返回结果。根据搜索结果来源的不同，全文搜索引擎可分为两类，一类拥有自己的检索程序（indexer），俗称“蜘蛛”（spider）程序或“机器人”（robot）程序，能自建网页数据库，搜索结果直接从自身的数据库中调用，上面提到的谷歌和百度就属于此类；另一类则是租用其他搜索引擎的数据库，如 Lycos 搜索引擎。

（2）目录索引。目录索引虽然有搜索功能，但严格意义上不能称为真正的搜索引擎，只是按目录分类的网站链接列表而已。用户完全可以按照分类目录找到所需要的信息，不依靠关键词（key words）进行查询。目录索引中雅虎、新浪分类目录搜索最具代表性。

（3）元搜索引擎。元搜索引擎（META search engine）接受用户查询请求后，同时在多个搜索引擎上搜索，并将结果返回给用户。第一个元搜索引擎是华盛顿大学硕士生 Eric Selberg 和 Oren Etzioni 创建的 Metacrawler。元搜索引擎概念极具吸引力，但搜索效果始终不理想，所以没有哪个元搜索引擎有过强势地位。国外较著名的元搜索引擎有 In-foSpace、Dogpile、Vivisimo 等，目前，国内元搜索引擎的数量很少，有北斗搜索、佐意综合搜索等。

（四）搜索引擎网络营销的基本内容

搜索引擎网络营销（search engine marketing，SEM）也可称为搜索引擎的定位和推广，是一种营销方法，它根据用户使用搜索引擎的习惯，采用付费形式或技术手段，使网页出现在关键词搜索结果中。

搜索引擎网络营销得以实现的基本过程是：企业将信息发布到网站上，搜索引擎将网站或网页信息收录到索引数据库，用户利用关键词进行检索，检索结果中罗列相关的索引信息及其链接 URL，用户对检索结果进行判断并选择有兴趣的信息，点击 URL 进入信息源所在网页，这样便完成了企业从发布信息到用户获取信息的全过程。在这个过程中要注意以下五个方面：构造合适信息源；创造被收录的机会；占据搜索结果靠前位置；获取用户关注；为用户获取信息提供方便。

（五）搜索引擎营销的主要目标

搜索引擎营销方式：用关键词来锁定不同人群，通过相关搜索结果页和网站上有针对性的信息与搜索引擎用户进行互动来达到营销的目的。也就是说，搜索不同关键词的搜索者都各自有一些独特的兴趣点或社会属性，而营销者可以基于关键词来细分有不同兴趣点和属性的目标受众，选择有针对性的搜索结果信息和网页与之沟通，达到精准营销的目的。因此利用搜索引擎工具可以实现五个层次的营销目标。

（1）被搜索引擎收录。

（2）在搜索结果中排名靠前。

（3）增加用户的点击（点进）率。

（4）将浏览者转化为顾客。

（5）成为企业忠诚客户。

在这五个层次中，前三个可以理解为搜索引擎营销的过程，而只有将浏览者转化为顾客才是最终目的。在一般的搜索引擎优化中，通过设计网页标题、META 标签中的描述标签、关键词标签等，通常可以实现前两个初级目标（如果付费登录，当然直接就可以实现这个目标了，甚至不需要考虑网站优化问题）。实现高层次的目标，还需要进一步对搜索引擎进行优化设计，或者说，设计从整体上对搜索引擎优化的网站。

（六）搜索引擎营销常用方法

1. 竞价排名法

竞价排名顾名思义就是网站付费后才能出现在搜索结果页面，付费越高者排名越靠前。竞价排名服务，是由客户为自己的网页购买关键字排名，按点击计费的一种服务。客户可以通过调整每次点击付费价格，控制自己在特定关键词搜索结果中的排名，并可以通过设定不同的关键词捕捉到不同类型的目标访问者。在国内最流行的点击付费搜索引擎有百度、雅虎和谷歌。值得一提的是即使是做了 PPC（pay per click，按照点击收费）付费广告和竞价排名，最好也应该对网站进行搜索引擎优化设计，并将网站登录到各大免费的搜索引擎中。

2. 购买关键词广告法

购买关键词广告法在搜索结果页面显示广告内容，实现高级定位投放，用户可以根据需要更换关键词，相当于在不同页面轮换投放广告。

3. 引擎优化（SEO）法

通过对网站优化设计，使得网站在搜索结果中排名靠前。引擎优化（SEO）包括网站内容优化、关键词优化、外部链接优化、内部链接优化、代码优化、图片优化和搜索引擎登录等。

（4）PPC 法

PPC（pay per call）即“按点击付费”，PPC 广告是搜索引擎广告中最重要的形式，PPC 法也是目前广告市场中最具竞争力的广告计费模式。PPC 法通过电话的方式向商家转介目标客户，努力让商家只为有效的广告付费。

二、病毒性营销技术

（一）病毒性营销的定义

病毒性营销是一种常用的网络营销方法，常用于网站推广、品牌推广等。病毒性营销利用的是用户口碑传播的原理，在互联网上，这种“口碑传播”更为方便，可以像病毒一样迅速蔓延，因此病毒性营销成为一种高效的信息传播方式，而且由于这种传播是用户之间自发进行的，因此几乎是不需要费用的网络营销手段。

（二）病毒性营销的特性

1. 病毒性营销提供的是有价值的产品或者服务

如果商家想要进行病毒性营销，就需要让消费者觉得你的产品或者信息是有价值的。价值越高，信息传播的速度就越快，病毒性营销就是利用这种诱导的方式，在宣传产品的同时给予客户相关的知识或者资源信息，顾客得到利益的同时就将产品的信息不断地传播了出去。

2. 通过他人的信息交流频道或者行为来进行传播

病毒性营销的典型做法往往是搭建一个交流的平台，并且提供可以交流的信息，使得用户与用户之间进行相互交流达到盈利的目的。最具创造性的病毒性营销策划往往是利用别人的资源达到宣传自己产品的目的。

3. 充分利用互联网的特点

互联网所具有的全球性、即时性以及交互性，可以使信息在非常短的时间内快速地传递到世界上成千上万的用户手中，就像病毒一样快速地复制和传播。携带营销信息的媒体必然便于传递和传播，通过即时通信、论坛以及电子邮件传递信息是非常容易的，并且信息的传递不需要任何成本，从而每个用户都变成了信息源，然后再传播给别人。

4. 几何倍数的传播以及高效率的接收

病毒性营销是扩张性的信息推广，人际关系以及群体传播是其流通渠道，信息被消费者传递给那些与他们有着联系的个体，因为信息是从熟悉的人那里获得的，接收过程就具有更加积极的心态，接收的渠道也较为私人化，这就克服了大众媒体广告造成的受众戒备抵触心理的产生以及接收环境复杂的缺点。

（三）病毒性营销常用方法

“病毒式营销”最核心的就是“病毒”的制造。不管“病毒”最终以何种形式来表现，它都必须具备基本的感染基因。“病毒”必须是独特的、方便快捷的，而且必须“酷”，并能让受众自愿接受且感觉受益匪浅。“病毒营销”必须是“允许式”而不是“强迫式”的，要让受众能够自愿接受并自愿传播。

1. 制造“病毒”

先看看 Gmail，它有谷歌这个品牌做支撑，同时它也是全球第一个 1G 免费邮箱。在营销上，它采用神秘的邀请模式吊足了用户的胃口。表面上看，Gmail 并未大规模面对用户开放，而是采用有限的邀请方式，殊不知正是这种半遮半掩的作态搞得网民趋之若鹜，无不以获得一个邀请从而注册成功为快事，更将有限的邀请权限宝贝送出去。更有人在易趣上高价拍卖邀请名额，一时间，Gmail 演变成了炙手可热的地下交易商品。

2. 选准方法

Killerstandup. com 采用电子书的方式也是有讲究的。如果是普通的电子邮件，用户阅读后往往会删除，甚至一开始就可能被视为垃圾邮件。相对来说，电子书的流传和保存时间可以更持久一些，因而其营销效果也就更加明显。

3. 找准“低免疫力”人群

必须找到一部分极易感染的“低免疫力”人群，由他们将“病原体”散播到各处。腾讯在做 QQ 推广时，就非常注重对“低免疫力”人群的找寻和锁定。他们确定的用户平均年龄约 20. 6 岁，这是一部分追求时尚、对新潮流敏感的人群。这一部分是绝对的“低免疫力”人群，他们对 QQ“病毒”没有任何的抵御能力，能很快接受并积极传播。

4.“病毒”激活的程序

为了防止“病毒”在流动中陷于“自我催眠”状态，必须赋予“病毒”本身“自我激活”功能，这种功能程序多在“病毒”的传播路径中写入。

QQ 在传播路径的开发上进行了一些新的尝试。初期，腾讯在各大主流网站上建立了链接和 QQ 软件下载，并号召 Q 虫们“别 call（打电话）我，请 Q 我”，随后通过 QQ 文化的建立和传播，提倡 QQ 族建立自己的网上社区，让 QQ 族有更强烈的归属感。

5.“病毒”更新

网络产品是有自己独特的生命周期的。仍以 QQ 为例，作为一种“病毒”，QQ 的周期是非常短的，通常新一版 QQ 推出后，最开始 QQ 族们会因为新奇而疯狂追逐，但很快，他们就会感到厌倦，如果在他们厌倦时还不及时进行版本更新，QQ 族群就会慢慢流失，“病毒”的“乘数效应”就开始递减。

市场对一个新事物的接受进程总是会不同的。实验表明，在“病毒”导入初期真正的“低免疫力”人群其实很少，“病毒”的扩散会是一个逐步递增的过程，随着“病毒”的散播，“病毒”的“感染者”才开始大面积地显现。

6. 腹地扩散

一旦“中毒”人群达到一定的规模，“病毒”本身所携带的产品和服务信息的作用才开始真正显现。受众一般都有爱屋及乌的特点，很自然地将自己对“病毒”的迷恋迁移到它所随身负载的产品或服务中去，从而形成产品或服务本身的自然销售。

在这一点上，腾讯也是比较成功的。通过QQ的病毒式营销，腾讯迅速占领了大量的网民群体，接着利用已有的受众基础，成功地开发了短信、网络广告、网络游戏、QQ注册等基于自己的资源优势的全方位的盈利渠道。

（四）实现病毒性营销的途径

1. 良好的口碑

良好的口碑永远都是最有效的营销方式，在病毒性营销中也是如此。出于种种原因，人们热衷于把自己的经历以及体验告诉别人，这种口耳相传的影响是非常巨大的，正是人类传播信息的天性以及人们对于口碑的高度信任，在21世纪这个高度竞争的时代，口碑作为一种古老的载体依然拥有神奇的力量。

2. 提供免费服务或产品

“免费”在消费环节中一直是吸引人眼球的词语，大多数情况下病毒性营销计划就是通过提供免费的服务或产品吸引消费者的注意，比如免费下载、免费赠送、免费服务、免费信息等，当用户在使用这些免费的产品以及服务时，就为企业带来了广告收入、电子商务以及有价值的电子邮件地址等。“免费”是吸引消费者眼球的工具，是商家在开展病毒营销初级阶段较为有用的营销手段，有利于将消费者吸引到收费的产品上进行消费。

3. 信息的载体要有吸引力

并不是只要在邮件的底部写上“请访问我们的网站”或者“请将此邮件转给更多的人”就是病毒营销，这种营销方式并不会增加消费者的好感，反而会由于采用形式的单一，缺乏对于消费者的吸引力。创新，永远都是吸引消费者的利器，在病毒性营销中也是如此。曾经流行一时的“吃垮必胜客”邮件就充分地利用了这种营销理念。邮件介绍了自主沙拉装盘的办法，就是巧妙地利用黄瓜片、菠萝块和胡萝卜条搭建出较宽的碗边，一次性可以盛到七盘的沙拉，然后再配上真实的照片，引起了很多消费者的注意，所以很多消费者都决定去必胜客亲自感受这种沙拉，也就是这种邮件，使得必胜客的消费群体大增，由此可以看出，必胜客的此次病毒性营销取得了圆满的成功，并成了一个成功的典范。

4. 利用通信工具

通信工具如微信、QQ、BBS、E-mail、eBook、钉钉等具有即时性、直观性、廉价性等诸多的优点，病毒性营销就可以利用通信工具的这种优点，克服大多数人的传播惰性，使得用户愿意并且积极地参与到病毒性信息的传播中来，这就需要好好利用熟悉的传播媒介来开展病毒性营销。例如，2008年可口可乐公司就与QQ联合进行了一次病毒性营销，两个公司共同推出了火炬在线传递，也就是如果你被邀请并同意参与到火炬在线传递活动中，将在你的头像旁边会出现一个灰色的火炬图标，表示未点亮。一旦在十分钟之内成功地邀请到好友参与到火炬传递中，你的火炬图标会变成火红色，表示已点亮，同时还可以获得“可口可乐”火炬传递专属的QQ皮肤，通过这种方式，可口可乐公司成功地宣传了自己，成了利用通信工具进行病毒性营销的范例。

三、社交营销技术

网经社旗下国内知名电商智库电子商务研究中心发布的《2018年度中国移动社交电子商务发展报告》显示，国内社交电商模式分为以下四大类：第一，拼团模式：拼多多、淘集集、淘宝特价版、京东拼购、苏宁拼购等；第二，分销模式：云集、贝店、爱库存、楚楚推等；第三，SAAS 工具模式：有赞、微盟等；第四，社区模式：小红书商城、宝宝树等。

（一）社交的基本概念

社交（community）是一系列相互交织的关系，这种关系建立在共同兴趣基础上，能够满足个体在别处无法得到满足的需求。在这一概念中包含以下几个要点：

（1）社交是由一系列关系（relationships）组成的，这有别于交互（interaction）。

（2）在真正的社交中，个体间的关系应当是广泛的和交织的。

（3）社交是建立在共同兴趣基础之上的，但又不仅仅是由共同兴趣联结起来的一系列相互交织的关系。在这个基础之上，社交上升至新的层次，其中成员越来越投入和活跃，而且提供更多价值。因此，存在不同层次的社交。

（二）社交的类型

社交被定义为建立在共同兴趣基础之上的一组相互交织的关系。因此，按照社交共同兴趣的基础，可以将社交分为三种主要类型。

（1）信息驱动的社交。信息驱动的社交是建立在信息基础上的共同兴趣，成员的主要兴趣是共享信息，为此目的建立的社交主要寻求的是事实和意见的交换。

（2）活动驱动的社交。共同的兴趣也意味着对某一活动的兴趣——具体来说是参加某项活动。这些活动千差万别，其兴趣从购买古董、会晤新朋友，到在某个在线游戏中扮演角色。当这些活动发生在一个社交的更广泛的背景下时，该社交的基础就是对相应活动的共同兴趣。著名的 C2C 网站——淘宝就是一个典型的活动驱动的社交。在淘宝社交中个人分享着买卖商品的兴趣。尽管该社交中也交换信息，但是社交背后的动力是对交易的共同兴趣而非对信息的共同兴趣。

（3）共同特征驱动的社交。共同兴趣也起因于共同特征。例如，个人可能有共同的职业，或者是同一年龄。再如，一个专门为糖尿病患者建立的社交，其中的成员也对共同的信息感兴趣，但是这个社交背后的动力归于糖尿病患者的共同特征。

（三）网络社交营销的作用

（1）可以与访问者直接沟通，容易得到访问者的信任。

（2）作为一种服务顾客的工具，利用论坛或聊天室等形式在线回答顾客问题。

（3）与那些没有建立自己社交的网站合作，允许使用自己的论坛和聊天室，当然，那些网站必须为进入社交建立链接和介绍，这种免费宣传机会很有价值。

（4）建立了论坛或聊天室之后，可以在相关的分类目录或搜索引擎登记，有利于更多人发现你的网站。

（5）方便进行在线调查。

（四）社交创造的收入收益

（1）提高客户细分和定制。已经确立的社交一般拥有其成员的基本信息，通过这些能了解个人的购买偏好。于是，母公司将会更好地细分客户并理解个人的特殊需求。利用来自社交的知识，母公司能够细分买主，并能更明确地满足个人需要。

（2）提高知名度。社交也可担当母公司的“脸面”。它可以微妙地向客户传播公司的价值、公司对客户的奉献，以及公司对建立信任的重视。当达到临界规模并满足成员后，社交也将倾向于积极表现母公司的品牌。这样既能够强化母公司品牌，也将提高产品的营销能力，并增加销售额。

（3）加深与客户的关系。于在线社交内创造价值会在公司和消费者之间建立信任并最终加深客户关系。社交允许公司不仅用新媒体提供信息或出售产品，也用新媒体加强传播和建立信任。

总之，对于在线社交的投入如果只考虑直接收益就不能盈利。相反，在线社交可以强化客户关系，后者又能带来更多忠诚客户，随着时间推移，这些客户创造了稳定的销售额，有助于弥补客户获取成本。在这个意义上，在线社交就是一种非常有利可图的投入。可见，社交应用商业模式不断成熟，根据中国互联网络信息中心发布第 43 次《中国互联网络发展状况调查统计报告》，截至 2018 年 12 月，微信朋友圈、QQ 空间用户使用率分别为 83. 4%、58. 8%，较 2017 年年底分别下降 3. 9、5. 6 个百分点；微博使用率为 42. 3%，较 2017 年年底上升 1. 4 个百分点。如图 7-2 所示。社交应用商业模式不断成熟，一方面，广告依然是社交平台变现的主要方式；另一方面，内容生产者能通过社交平台实现商业变现。

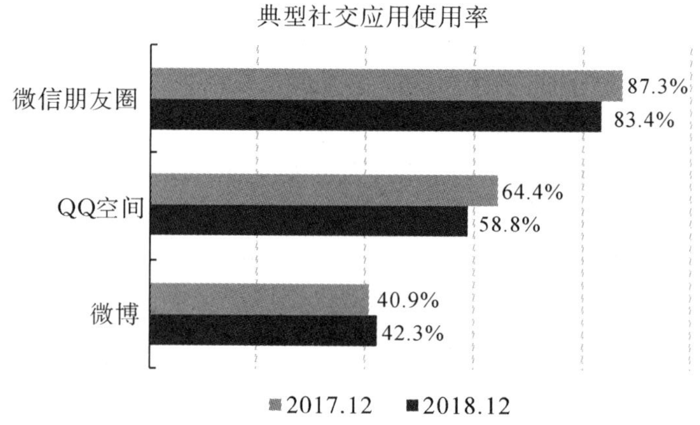

图 7-2　典型社交应用使用率

四、会员制营销技术

（一）会员制营销的定义

会员制营销又称“俱乐部营销”，是指企业以某项利益或服务为主题将用户组成一个俱乐部形式的团体，通过提供适合会员需要的服务，开展宣传、销售、促销等活动，培养企业的忠诚顾客，以此获得经营利益。

一般认为，会员制营销由亚马逊公司首创。因为 Amazon. com 于 1996 年 7 月发起了一个“联合”行动，其基本形式是这样的：一个网站注册为 Amazon 的会员（加入会员程序），然后在自己的网站放置各类产品或标志广告的链接，以及亚马逊提供的商品搜索功能，当该网站的访问者点击这些链接进入 Amazon 网站并购买某些商品之后，根据销售额的多少，Amazon 会付给这些网站一定比例的佣金。从此，这种网络营销方式开始广为流行并吸引了大量网站参与，这种营销被称为“会员制营销”。

（二）会员制营销的基本原理

如果说互联网是通过电缆或电话线将所有的电脑连接起来，因而实现了资源共享和物理距离的缩短，那么，会员制计划则是通过利益关系和电脑程序将无数个网站连接起来，将商家的分销渠道扩展到地球的各个角落，同时为会员网站提供了一个简易的赚钱途径。

（三）会员制营销的原则

电子商务顾问威尔逊博士认为，如果你的网站因为营销活动而带来较多的访问量，那么可以考虑采用会员制营销来争取更多的访问量，在选择会员制程序时，需要遵循六条基本原则：

（1）与网站的核心业务内容有关。

（2）将会员制程序集成到网站内容中去。

（3）与网站访问者的兴趣有关。

（4）充分考虑会员网站的需要。

（5）应体现网站的价值。

（6）应取得较好的效果。

（四）会员制营销实施方法

对于实施会员制的网上零售商来说，加盟会员的数量过去一直是盟主最关心的事。现在，更多的零售商意识到，除了数量之外，甄别发展高质量的加盟会员尤其重要。这就跟在搜索引擎化（SEO）中增加搜索引擎的链接广泛度一样，数量不能少，质量更关键。

不少会员制营销人抛弃过去全面撒网的策略，而转向范围面更窄更深入、定位更准的会员吸收模式。实际上，很多网站已由此获得成功，销售量增加。因此，在会员制的发展策略方面，目前有两种倾向占据主流：一部分会员制网站对其会员程序控制严格，品牌保护意识很强，他们往往只侧重发展、管理一个更小群体的联盟，该联盟成员网站具有高质量、高产出的特点。而其他会员制网站在对会员有选择性吸收的基础上，更强调广泛的发展面，增加更多会员的营销思路。无论采取哪种策略，营销实施人都不可能只在网站上贴出会员招募计划，然后坐等理想的会员找上门来，而必须进行有力的推广宣传。

具体采取何种策略，需要根据网站的主要发展目标来决定。会员制营销计划必须与企业经营的总体目标一致。一个销售许多不同类别商品的网站，就应侧重增加加盟会员数量。如果采用更小群体的发展计划，即只发展“核心会员”，那么通常会降低网站佣金率，以削减每份订单的平均成本，保证利润总额。

庞大的会员制营销可能会潜藏一些问题，初期不会马上显现。这些问题包括品牌控制、你并不想与之结盟的会员可能加入、支持庞大的会员联盟需要花费较大的客户服务成本等。

因此，许多网络会员制盟主网站加强了对加盟会员的审核。现在很少有网站可以在注册一个会员制网站之后马上开始运行它的赚钱计划，而需要经过审核通过程序。

五、电子邮件营销

（一）电子邮件营销的概念

电子邮件营销（email direct marketing，EDM），是在用户事先许可的前提下，通过电子邮件的方式向目标用户传递价值信息的一种网络营销手段。通过电子邮件形式在互联网上传递信息不但成本低、速度快，而且信息形式丰富多样。企业可以通过电子邮件将产品、品牌、促销、服务等重要营销信息迅速、及时且低成本地送达目标顾客的邮箱，不但可以提高企业内部的信息沟通效率，保持与客户的有效沟通，而且可以以低成本接触到互联网大量的潜在客户和消费者。电子邮件营销有三个基本因素：用户许可、电子邮件传递信息和信息对用户有价值。三个因素缺少任何一个，都不能称之为有效的电子邮件营销。

电子邮件营销是利用电子邮件与受众客户进行商业交流的一种直销方式，它广泛应用于网络营销领域。电子邮件营销通常涉及以下几个方面：

（1）发送邮件以加强企业和现在客户的合作关系为目的，从而鼓励客户忠诚于企业或者产生重复交易。

（2）发送邮件以获得新客户和使老客户立即重复购买为目的。

（3）在发送给自己客户的邮件中添加其他公司或者本公司的广告。

（4）通过互联网发送电子邮件。

（二）电子邮件营销的分类

（1）按照是否经过用户许可分类。可将电子邮件营销分为许可电子邮件营销和未经许可电子邮件营销。

（2）按照电子邮件地址的所有权分类。潜在用户的电子邮件地址是企业重要的营销资源。根据用户电子邮件地址资源的所有形式，可将电子邮件营销分为内部电子邮件营销和外部电子邮件营销，或称内部列表或外部列表。内部列表是企业或网站利用一定方式获得用户自愿注册的资料而开展的电子邮件营销。外部列表是指利用专业服务商或者同样可以提供专业服务的机构所提供的电子邮件营销服务，企业自己并不拥有用户的电子邮件地址，也无须管理维护这些用户资料。

邮件列表也叫 Mailing List，是 Internet 上的一种重要工具，用于各种群体之间的信息交流和信息发布。邮件列表相当于一个组名，这个组里包含若干本域内的邮件地址，只要发送邮件时在收件人栏里填写这个组名，那么该组里的邮箱均能收到邮件。常见的邮件列表包括以下六种形式：电子刊物、新闻邮件、注册会员通信、新产品通知、顾客服务或顾客关系邮件、顾客定制信息。

（3）按照营销计划分类。按照营销计划分类，电子邮件营销可分为临时性的电子邮件营销和长期的电子邮件营销。前者包括不定期的产品促销、市场调查、节假日问候、新产品通知等。后者通常以企业内部注册会员资料为基础，表现为新闻邮件、电子杂志、顾客服务等各种形式的邮件列表。

这种列表的作用要比临时性的电子邮件营销更持久，其作用更多地表现在顾客关系、顾客服务、企业品牌等方面。

（4）按照电子邮件营销的功能分类。可分为顾客关系电子邮件营销、顾客服务电子邮件营销、在线调查电子邮件营销以及产品促销电子邮件营销等。

（5）按照电子邮件营销的应用方式分类。开展电子邮件营销需要一定的营销资源，获得和维持这些资源本身也要投入相应的经营资源，当资源积累达到一定水平时，便拥有了更大的营销价值，不仅可以用于企业本身的营销，也可以通过出售邮件广告空间直接获得利益。按照是否将电子邮件营销资源用于为其他企业提供服务，电子邮件营销可分为经营型和非经营型两类。当以经营性质为主时，电子邮件营销实际上已经属于专业服务商的范畴了。

在实际工作中，往往用户所面对的不是单一形式或者单一功能的电子邮件营销，而是复合类型的电子邮件营销。

（三）电子邮件营销的特点

1. 覆盖范围广

随着国际互联网的迅猛发展，作为现代广告宣传手段的电子邮件营销正日益受到人们的重视。只要你拥有足够多的电子邮件地址，就可以在很短的时间内向数千万目标用户发布广告信息，营销范围可以是中国全境乃至全球。

2. 操作简单、效率高

使用提供的专业邮件群发软件，单机可实现每天数百万封的发信速度。操作不需要懂得高深的计算机知识，不需要烦琐的制作及发送过程，发送上亿封的广告邮件一般几个工作日内便可完成。

3. 成本低廉

电子邮件营销是一种低成本的营销方式，所有的费用支出就是上网费，成本比传统广告形式要低得多。

4. 应用范围广

广告的内容不受限制，适合各行各业。因为广告的载体是电子邮件，所以具有信息量大、保存期长的特点。电子邮件营销具有长期的宣传效果，而且收藏和传阅非常简单方便。

5. 针对性强、反馈率高

电子邮件本身具有定向性，你可以针对某一特定的人群发送特定的广告邮件，你可以根据需要按行业或地域等进行分类，然后针对目标客户进行广告邮件群发，使宣传一步到位，营销目标明确，效果非常好。

（四）电子邮件营销常用的方法

1. 邮件地址的选择

针对产品来选择电子邮件的用户，比如一家儿童用品公司，根据市场调查，母亲最关心自己的孩子，而现在的社会一般有宝宝的女性年龄大约在25～35岁。该公司最终锁定年龄25～35岁的女性就是电子邮件用户。所以要根据自己公司的产品来定位电子邮件用户群，以使宣传率达到最高。

2. 最重要的也是最关键的，就是确定电子邮件的标题和内容

首先标题能否吸引客户去点击内容。标题内容要是客户所关心的，并且要有引人注目的卖点。

电子邮件的内容要简洁明了，让目标客户一看就知道是做什么的，字数不要太长，一般在200字以内。

3. 审核邮件的内容

在发邮件之前一定要要对邮件的内容进行审核，确保无误。

4. 发送电子邮件

发送电子邮件一定要注意不要将附件作为邮件内容的一部分，附件可采用链接的形式。由于邮件系统会过滤附件或限制附件大小，以免给客户带入病毒。另外还要掌握发信频率。

（五）电子邮件营销的一般过程

电子邮件营销的过程，也就是将有关营销信息通过电子邮件的方式传递给用户的过程。为了将信息发送到目标用户的电子邮箱，应该明确向哪些用户发送信息、发送什么信息，以及如何发送信息。开展电子邮件营销一般要有如下几个主要步骤：

（1）制订电子邮件营销计划，分析目前所拥有的电子邮件营销资源，如果公司本身拥有用户的电子邮件地址资源，首先应利用内部资源。

（2）决定是否利用外部列表投放电子邮件广告，并且要选择合适的外部列表服务商。

（3）针对内部和外部邮件列表分别设计邮件内容。

（4）根据计划向潜在用户发送电子邮件信息。

（5）对电子邮件营销活动的效果进行分析总结。

（六）开展电子邮件营销应注意的问题

1. 滥发邮件

对于未经许可的电子邮件，应始终坚持两条原则：

第一，不要发送；

第二，如果你打算只做一次，请参阅第一条执行。

使用电子邮件营销工具，你只能发给那些事先经过许可的人（关于如何取得收件人的许可，有许多方法，如会员制、邮件列表、新闻邮件等）。

2. 邮件没有主题或主题不明确

电子邮件的主题是收件人最早看到的信息，邮件内容能否引人注意，主题起到非常重要的作用。邮件主题应言简意赅，以便收件人决定是否继续阅读邮件内容。

邮件的“主题”一定要鲜明，能说清邮件的大意，以吸引收信者阅读，避免直接被当作垃圾邮件而删除。同时，如果邮件中涉及具体产品推销，还可在主题上标明“AD”或者“广告”字样。选择一个能够使人信任并一目了然的主题，要比噱头式标题的点击率高得多。如果你的邮件主题里含有“免费”“派送”“优惠”以及怪异字符标点，则很容易被划入垃圾邮件之列。

3. 隐藏发件人姓名

这种邮件给人的感觉是发件人在做什么见不得人的事情，否则，正常的商务活动为什么会害怕露出自己的真面目呢？这样的邮件，其内容的可信度能有多高呢？

还有一些邮件，把发件人写成“美国总统”“你的朋友”“漂亮女孩”等。其实，无论你怎样伪装，还是可以通过你的发件地址查出来。

4. 邮件内容繁杂

电子邮件宣传不同于报纸、杂志等印刷品广告，篇幅越大越能显示出企业的实力和气魄。电子邮件应力求内容简洁，用最简单的内容表达出你的诉求点，如果有必要，可以给出一个关于详细内容的链接，收件人如果有兴趣，会主动点击你链接的内容，否则，内容再多也没有价值，只能引起收件人的反感。而且，对于那些免费邮箱的使用者来说，因为有空间容量限制，太大的邮件肯定是被删除的首选对象。

5. 邮件内容采用附件形式

由于每个人所用的操作系统、应用软件会有所不同，附件内容未必能被收件人打开。所以，最好采用纯文本格式的文档，把内容尽量安排在邮件的正文部分，除非插入图片、声音等资料，不要使用附件。

首先，在邮件的内容设计上应当注意以下几点：

①在主题和正文部分就抓住读者的注意力，不要把最精彩内容留在最后；②简洁但要包含足够的信息，要致力于卓越的沟通；③与网站建立超链接以获得更详细的内容；④个人化的语言有助于拉近和客户之间的关系，如不是“尊敬的用户”，而是“亲爱的……”；⑤对于行动有明确的号召，可以在开始和结尾部分重复网站上特定登录页面的链接。

其次，对来信中客户所提的问题要迅速回答。

再次，邮件应尽量使用纯文本格式，使用标题和副标题，不要滥用多种字体，尽量使邮件简单明了，易于浏览和阅读。

最后，文档应留有足够的边距，把每行限制在 64 个字符或者更少些。

6. 发送频率过于频繁

研究表明，同样内容的邮件，每个月发送 2~3 次为宜。

不要错误地认为，发送频率越高，收件人的印象就越深。过于频繁的邮件“轰炸”，只会让人厌烦，如果一周重复发送几封同样的邮件，你肯定会被列入“黑名单”，这样，你便永远失去了那些潜在客户。

7. 没有目标定位

也许你的邮件地址是从网上收集的，也许是从他人手中买来的，或者是根据某种“规律”推断出来的，总之，得到这些“资源”后，也不管是不是自己的目标受众，只管不加区分地发送邮件，这样的营销效果不会很好。

8. 邮件格式混乱

虽然说电子邮件没有统一的格式，但作为一封商业函件，至少应该参考普通商务信件的格式，包括对收件人的称呼、邮件正文、发件人签名等因素。

9. 不及时回复邮件

评价电子邮件营销成效的标志之一是顾客反应率，有客户回应，当然是件好事，理应及时回复发件人。然而并非每个公司都能做到这一点。

六、博客营销技术

（一）博客的概念

博客（WebBlog），又译为网络日志等，是一个新兴的个人互联网出版工具，是网站应用的一种新方式，它是一个网站，它为每一个人提供了一个信息的发布、知识交流的传播平台，博客使用者可以很方便地用文字、链接、艺术、摄影、视频、音乐、播客等建立起自己个性化的网络世界。博客内容发布在博客托管网站上，如博客网、Google 属下的 Blogger 网站等，这些网站往往拥有大量的用户群体，有价值的博客内容会吸引大量潜在用户浏览，从而达到向潜在用户传递营销信息的目的。

博客营销（blog marketing）就是利用博客开展网络营销，是一种基于个人知识资源（包括思想、体验等表现形式）的网络信息传递形式。

（二）博客营销的特点

开展博客营销的基础问题是对某个领域知识的掌握、学习和有效利用，并通过对知识的传播达到营销信息传递的目的。博客营销作为一种网络营销工具有着自身明显的特点。

（1）博客是一个信息发布和传递的工具。在信息发布方面，博客与其他工具有一定相似的地方，即博客所发挥的同样是传递网络营销信息的作用，这是认识博客营销的基础。网络营销信息传递实际上也是整个网络营销活动的基础。

（2）博客文章的内容题材和发布方式更为灵活。博客文章内容题材和形式多样，因而更容易受到用户的欢迎。此外，专业的博客网站用户数量大，有价值的文章通常更容易迅速获得大量用户的关注，从而在推广效率方面要高过一般的企业网站。

（3）博客传播具有更大的自主性，并且无须直接费用。博客的信息传递无须直接费用，是最低成本的推广方式。

（4）博客的信息量更大，表现形式灵活。博客文章的信息发布与供求信息发布是完全不同的表现形式，博客文章的信息量可大可小，完全取决于对某个问题描写的需要。博客文章并不是简单的广告信息，实际上单纯的广告信息发布在博客网站上也起不到宣传的效果，所以博客文章写作与一般的商品信息发布是不同的，在一定意义上可以说是一种公关方式，只是这种公关方式完全是有企业自行操作的，而无须借助于公关公司和其他媒体。

（5）博客文章显得更正式，可信度更高。博客文章比一般的论坛信息发布更具优势，每一篇博客文章都是一个独立的网页，而且博客文章很容易被搜索引擎收录和检索，这样使得博客文章具有长期被用户发现和阅读的机会。一般论坛的文章读者数量通常比较少，而且很难持久，几天后可能已经被人忘记。所以，博客营销与论坛营销相比的优势非常明显，可以说完全不在一个层次上。

（三）博客营销的作用

1. 博客可以直接带来潜在用户

博客内容发布在博客托管网站上，如博客网 www.bokee.com 属下的网站 www.blogger.com 等，这些网站往往拥有大量的用户群体，有价值的博客内容会吸引大量潜在用户浏览，从而达到向潜在用户传递营销信息的目的，用这种方式开展网络营销，是博客营销的基本形式，也是博客营销最直接的价值表现。

2. 博客营销的价值体现在降低网站推广费用方面

网站推广是企业网络营销工作的基本内容，大量的企业网站建成之后都缺乏有效的推广措施，因而网站访问量过低，降低了网站的实际价值。通过博客的方式，在博客内容中适当加入企业网站的信息（如某项热门产品的链接、在线优惠券下载网址链接等）达到网站推广的目的，这样的“博客推广”也是极低成本的网站推广方法，降低了一般付费推广的费用，或者在不增加网站推广费用的情况下，提升了网站的访问量。

3. 博客文章内容为用户通过搜索引擎获取信息提供了机会

多渠道信息传递是网络营销取得成效的保证，通过博客文章，可以增加用户通过搜索引擎发现企业信息的机会，其主要原因在于，一般来说，访问量较大的博客网站比一般企业网站的搜索引擎优化性要好，用户可以比较方便地通过搜索引擎发现这些企业博客内容。这里所谓搜索引擎的可见性，也就是让尽可能多的网页被主要搜索引擎收录，并且当用户利用相关的关键词检索时，这些网页出现的位置和摘要信息更容易引起用户的注意，从而达到利用搜索引擎推广网站的目的。

4. 博客文章可以方便地增加企业网站的链接数量

获得其他相关网站的链接是一种常用的网站推广方式，但是当一个企业网站知名度不高且访问量较低时，往往很难找到有价值的网站给自己做链接，通过在自己的博客文章为本公司的网站做链接则是顺理成章的事情。拥有博客文章发布的资格增加了网站链接的主动性和灵活性，这样不仅可能为网站带来新的访问量，也增加了网站在搜索引擎排名中的优势，因为一些主要搜索引擎把一个网站被其他网站链接的数量和质量作为计算其排名的因素之一。

5. 可以实现更低的成本对读者行为进行研究

当博客内容比较受欢迎时，博客网站也成为与用户交流的场所，有什么问题可以在博客文章中提出，读者可以发表评论，从而可以了解读者对博客文章内容的看法，作者也可以回复读者的评论。当然，也可以在博客文章中设置在线调查表的链接，便于有兴趣的读者参与调查，这样扩大了网站上在线调查表的投放范围，同时还可以直接就调查中的问题与读者进行交流，使得在线调查更有交互性，其结果是提高了在线调查的效果，也就意味着降低了调查研究费用。

6. 博客是建立权威网站品牌效应的理想途径之一

作为个人博客，如果想成为某一领域的专家，最好的方法之一就是建立自己的博客。如果你坚持不懈地博客下去，你所营造的信息资源将为你带来可观的访问量，在这些信息资源中，也包括你收集的各种有价值的文章、网站链接、实用工具等，这些资源为自己持续不断地写作更多的文章提供很好的帮助，这样形成良性循环，这种资源的积累实际上并不需要多少投入，但其回报却是可观的。对企业博客也是同样的道理，只要坚持对某一领域的深度研究，并加强与用户的多层面交流，对于获得用户的品牌认可和忠诚便提供了有效的途径。

7. 博客减小了被竞争者超越的潜在损失

2004 年，博客在全球范围内已经成为热门词汇之一，不仅参与博客写作的用户数量快速增长，浏览博客网站内容的互联网用户数量也在急剧增加。在博客方面所花费的时间成本，实际上已经被从其他方面节省的费用所补偿，比如为博客网站所写作的内容，同样可以用于企业网站内容的更新，或者发布在其他具有营销价值的媒体上。反之，如果因为没有博客而被竞争者超越，那种损失将是不可估量的。

8. 博客让营销人员从被动的媒体依赖转向自主发布信息

在传统的营销模式下，企业往往需要依赖媒体来发布企业信息，不仅受到较大局限，而且费用相对较高。当营销人员拥有自己的博客园地之后，只要这些信息没有违反国家法律，并且对用户是有价值的，你可以随时发布所有你希望发布的信息。博客的出现，对市场人员营销观念和营销方式带来了重大转变，包括每个企业、每个人自由发布信息的权力，如何有效地利用这一权力为企业营销战略服务，则取决于市场人员的知识背景和对博客营销的应用能力等因素。

（四）博客营销的常用方法

博客营销的操作方式与传统营销有所区别，而且其易操作和最初的低成本投入使得博客营销具有非常大的可实施性。以如何利用第三方博客平台的博客文章发布功能开展网络营销活动为例，介绍博客营销的操作方法：

1. 利用第三方博客平台的文章发布功能开展网络营销活动

利用第三方博客平台，在一定程度上能满足企业开展博客营销的需要，同时企业不必一次性投入大量的资金，避免了复杂的技术开发，缩短了企业网络营销的周期，风险也较小。因此，不具备资金和技术条件的中小企业可优先考虑这种博客营销方式。利用第三方平台进行博客营销可归纳为以下五个基本步骤：

第一，选择博客托管网站、开设博客账号。选择适合本企业的博客营销平台，并获得发布博客文章的资格。一般来说，应选择访问量较大及知名度较高的博客托管网站，如果有必要，也可以选择在多个博客托管网站进行注册。

第二，制订一个中长期博客营销计划。这一计划的主要内容包括从事博客写作的人员计划、每个人的写作领域选择、博客文章的发布周期等。由于博客写作内容有较大的灵活性和随意性，因此，博客营销计划实际上并不是一个严格的“企业营销文章发布时刻表”，而是从一个较长时期来评价博客营销工作的参考。

第三，建设合适的博客环境，坚持博客写作。无论一个人还是一个博客团队，要保证发挥博客营销的长期价值，就需要坚持不懈地写作。在博客上偶尔发表几篇企业新闻或者博客文章是不足以达到博客营销目的的。因此，如果真正将博客营销纳入企业营销战略体系中，那么企业创建合适的博客环境、采用合理的激励机制是很有必要的。

第四，综合利用博客资源与其他营销资源。博客营销并非独立的，它只是企业营销活动的一个组成部分，同时博客营销的资源也可以发挥更大作用，如将博客文章内容与企业网站的内容策略和其他媒体资源相结合。因此，对于博客内容资源的合理利用也就成为博客营销不可缺少的工作内容。

第五，对博客营销的效果进行评估。网上营销新观察认为，与其他营销策略一样，对博客营销的效果也有必要进行跟踪评价，并根据发现的问题不断完善博客营销计划，使博客营销在企业营销战略体系中发挥应有的作用。至于评价营销效果的方法，目前同样没有完整的评价模式，不过可参考网络营销其他方法的评价方式来进行。

2. 企业在自己网站中开设博客

鼓励内部有写作能力的员工发布博客文章以吸引更多的潜在用户，同时也打造宣传企业和产品的阵地。

（五）博客营销写作技巧

博客营销的功能就是利用博客进行营销推广，宣传企业品牌和产品，促进销售业绩的有效提升。因此，博客写作是关键。

（1）写作营销博客要真实准确。博客营销的主旨在于陈述事实，以便公众能够根据事实进行准确的评估，引起他们的兴趣，进而对他们产生影响。基于这一主旨，营销博客写作要求坚持真实性、准确性的原则。有一种片面的理解，认为博客营销仅仅是宣传，需要“妙笔生花”。于是在写作中“巧言令色”、文过饰非、无中生有，任意歪曲或夸大事实，这是极其错误的。

（2）博客营销写作要求切实端正文风，不讲大话、假话、空话。营销博客作者要有勇气向公众公开保证不传播虚假的信息。营销博客作者更要将“力求真实、准确、公正和对公众负责”作为自己的座右铭。

（3）博客营销写作要反应敏捷，需要快笔头。所谓“快”，是指在保证文稿质量前提下的高速度、高效率。营销博客写作者一要锻炼自己的思维，反应敏捷；二要熟悉营销博客写作的操作程序，提高办事效率；三要占有材料，拥有信息；四要掌握常用文体格式，迅速在头脑中搭起框架。

（4）博客营销写作要追求创意。所谓“创新和创意”，首先是思想的、观念的更新，表现在文章中就是主题、观点的新颖；同时，作为实施博客营销方案的一种手段，文章要体现策划意识的独创性，构思别具匠心。而营销博客文章形式和语言要适应内容的要求，在规范允许的范围内力求推陈出新。

（5）博客营销写作要庄重谦恭。博客文章要“以情动人”，动人的言辞是必不可少的，但是这种感情要发自内心，要真挚、诚恳，以自己的心换取公众的心。

七、互动式营销技术

（一）互动式营销概念

互动式营销是指利用网站的互动性，与用户进行互动交流，了解客户的需求，及时得到客户的反馈，从而为客户提供优质的服务，并且使用户参与产品的设计、开发、生产、销售的整个流程，提高用户的品牌忠诚度，为企业带来经济利益。亚马逊书店的互动式营销就是其中的经典范例。

（二）互动式营销的作用

1. 通过互动了解客户需求

互动式营销通过与客户在线的互动，与客户之间的交流更为频繁和深刻，能够最直接地了解到客户的需求，从而为顾客提供最适合他们的、最贴近他们需要的产品和服务，这样就可以为企业吸引到更多顾客。

2. 及时得到客户的信息反馈

由于网站工作人员及时和客户进行在线的沟通和交流，可以最快速、最及时地得到客户对产品和服务的信息反馈，从而保证企业能够及时为客户提供相应的咨询和服务，并及时了解客户对产品的满意程度以及对产品的意见和建议等，企业可以根据客户反馈及时进行战略调整，提高客户对企业品牌的忠诚度。

3. 使客户对产品产生责任感

由于互动式营销是企业在聆听了客户的需求以及意见、建议后，为客户提供的满足他们需求的产品和服务，因此，客户会对这样的产品产生一定的责任感，就会感觉自己也是产品的设计者，从而会对产品产生更浓厚的兴趣以及更特殊的感情。

（三）互动式营销常用方法

1. 利用企业网站论坛

企业在进行互动式营销时，首先要利用网站论坛与客户进行交流，在论坛开辟用户专区，用户可以在论坛提出自己的问题，发表自己的意见和建议，这样企业可以及时得到用户的反馈，供企业决策使用。但需要注意的是，企业应该安排专职的论坛维护人员及时地对用户的问题做出回应。

2. 利用 IM（即时通信）工具

对互动式营销来说，免费的即时通信工具无疑是网络营销的好帮手。例如腾讯QQ，企业可以建立自己的 QQ 群，然后安排专职的在线服务人员，即时地跟用户沟通交流，以得到最快的信息反馈。

3. 利用电话服务热线

热线电话永远是企业不可或缺的营销工具，企业应开通专门的服务热线，安排专职的电话接线员 24 小时为用户服务。

八、交换链接技术

（一）交换链接概念

交换链接就是一种简单可行的网站推广方式。交换链接又称友情链接、互惠链接、互换链接，是具有一定互补性的网站之间的简单合作形式，即分别在自己的网站上放置对方网站的名称或标志，并设置对方网站的超级链接，使用户可以从合作网站中发现自己的网站，从而达到相互推广的目的。许多网站上都含有其他网站的链接，这对于大多数中小网站而言是一种简单、有效的网站推广方法。

（二）交换链接的作用

交换链接的主要作用是：通过链接相互推广获得更多的访问量、增加用户浏览时的印象、增加网站在搜索引擎排名中的优势、通过合作网站的推荐增加访问者的可信度、获得合作伙伴的认可、为用户提供更多服务内容等。一般而言，交换链接的网站在规模上比较接近，内容上有一定的相关性和互补性。

（三）建立交换链接的常用方法

建立交换链接的过程，就是向同行和相关网站推广自己网站的过程。建立交换链接的首要任务是寻找那些比较“理想”的对象以进行合作。

1. 分析潜在的合作对象

合作网站的用户应该对你的网站内容有兴趣或需求特征以及自己网站的用户是否对合作网站感兴趣。特别注意不要链接无关的网站。这对网络营销没什么效果甚至会有负面影响。

2. 向目标网站发出合作邀请

注意信件的主题，信件的内容要礼貌，先简单介绍一下自己的网站。交换链接有图片和文字链接两种主要方式。在做网站链接时，尽量不要在网站首页放置过多的图片链接。

3. 交换链接的实施

得到合作网站的确认后，应尽快为对方做好链接。链接做好后，应回访友情链接伙伴的网站，常对友情链接网站的有效性进行检查，并评价网站链接效果，及时删除无效链接。

第三节　网络营销策划与实施

网络营销策划是指利用网络传播手段，对企业的产品或服务进行有效的市场营销推广。网络营销策划应以消费者为核心展开，重点在于如何结合网络环境，抓住消费者行为变化的新特点，展开真正符合网络经济特点的营销策划。

一、网络消费者分析

企业在网上销售产品之前，需要了解自己会遇到的网上消费者是哪一类群体，他们在网络市场环境下的行为特征是什么，他们是如何完成购买决策的以及应如何管理等一系列问题。

人们购买一种商品的行为并不是突然发生的，与消费者购买行为相关的是一个完整的购买过程。企业了解消费者整个购买决策过程是很重要的，在消费者购买过程中，企业可以制定一些策略来帮助消费者满足自己的需要。与传统的消费者购买行为相似，网络个人消费者的购买行为早在实际购买之前就已经开始，并延长到实际购买后的一段时间，其购买过程可以粗略地分为五个阶段：唤起需求、收集信息、比较选择、购买决策和购后评价。

（一）唤起需求

网络购买过程的起点是诱发需求。消费者的需求是在内外因素的刺激下产生的。当消费者对市场中出现的商品或服务产生兴趣后，才可能产生购买欲望。这是消费者做出消费决定所不可缺少的基本前提。

对网络营销来说，诱发需求的动因只能局限于视觉和听觉。文字的表述、图片的设计、声音的配置是网络营销诱发消费者购买的直接动因。从这方面讲，网络营销对消费者的吸引具有相当的难度。这就要求从事网络营销的企业了解消费者的需求是由哪些刺激因素激发的，进而巧妙地设计促销手段来吸引更多的消费者浏览网页，使消费者知道本企业所提供的产品或服务能够满足他们的需求。

（二）收集信息

信息收集是消费者做出正确购买决策的基础。消费者首先在自己的记忆中搜寻可能与所需商品相关的知识经验，如果没有足够的信息用于决策，他便要在外部环境中寻找与此相关的信息。

一般说来，网络购买的信息收集带有较大主动性。在网络购买过程中，商品信息的收集主要是通过互联网进行。一方面，网络消费者可以根据已经了解的信息，通过互联网跟踪查询；另一方面，网络消费者又可不断地在网上浏览，寻找新的购买机会。由于消费层次的不同，网络消费者大都具有敏锐的购买意识，始终领导着消费潮流。

（三）比较选择

消费者需求的满足是有条件的，这个条件就是实际支付能力。没有实际支付能力的购买欲望只是空中楼阁，不可能导致实际的购买。为了使消费需求与自己的购买能力相匹配，比较选择是购买过程中必不可少的环节。消费者对各条渠道汇集而来的资料进行比较、分析和研究，了解各种商品的特点和性能，从中选择最为满意的一种。

消费者对网上商品的比较依赖于厂商对商品的描述，包括文字描述和图片描述。网络营销商对自己的产品描述得不充分，就不能吸引众多的顾客。而如果对产品的描述过分夸张，甚至带有虚假的成分，则可能永久地失去顾客。对于这种分寸的把握，是每个从事网络营销的厂商都必须认真考虑的。

对消费者而言，存在一个测定网络广告可信度的问题。近年来传统媒体上所出现的虚假广告现象不可避免地出现在网络广告上，消费者应当从不同角度测定网络广告的可信度。

（四）购买决策

网络个人消费者完成对商品的比较选择后，便进入购买决策阶段。网络购买决策是指网络个人消费者在购买动机的支配下，从两件或两件以上的商品中选择一件满意商品的过程。购买决策是网络个人消费者购买活动中最主要的组成部分，它基本上反映了网络个人消费者的购买行为。

与传统的购买方式相比，网络购买者的购买决策有许多特点。首先，网络购买者理智动机所占比重较大，而感情动机所占比重较小。这是因为消费者在网上寻找商品的过程本身就是一个思考的过程。他有足够的时间仔细分析商品的性能、质量、价格和外观，从容地做出自己的选择。其次，网络购买受外界影响较小。购买者常常是独自坐在计算机前上网浏览、选择，与外界接触较少，因而决策范围有一定的局限性，大部分购买决策是自己做出的或是与家人商量后做出的。正是因为这一点，网上购物的决策行为较之传统的购买决策要快得多。

网络个人消费者在决策购买某种商品时，一般必须具备以下三个条件：第一，对厂商有信任感；第二，对支付有安全感；第三，对产品有好感。所以，树立企业形象，改进货款支付办法和商品邮寄办法，全面提高产品质量，是每一个参与网络营销的厂商必须重点抓好的三项工作。只有这样，才能促使消费者毫不犹豫地做出购买决策。

（五）购后评价

当完成购买行为后，消费者就会对购买过程特别是交易过程以及所获得的产品或服务进行评价，如交易过程是否方便，售前、售中、售后服务如何，产品是否真正满足了自己的需求以及是否完全消除了所存在的差距。

决定消费者对购买是否满意的关键在于消费者的期望和产品实际性能之间的关系。如果产品未达到消费者的期望，消费者就会失望；如果产品达到消费者的期望，消费者就会满意；如果产品超出了消费者的期望，消费者就会惊喜。消费者的期望基于他们从销售商、朋友或其他来源处获得的信息，如果销售者夸大了产品的性能，消费者的期望就不会得到满足，必然导致不满意。期望和性能之间的差距越大，消费者的不满意程度就越高。购后评价为消费者发泄内心的不满提供了一条非常好的渠道，同时也为厂商的改进工作收集了大量第一手资料。

为了提高企业的竞争力，最大限度地占领市场，企业必须虚心倾听顾客反馈的意见和建议。互联网为网络营销者收集消费者购后评价提供了得天独厚的优势。方便、快捷、便宜的电子邮件紧紧连接着厂商和消费者。厂商可以在订购单的后边附上一张意见表。消费者购买商品的同时，可以填写自己对厂商、产品及整个销售过程的评价。厂商从网络上收集到这些评价之后，通过计算机的分析、归纳，可以迅速找出工作中的缺陷和不足，了解到消费者的意见和建议，及时改进自己的产品性能和售后服务。

二、网络营销的基本步骤

在网络时代，一个企业生产、销售的循环过程可概括为：通过网络收集技术和用户需求等各方面的信息，并将这些信息整理分析后反馈给企业；企业根据上述信息开发新技术、新思路、新产品，并通过网络进行宣传，与需求者进行沟通；通过网络收集订单；根据订单完成产品设计、物料调配、人员调动，再到生产制造；通过网络进行产品宣传与发布，与客户进行在线交易；通过网络获得客户的信息反馈，完成客户支持，积累经验，为下一个生产、销售循环做好准备。根据企业在网络时代的生产周期，网络营销的内容应包括网上的信息收集、网上商业宣传、网上市场调研、网上广告投放与发布、网上销售、网上客户支持服务等。一个完整的网络营销过程应包括以下基本步骤：

（一）计划阶段

计划阶段的任务是确定开展网络营销的目标，制定网络营销的可行性计划。计划阶段的主要任务有：通过确定合理的目标，明确界定网络营销的任务；根据营销任务，确定营销活动的内容和营销预算；确定网络营销系统建设的进度，设立相应的监督评估机制。

（二）设计阶段

此阶段的任务包括建立企业的网站或网页和设计网络营销的具体流程。设计阶段的具体任务有：申请域名，创建全面反映营销活动内容的网站或网页；与互联网连接，树立网上企业形象；设计营销过程的具体流程，建立反馈机制。

（三）实施阶段

这是网络营销的具体开展阶段，主要任务有：发掘信息资源，广泛收集网上信息；开展网上市场调研；在网上推销产品与服务，促进在线销售；与客户沟通，通过网络收集订单；将信息反馈给企业决策和生产部门；使网络营销与企业的管理融为一体，形成网络营销集成。依靠网络与原料商、制造商和消费者建立密切联系，并通过网络收集、传递信息，从而根据消费者的需求，充分利用网络伙伴的生产能力，实现产品设计、制造及销售服务的全过程，这种模式就是网络营销集成。

由于技术上的限制和企业应用能力的不同，目前国内大多数企业的网络营销活动停留在网上的宣传活动，其主要内容并不是“在线交易”。但是，越来越多的企业正从深度和广度两方面来扩展网络营销，提高网络营销的应用能力，抢占网络商业的制高点。

三、网络营销组合策划

企业实施网络营销需要进行投入，而且也会有一定的风险。因此，企业在开展网络营销实现企业营销目标时，必须考虑各种因素对网络营销策划的影响，从而进行与企业所处地位相适应的网络营销组合策划。

（一）网络营销产品策划

随着社会的网络化和信息化发展，产品策略中信息因素所占的比重越来越大。传统的产品策划开始发生倾斜，逐步演变为满足消费者需求的营销策划。在网上进行产品营销，必须结合网络特点重新考虑产品的设计、开发、制造、包装及产品品牌策划。网络营销为企业利用互联网建立品牌形象及为该企业的网下品牌在网上得以延伸和拓展提供了有利的条件，无论是大型企业还是中小企业，都可以用适合自己企业的方式展现品牌形象。

（二）网络营销价格策划

传统产品的定价策略基本上是成本加利润，企业对价格的制定起主导作用。由于网络具有自由、平等、开放和免费的特点，网络营销的产品价格策略多采取免费和低价策略。所以，制定网络营销价格策略时，必须考虑到互联网本身独特的免费特征和其对企业产品定价的影响。

（三）网络营销的渠道策划

互联网对企业营销活动的最大影响是企业营销渠道的改变。网络拉近企业与消费者的距离，减少了渠道的中间环节，从而改变了传统渠道的多层次选择和管理的格局，企业应根据网络营销的特点改变传统的经营管理模式。

（四）网络营销促销与沟通策划

互联网双向信息沟通的特点，可以使沟通的双方突破时空限制进行直接交流，操作简单、高效，并且费用低廉。互联网的这一特点使得在网上开展促销活动十分有效，但也必须遵循网上信息交流与沟通的规则，特别是要遵守一些虚拟社交的礼仪。

四、网络营销实施

网络营销的实施是一个复杂的系统工程，有一套科学的管理过程。

（一）可行性分析

实施网络营销的首要步骤是通过环境研究做好可行性分析，以明确企业实施网络营销活动面临的机会与挑战各是什么，从而采取适当的措施，以利用机会避免环境威胁。网络营销作为信息技术的产物，具有很强的竞争优势。但并不是每个公司都能进行网络营销，公司实施网络营销必须考虑到公司的业务需求和技术支持两个方面，业务方面如公司的目标、规模、顾客的数量和购买频率、产品的类型、周期以及竞争地位等；技术方面如公司是否支持技术投资，决策时技术发展状况和应用情况，公司的技术力量能否保障网络营销正常开展等。

（二）制定网络营销战略

企业根据自身所处的网络营销环境，整合网络营销资源，制定网络营销战略。网络营销战略的制定包括营销战略目标、战略重点和实施步骤的确定，以及网上市场细分、选择目标市场、产品定位等战略。它要经历三个阶段：

确定目标优势，分析确定网络营销是否可以促使市场增长、增加市场收入，是否能通过改进当前营销策略和措施，降低营销成本。

分析计算网络营销的成本和收益，需注意计算收益时要考虑战略性需要和未来收益。

综合评价网络营销战略，主要考虑三个方面：成本效益问题，成本应小于预期收益；能增加多大的市场机会；考虑公司的组织、文化和管理能否适应采取网络营销战略后的改变。

（三）网络营销战略规划与落实

网络营销战略规划分为以下几个阶段：

目标规划。在确定使用该战略同时，识别与之相联系的营销渠道和组织，提出改进目标和方法。

技术规划。网络营销要有强大的技术投入和支持，资金投入和系统购买安装以及人员培训都应统筹安排。

组织规划。实行网络营销后，公司的组织需进行调整以配合该策略实施，如增加技术支持部门和数据采集处理部门，同时调整原有的推销部门等。

管理规划。组织变化后必然要求管理随之变化，公司的管理必须适应网络营销的需要，如销售人员在销售产品的同时，还应记录顾客购买情况，个人推销应严格控制以减少费用等。

为了落实网络营销战略，还要制定相应的网络营销策略。网络营销策略的制定主要包括网络营销组合策略与网络营销组合内各策略的具体规划。对企业来说，网络营销是一种没有直接收益的投资活动，因此规划预算分配、控制费用开支也是网络营销计划中需要考虑的。

（四）执行网络营销计划

即使是最优秀的营销计划，不执行也不会给企业带来任何利益。所以，制定网络营销计划后，应积极执行，合理控制，努力实现企业的预定目标。

执行网络营销计划，是指将网络营销计划转变为具体营销行动的过程，即把企业的经济资源有效地投入企业的网络营销活动中，完成计划任务、实现既定目标的过程。企业要有效地执行网络营销计划，必须建立专门的网络营销组织，配备专业的网络营销人员，形成高效运行的网络营销团队，这样才能完成网络营销计划预定的任务与预期的目标。

五、网络营销控制

所谓网络营销控制，就是指网络营销管理者利用一定的监测手段跟踪整个网络营销活动的运行状况、衡量实际执行结果与预定计划之间的偏差，并采取适当的措施纠正偏差以保证网络营销目标实现的行为。

（一）网络营销绩效评价

网络营销的直复特性、网络运行的可追踪性以及数据库技术的发展，使管理者可以定期对网络营销的绩效进行评价，以准确地了解网络营销计划的执行情况，确认网络营销的运行效果，从而为企业改进网络营销策略提供决策依据。网络营销绩效评价需要建立一套体系完整、切合企业实际、为投资者及社会所认同的网络营销绩效评价指标体系和评价方法。

（二）网络营销计划控制

根据市场营销原理，网络营销计划控制主要有三种类型：年度计划控制、赢利能力控制和战略控制。

年度控制计划是指由企业高层网络营销管理人员负责的，旨在发现网络营销计划执行中出现的偏差并及时予以纠正，以保证年度计划得以顺利实现的网络营销控制活动。企业的年度计划控制包括销售分析、市场占有率分析、市场营销费用对销售额的比率分析、财务分析和顾客态度追踪等内容。

赢利能力控制旨在测定企业不同产品、不同销售地区、不同顾客群、不同销售渠道以及不同规模订单的赢利情况。没有严格的网络营销成本和生产成本的控制，企业要取得较高的赢利水平和较好的经济效益是难以想象的。因此企业一定要对营销网站运营费用、网络促销费用、物流仓储费用、商品运输配送费用、生产产品的材料费、人员费用和制造费用进行有效控制，全面降低支出水平，保证或提高企业的赢利能力。

战略控制是指网络营销管理者通过采取一系列行动在网络营销活动中不断地评估和总结反馈信息，持续地对战略进行修正和改进，使网络营销的实际工作与原战略规划的目标尽可能地保持一致。

（三）网络营销安全控制

网络营销安全控制是指在网络营销活动中，通过采取管理、技术等方面的措施，尽量减少不确定性风险给企业与顾客带来损失的过程。形成网络营销风险的原因有很多，如网络环境技术体系不完善、网络营销系统不完善以及营销活动本身可能产生的负面作用等。

网络技术体系不完善可能给企业网络营销活动带来安全隐患。对于这类安全问题主要通过一些信息安全技术如防入侵、加密、认证等加以解决。

网络营销系统不完善可能造成交易不安全，这就要求企业必须建立起一套完整的、适应网络环境的安全管理制度，如人员管理制度、信息保密制度、跟踪审计制度、数据备份制度以及病毒清理制度等。

营销活动本身可能产生的负面作用将会给企业造成营销危机，网络营销有其特定的一些问题，如不恰当的网络广告、电子邮件等，都可能产生负面影响。

思政园地

2008 年 11 月 4 日，河南省卫辉市建设路附近，出现了一支特别的“日军毛驴部队”。身着日本军队二战时军装，肩扛长枪，骑着毛驴的四名男子，牵着十几头毛驴招摇过市。在队伍前方，一辆面包车上还有一支乐队，唢呐声、镲钹声不绝于耳，吸引路人围观。原来，这是一家驴肉店在用怪招宣传自己。对于这样的促销方式，市民们褒贬不一。有人认为，假扮侵华日军，靠“奇装异服”吸引眼球，其实是无视民族情感的丑陋行为；有人则认为，商业社会应对搞怪创意给予一定的容忍。

技能实训

实训一：网络商务信息工具的使用。

任务要求：请利用各种网络商务信息工具，收集你感兴趣的某个行业的发展趋势报告，通过研读报告总结出你对本行业发展的看法。根据你所关注的行业，设想你通过淘宝网或拼多多等电子商务平台在本行业创业，在创业前需要建立本行业的竞争对手资源表。请利用淘宝网等平台收集本行业店铺。然后选出十个左右主要对手的站点围绕店名（网址）、店铺介绍、经营范围、规模、特色、优势、主打产品、价格区间、店铺评价等进行调研分析。

实训二：使用邮件地址搜索、邮件群发和邮件跟踪软件。

任务要求：能够熟练使用邮件地址搜索、邮件群发和邮件跟踪软件。

实训三：微信账号（微店）推广。

任务要求：推广个人微信账号，开通微信商城，上传自己的主题产品（10 张左右的主题照片），并撰写一篇约 100 字左右的微店推广短文。

第八章 跨境电子商务技术

■学习要点及目标

了解跨境电子商务平台，掌握一种跨境电商平台的操作流程，跨境商品的选择方法。

■技能目标

能够借助跨境电商平台完成信息收集、发布、推广，商品的销售、物流费用设置、客户管理、店铺管理等工作。

■思政目标

具备良好的思想品德、职业道德、与全世界交流的大国自信。

■案例

跨境电商元年

一家知名的出口跨境电商公司兰亭集势的定位是整合了中国供应链服务的在线出口 B2C。兰亭集势公司创立于 2007 年。兰亭集势（官方网站：www.lightinthebox.com）于 2013 年 6 月 7 日在纽约交易所上市，首次公开募股（IPO）发行价为 9.5 美元，收盘股价 11.61 美元，市值 5.68 亿美元，成了所谓的“中国外贸电商第一股”。

2014 年被互联网、风险投资、国际贸易等行业的从业者们一致认为是跨境电商的元年。而 2015 年，中国风险投资行业对跨境电商类创业公司的关注和投资则更加集中。2015 年有两个词汇是风投人士使用频率最高的，一个是“O2O”(online to offline)，也就是线上和线下结合的全渠道创业。另外一个则是“跨境电商”。O2O 创业项目如此繁多，以至于北京市望京地区竟然出现了著名的“O2O 微信二维码扫码”一条街。而“跨境电商”这个关键词如此有诱惑力，以至于许多上市公司，无论跟零售行业是否相关，都在宣称要进军跨境电商。

（资料来源：贺俐. 当时尚遇见跨境电商［M］. 北京：电子工业出版社，2016.）

第一节　跨境电子商务的概念与特征

一、跨境电子商务的概念

跨境电子商务作为推动经济一体化、贸易全球化的技术基础，具有非常重要的战略意义。跨境电子商务不仅冲破了国家间的障碍，使国际贸易走向无国界贸易，同时它也正在引起世界经济贸易的巨大变革。对企业来说，跨境电子商务构建的开放、多维、立体的多边经贸合作模式，极大地拓宽了企业进入国际市场的路径，大大促进了多边资源的优化配置与企业间的互利共赢；对于消费者来说，跨境电子商务使他们非常容易地获取其他国家的信息并买到物美价廉的商品。

在新一轮信息技术革命的驱动下，全球电子商务与传统经济进一步融合，呈现出多元化、无边界化、服务化、全球化的发展趋势。根据《中国电子商务发展报告 2017—2018》，跨境电子商务继续保持快速发展态势，跨境网络零售增长迅速。海关统计显示，去年中国海关验放的跨境电商零售进出口额为 902. 4 亿元，同比增长 80. 6%，其中出口为 336. 5 亿元，进口为 565. 9 亿元，同比分别增长了 41. 3%和 120% 。

跨境电子商务是指分属不同关境的交易主体，通过电子商务平台达成交易、进行支付结算，并通过跨境物流送达商品、完成交易的一种国际商业活动。

二、跨境电子商务的特征

跨境电子商务作为一种新型贸易方式，兼具国际贸易和电子商务两方面特征。与传统国际贸易相比，跨境电商交易具有中间环节少、交易周期短、交易成本低、成交金额小、交易频次高等显著特征。

（一）跨境电商有效减少外贸商品流通环节，释放利润空间

传统外贸一般是由专业的外贸公司将国内生产或制造商的产品出口给外国的进口商，外国的进口商再将进口商品分销给外国批发商、零售商，最后到达消费者手里。商品从生产制造商到达消费者手中所经历的环节多、时间长。跨境电子商务有效地缩短了外贸价值链的长度，国内的生产制造商可以通过网商或者自己直接将商品通过跨境电商平台卖给外国的网商或消费者，从而减少了中间的渠道环节、降低了渠道成本，不仅给进口企业释放了利润空间，而且消费者也可以享受更多实惠。传统外贸与跨境电商商品流通环节对比如图 8-1 所示。

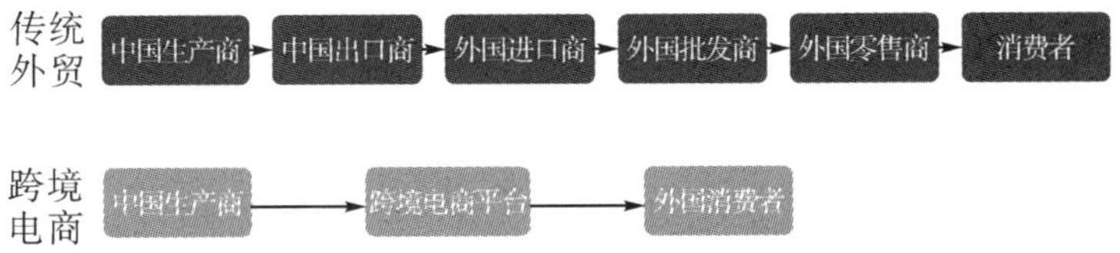

图 8-1　传统外贸与跨境电商商品流通环节对比

（二）跨境电商缩短交易时间降低交易成本

跨境电子商务交易平台是实现外贸商业模式转变的重要力量。电商平台即时的信息沟通不仅加强买卖双方的互动交流，而且大大提高了磋商的效率、加快了成交进程。便捷的网上支付操作，避开了传统方式下到银行办理结算的烦琐手续和较高的银行费用。一站式在线物流管理，多种物流解决方案可供选择，实现快捷低成本送货上门。通过在平台上的网络营销、在线交易、在线支付、在线物流管理，实现信息流、资金流、物流的整合管理，大大缩短了交易周期，降低了交易成本。

三、跨境电子商务与传统国际贸易的区别

对于跨境电子商务的买家和卖家来说，交易的环节大为缩短，交易成本大为降低。跨境电子商务与传统国际贸易相比，主要区别如下：

（一）信息流、资金流、物流的融合程度不同

传统贸易方式下，买卖双方之间磋商签约、货款结算与资金融通、物资流动，以及交易双方与保险公司、商检机构、海关、外汇、税务机关等部门的信息沟通多为分离进行的。而在跨境电子商务模式下，有关商品交易的信息流、资金流、物流在跨境电商平台上实现了高度融合，交易双方的沟通、签约、货款支付、物流追踪完全实现了网络化和电子化，高效、便捷。

（二）合同形式及采用贸易术语不同

传统贸易方式下，买卖双方通过交易磋商，按照离岸价（FOB）、成本加运费（CFR）、成本费加保险费加运费（CIF）等术语成交，订立书面合同，买卖双方的风险划分地点为装运港船上，卖方以交单代替交货（象征性交货）。跨境电子商务的交易是在跨境电商平台上完成的，买卖双方成交通常在交易平台上以买方下单（电子合同）、预付货款的方式表示，一般不约定贸易术语，也没有书面合同。在跨境电商贸易实践中，卖方在将货物送达买方指定地点完成交货任务（实质性交货），买卖双方风险划分的地点为进口国买方指定地点，相当于传统国际贸易中的税后交货（DDP）术语。

（三）买卖双方承担的责任不均衡

在传统国际贸易中，无论是采用 FOB、CFR、CIF 术语，还是采用货交承运人（FCA）、运费付至指定目的地（CPT）等术语，买卖双方承担的责任比较均衡。一般由出口商负责将货物交到装运港船上（或买方指定的承运人）、负责办理出口清关手续，根据贸易术语的不同卖方还有可能负责租船订舱或办理投保手续；进口商负责办理支付、进口清关及提货手续，根据贸易术语的不同买方也有可能负责租船订舱或办理投保手续。但是在跨境电子商务模式中，一般由出口商完成发货、托运、投保、进出口清关的全部程序，进口商只需要履行网上支付和指定地点接货的义务，而无须办理托运、投保、清关缴税等手续。也就是说，在跨境电商模式下，出口商承担的责任

较多，进口商承担的责任较少。

（四）采用的运输方式不同

传统国际贸易多采用海洋运输，其次是航空运输和铁路运输，一般需要出口商或货运代理将货物自行运到装运港口、车站，再由承运人将货物运至目的港或目的地。而跨境电子商务通常采用邮政小包、国际快递和跨境专线等运输方式，由承运人提供门到门的运送服务。

（五）采用的付款方式不同

传统国际贸易通常采用电汇、托收、信用证等支付方式，买方需要到当地银行办理汇款、托收和开证等付汇手续，卖方也需要按照相应的国际惯例提交有关单据办理结汇手续，一般来讲手续比较烦琐、耗时较长、银行费用较高。而跨境电子商务模式下，买家一般在交易平台上通过电子支付将货款支付给第三方平台，待确认收货无误后，再由第三方将货款支付给卖家。相比而言，跨境电子商务模式支付手续简单、快捷、费用较低。

（六）适用的国际法律与惯例不同

传统国际贸易一般都适用《联合国国际货物销售合同公约》《国际贸易术语解释通则》《跟单信用证统一惯例（UCP600）》等国际公约与惯例。而针对跨境电子商务的法律框架，尽管有《联合国国际贸易法委员会电子商务示范法》、欧盟的《电子签名指令》和《电子商务指令》、美国的《统一计算机信息交易法》和《电子签名法》等法律，但是尚没有形成具有全球范围约束力的国际电子商务公约或国际惯例。

第二节　跨境电子商务技术流程

一、跨境电子商务的业务主体

跨境电子商务的业务主体主要包括以下几个方面：

（一）跨境电子商务平台企业

B2B 第三方交易服务平台企业主要有敦煌网（DHgate），B2B 信息服务平台的主要代表企业有阿里巴巴国际站、环球资源网、中国制造网等。B2C 第三方交易平台包括全球速卖通（Ali Express）、亚马逊（Amazon）等。自营交易平台包括兰亭集势（Lightinthebox）、环球易购等。

（二）综合服务企业

一站式外贸综合服务平台“世贸通”提供通关税、退税、物流、融资等服务。中小企业外贸综合服务平台“一达通”，代理通关、外汇和退税等业务。

（三）网络营销、代运营企业

外贸 B2B、B2C 网络整合营销平台，网络解决方案提供商有四海商舟（BizArk）等。

（四）物流企业

物流整合企业有出口易、递四方速递等；物流服务提供商有中国邮政、UPS、DHL、FedEx、TNT、顺丰速运等。

（五）金融企业

支付企业有维萨、万事达卡等；融资企业有中国银行、平安银行等；保险公司有太平洋保险、中银保险等。

（六）消费者

消费者指跨境电商零售进口商品的境内外购买人。

二、跨境电子商务进出口流程

（一）跨境电子商务进口流程

国内消费者或商户在跨境电商平台上选购商品并进行支付，由平台合作物流公司办理物品的出境和入境清关手续，完成国际运输和国内配送，将商品送达国内消费者或商户手中。

1. 海淘直邮的交易流程

一般情况下，通过海淘直邮的交易流程为：境内消费者在境内外网站上选购商品，然后下单，并支付资金。预扣税收后，卖方按照合同约定向买家发货，货品抵达海关监管区，之后向口岸海关申报，海关放行，快件派送至消费者，消费者收到货品，付款给卖家。

2.“保税进口”交易流程

“保税进口”集货模式的流程：消费者在境外相关电商平台上选购商品并支付订单，预扣税款，卖方根据消费者下达订单的情况，先在境外组织货源，并将同一物流方向的商品打包成一个个的小包裹，然后装在同一个集装箱，统一发货到特殊监管区域，之后向口岸海关申报，海关放行，快件派送至消费者，消费者收到货品，最后付款给卖家。

“保税进口”备货模式的流程：进出口企业从国外进口一批商品，并通过物流方式运至特殊监管区域保税仓库，消费者选购商品，然后下单并支付采购订单，预扣关税后，卖方按照合同约定从保税港区向买家发货，货品抵达海关监管区，并向口岸海关申报，海关放行，快件派送至消费者，最后消费者支付货款给卖家。

（二）跨境电子商务出口流程

出口通关模式、交易流程与进口模式相差不大，在跨境电商出口业务中，国内生产商或制造商在跨境电子商务平台上展示自家商品，外国客户（买家）选购商品并支付后，由跨境电商运营商（卖家）将商品交付物流公司递送。商品经过出口清关检验和进口清关检验后送达客户。一些跨境电商运营商与第三方综合服务平台合作委托后者办理物流、商检等环节。值得注意的是：出口商品涉及出口退税，对于有增值税发票的货物，应先由邮寄公司按照货物的不同种类进行分类，然后集中运至海关指定的出口仓储仓库。海关按照“清单核放，汇总申报”的模式进行通关；对于无法取得增值税发票的货物，则无法参与退税，一般情况下采用传统普通邮件行邮通关。

第三节 跨境电子商务技术方法

一、跨境商品选择的常用方法

对于跨境电商来说，生意做得成功与否，产品的选择起到很重要的作用。就像人们常说的，选择大于努力。

（一）店铺的定位

店铺的定位需要从目标市场、目标客户需求以及经营者的核心竞争力考虑。

（二）需求分析

对海外目标市场进行需求分析，需要结合第三方数据信息。只有建立正确的数据基础才能得出有力的证明，这些数据需要通过行业协会、行业展会等去获取。此外，还需要定期地去跟进，使得自己的产品能够与海外目标市场的需求更好地对接。

（三）确定热销产品

产品的选择，需要通过来自各方面的信息去综合考虑。目前，做跨境电商的主要平台有亚马逊、速卖通等。在这些平台上，输入确定行业的相关关键词，在平台的搜索框就会出现一些热门搜索词，通过这些词，再结合第三方数据工具进行分析，便可得出供参考的结论。

（四）了解国外行业网站

研究受欢迎的产品款式。在行业网站上，聚集着专业性很强的信息，如新闻资讯、产品款式。这些行业网站是通过对当地的消费者进行分析之后，才提供内容来吸引消费者的注意力。所以在选择产品的时候，可以先研究目标国家相关行业网站的产品，以作为自己做跨境电商产品选择的参考。

（五）借助社交媒体了解产品需求

社交媒体聚集了大量的终端客户，人气很旺，而且与人们的生活紧密相关。可以通过国外的社交媒体来了解用户的习惯和兴趣，还可以通过社交媒体了解所选行业和目标市场对于某些产品的品类和款式的喜爱程度。国外常见的社交媒体有脸书、推特等。

（六）借助做得好的跨境电商商家

在跨境电商平台，可以通过关键词搜索到一些排名靠前的榜样店铺。进入店铺之后，可以通过买家页面去研究选品的技巧，研究产品的标题、关键词、市场定位、市场活跃度以及产品的特性、定价等。在借鉴商家店铺的时候，需要了解该店铺产品的盈利能力，从而有助于自身店铺产品的选择与定价。

（七）产品的分类与产品线

任何一个商铺，不可能只销售几个产品，而是需要选择合适的产品分类与产品线。为了能够准时地给客户发货，跨境电商需要备一些库存。但是，对于库存的把控，不同的产品有不同的要求，因为这涉及资金流的问题。做得好的跨境电商，肯定不是什么产品都做，看见哪个产品卖得好就卖什么，而是有自己的定位。通过将引流产品、核心盈利产品、常见产品进行合理搭配，保证产品之间的关联性，可以吸引潜在的目标客户，增加客户的黏合度。所以，跨境电商对于产品的选择，需要结合定位进行拓展，进行关联性搭建，而不是盲目地扩充。

二、跨境物流选择常用方法

跨境电子商务与现代物流的集成，形成了一种新型的物流——跨境电子商务物流。跨境电子商务物流是一种高度发达的物流形式，它是建立在现代信息技术、自动化技术和先进的管理思想基础上的集成化物流运作模式，信息渠道畅通的电子商务成为其主要支撑。

跨境电商物流是指当生产、消费分别在两个或在两个以上的国家（或地区）独立进行时，为了克服生产和消费之间的空间间隔和时间距离，对货物（商品）进行物流性移动的一项国际商品交易或交流活动。通过跨境电商物流达到国际商品交易的最终目的，即实现卖方交付单证、货物和收取货物。

（一）邮政物流（air mail）选择

国际小额邮包分为普通空邮和挂号两种。前者费率较低，但不提供跟踪查询服务；后者费率稍高，可提供网上跟踪查询服务。一般要求货物包裹的重量在2千克以内，外包装长宽高之和小于90厘米，且最长边短于60厘米。国际小额邮包适合对运费成本敏感，对货运时间要求不高，价格较低，体积较大的产品。目前常见的国际小额邮包有中国邮政小包、中国香港小包、新加坡小包、荷兰小包、瑞士小包、俄罗斯小包、斐济小包等。

1. 中国邮政小包

中国邮政小包是中国邮政开展的国际邮政小包业务，通过中国邮政将货物发到国外，再通过当地邮政系统送达买家手中。中国邮政小包可寄达全球220多个国家和地区的各个邮政网点。一般15个工作即可送达。

优点：运费便宜，首重和续重都是100克，清关能力强，能邮寄的物品比较多。

资费计算的不同计算公式如下：

挂号资费：标准资费×实际重量×折扣+挂号费8元=总额

平邮资费：标准资费×实际重量×折扣=总额

中国邮政小包价格以中国邮政官方公布价格为准，各地邮政折扣会有所不同，不同货代价格和对应服务也会有差异。

2. 中国香港小包

中国香港小包是指通过中国香港邮政发送到国外客户手中的国际小包。一般7~12个工作日可送达。主要优势如下：

高效。离岸处理时间一般只有1天，最长不超过3天，优于中国邮政国际小包3~7天的处理速度。

安全。中国香港邮政提供的国际小包服务是世界认可的优质产品，到达多数国家的正常运输时间仅需5~9个工作日，且掉包率低，既快速又安全。

全球化。中国香港小包可以将产品送达全球几乎任何一个国家或地区的客户手中，只要有邮局的地方都可以到达，大大扩展了外贸卖家的市场空间。

运费便宜，全球统一价，以10克为计量单位。

3. 新加坡小包

新加坡小包是新加坡邮政推出的针对货物重量在2千克以下的一种邮政小包。新加坡小包货物先到达新加坡，由新加坡邮政处理后再转运至全球各个国家及地区，主要优势如下：

价格低。新加坡小包有较好的价格优势。

速度快。到达多数国家的正常运输时间需 7~15 个工作日。

安全性高。新加坡邮政提供的国际小包服务是世界认可的优质产品，掉包率低，既快速又安全。

时效性好。新加坡国际机场作为全球三大国际机场之一，运力非常充足，相比其他国际小包，新加坡小包时效性颇具优势。

4. 荷兰小包

荷兰小包是荷兰邮政推出的一项欧洲快捷小包业务。该服务立足于荷兰，辐射整个欧洲，依托荷兰邮政的网络和清关系统，打造高品质区域性小包服务：清关好，派送快，查询优。荷兰小包最主要的优势是它可走电池件，其主要优势如下：

邮政清关。一般的专线服务是由当地清关代理清关，稳定性较差，但是荷兰由国家负责清关，属于邮政清关通道，稳定性较好。

重货有价格优势。到欧洲主要国家，500 克以上的货物相对于市场上主要的小包有一定的价格优势。

派送时效好。市场上主流小包时效一般是 7~15 个工作日，荷兰小包到欧洲主要国家只需 5~10 个工作日。

追踪查询好。欧洲主要国家，如英、法、德、意等国，都可以查询。货物跟踪信息详尽，接近于快递。

国际 e 邮宝。国际 e 邮宝是中国邮政为适应国际电子商务寄递市场的需要，为中国电商卖家量身定制的一款全新经济型国际邮递产品。国际 e 邮宝和中国香港国际小包服务一样都是针对轻小件物品的空邮产品。目前，该业务限于为中国电商卖家寄件人提供发向美国、加拿大、英国、法国和澳大利亚的包裹寄递服务。

递送时效。国际 e 邮宝正常情况下 7~10 个工作日即可完成妥投，在国内段使用 EMS 网络进行发运；出口至美国后，美国邮政将通过其国内一类函件网（first class）投递邮件。通关采用国际领先的 emi 电子报关系统，保障卖家投递的包裹迅速准确地运抵目的地。

（二）商业快递（express）选择

1. UPS

UPS 是世界最大的快递公司，一般 2~4 个工作日可送达，强项为美洲路线、日本路线。

优点：速度快、服务好。货物可送达全球 200 多个国家和地区，查询网站信息更新快，遇到问题解决及时，可以在线发货，我国 109 个城市提供上门取货服务。

缺点：运费较贵，要计算产品包装后的体积重，对托运物品的限制比较严格。

2. DHL

DHL 是欧洲最大的快递公司，一般 2~4 日工作日可送达，其在欧洲、西亚、中东有绝对优势。

优点：速度快，去欧洲一般 3 个工作日，到东南亚一般 2 个工作日。DHL 可送达国家网点比较多，查询网站货物状态更新也比较及时，遇到问题解决速度快，21 千克以上的物品更有单独的大货价格，部分地区大货价格比国际 EMS 还要便宜。一般通过货代也能拿到 5 折左右的折扣。

缺点：走小货价格相对较贵，也需要考虑产品体积重；对托运物品限制也比较严格，拒收许多特殊商品。

3. FEDEX

FEDEX 的邮件一般 2~4 个工作日可送达。其寄往东南亚的价格及速度最有优势，寄往美国、加拿大也比较有价格优势。

优点：寄往中南美洲和欧洲的价格较有竞争力，去其他地区运费较贵。网站信息更新快，网络覆盖全，查询响应快。

缺点：价格较贵，需要考虑产品体积重，对托运物品限制也比较严格。

4. TNT

TNT 是荷兰最大的快递公司，一般 2~4 个工作日可送达，在西欧国家清关能力较强。

优点：速度较快，可送达国家比较多，查询网站信息更新快，遇到问题响应及时。

缺点：需要考虑产品体积重，对所运货物限制比较多。

（三）专线物流及其他快递选择

专线物流是针对某个国家或地区快递公司的自主渠道，如俄罗斯、中东、美国，专线物流可以跟踪包裹。100 克或 500 克一个单位计价，按具体线路计费。根据具体国家和地区判断到达时间，一般 4~7 个工作日即可到达。

专线物流时效快捷、区域针对性强，并具有比一般快递更为优化的计重方式，其费用介于邮政小包和 EMS 之间，能为小货件的寄送节约大量成本。专线物流实时提供全程网上跟踪服务，但清关能力较弱。

1. AliExpress 无忧物流

AliExpress 无忧物流是阿里巴巴集团旗下全球速卖通及菜鸟网络联合推出的官方物流服务，为速卖通卖家提供国内揽收、国际配送、物流详情追踪、物流纠纷处理、售后赔付一站式的物流解决方案，渠道稳定时效快。菜鸟网络与优质物流商合作，搭建覆盖全球的物流配送服务。通过领先业内的智能分单系统，根据目的国、品类、重量等因素，匹配出最佳物流方案，核心国家的预估时效为 16~35 天。运送范围：全球 254 个国家及地区，无忧物流的承诺运达时间由平台承诺，卖家不能修改。因物流原因导致的纠纷退款由平台承担，标准物流上限 800 元人民币。无忧物流具有以下特点：

第一，操作简单。一键选择无忧物流即可完成运费模板配置，深圳、广州、义乌等重点城市提供免费上门揽收服务。

第二，平台承担售后。物流纠纷无须卖家响应，直接由平台介入核实物流问题并判责。因物流原因导致的纠纷、店铺动态评分（DSR）低分不计入卖家账号考核。

第三，交寄便利。深圳、广州、东莞、佛山、汕头、中山、珠海、义乌、金华、杭州、宁波、上海、苏州、无锡、北京、福州、厦门、泉州、青岛、温州（含乐清）、南京、长沙、武汉提供上门揽收服务，非揽收区域卖家可自行寄送至集运仓库。

第四，赔付无忧。物流原因导致的纠纷退款，由平台承担，赔付上限为 800 元人民币。

目的国无法投递退件收费标准：选择销毁时不产生费用，选择退回的物流单每单将收取0.6元退件附加费。选择退回的物流单一旦发生无法投递的情况，将免费退到卖家手上，不再单独收取退回运费。

2. Special Line—YW

Special Line—Yw，即航空专线——燕文，俗称燕文专线，是北京燕文物流公司旗下的一项国际物流业务。线上燕文专线目前已开通南美专线和俄罗斯专线。燕文航空挂号小包支持发往40个国家。正常情况：10~35天到达目的地。特殊情况：35~60天到达目的地。目的国无法投递退件的收费标准：选择销毁时不产生费用，选择退回的物流单每单将收取0.7元退件附加费，选择退回的物流单一旦发生无法投递的情况，将免费退回卖家手上，不再单独收取退回运费。因物流商原因在承诺时间内未妥投而引起的限时达纠纷赔款，由物流商承担，按照订单在速卖通的实际成交价赔偿，最高不超过700元人民币。燕文专线具有以下特点：

第一，时效快。燕文航空挂号小包根据不同目的国家选择服务最优质和派送时效最好的合作伙伴。燕文在北京、上海和深圳三个口岸直飞各目的国，避免了国内转运时间的延误，并且和口岸仓航空公司签订协议保证稳定的仓位。燕文航空挂号小包可以全程追踪，派送时效在10~35个工作日。

第二，交寄便利。北京、深圳、广州（含番禺）、东莞、佛山、杭州、金华、义乌、宁波、温州（含乐清）、上海、南京、苏州、无锡、郑州、泉州、武汉提供免费上门揽收服务，揽收区域之外可以自行发货到指定集货仓。

第三，赔付保障。邮件丢失或损毁提供赔偿，可在线发起投诉，投诉成立后最快5个工作日完成赔付。

3. 中俄航空专线

中俄航空专线是在国内通过快递集货、航空干线直飞，在俄罗斯通过俄罗斯邮政或当地落地配进行快递配送的物流专线的合称，是黑龙江俄速通公司与阿里巴巴速卖通合作的项目，专为速卖通平台的电商设立，是速卖通平台的“合作物流”。针对跨境电商客户物流需求的小包航空专线服务，渠道时效快速稳定，全程物流跟踪服务，16~35天到达目的地。北京、深圳、广州（含番禺）、东莞、佛山、杭州、金华、义乌、宁波、温州（含乐清）、上海、南京、苏州、无锡、郑州、泉州、武汉1件起免费上门揽收，揽收区域或非揽收区域也可自行发货到指定集货仓。赔付有保障，邮件丢失或损毁可提供赔偿，可在线发起投诉，投诉成立后最快5个工作日完成赔付。中俄航空专线支持发往俄罗斯全境邮局可到达的区域。目的国无法投递退件的收费标准：选择销毁时不产生费用，选择退回的物流单每单将收取0.6元退件附加费，选择退回的物流单一旦发生无法投递的情况，将免费退回卖家手上，不再单独收取退回运费。

4. Aramex

Aramex，即中外运安迈世，在国内也称为“中东专线”，是发往中东地区的国际快递的重要渠道。它具有在中东地区清关快、时效高、覆盖面广、经济实惠的特点。

中东专线作为中东地区最知名的快递公司，成立于1982年，是第一家在纳斯达克上市的中东国家公司，提供全球范围的综合物流和运输解决方案。中东专线在全球拥有超过354个分公司，17 000名员工。中东专线与中外运于2012年成立了中外运安迈世（上海）国际航空快递有限公司，提供一站式的跨境电商服务以及中国进出口的清关和派送服务。

中东专线服务目前支持中东、印度次大陆、东南亚、欧洲及非洲航线。目前平台上发货目的国有25个：阿联酋、印度、巴林、塞浦路斯、埃及、伊朗、约旦、科威特、黎巴嫩、阿曼、卡塔尔、沙特阿拉伯、土耳其、也门、孟加拉国、巴基斯坦、斯里兰卡、新加坡、马来西亚、印度尼西亚、泰国、肯尼亚、尼日利亚、加纳、以色列，且均为全境服务。在目的地国家无异常情况下一般3~6天完成派送。

中东专线对接的仓库有上海伯肯仓库、上海博丰仓库、杭州仓库、义乌仓库、深圳宝安仓库、温州仓库、青岛仓库、许昌仓库、广州仓库、东莞仓库、汕头仓库、江门仓库。

三、国际物流服务商选择的常用方法

物流是跨境电商的支柱，卖家们无疑都希望把货交付给服务商以便专注于销售，提升业绩。但是不同物流商提供的服务也有优有劣，它们既有自己的优势渠道和长处，也有无法匹配卖家需求的劣势。

（一）匹配度因素

根据产品选择物流，是跨境电商的第一铁律。有据可循，价格便宜且重量轻的货物适合使用国际小包，收费低廉；超重货物就要选择国际专线或快递，时效性和安全性更优；贵重商品则多依赖国际快递，时效最快。

同一级别的物流产品往往都有数量众多的供应商，但也有像顺丰国际这类提供多元服务的企业，从国际小包、国际特惠到国际标快一站式满足卖家需求。此外，特殊产品如带电商品、带粉末的化妆品等，服务商的渠道能否接纳，也是匹配度的一个考量范畴。

（二）运价因素

国际物流的成本无疑是卖家最关注的问题之一。运费不是越低越好，而是要可控。因此供应商是否提供透明、合理、稳定的报价很重要。

卖家在选择时还要通盘考虑有没有运费之外的其他隐性收费，如有没有燃油附加费，收不收D类报关费，如果是轻抛货还要考虑体积重怎么计算等。可让供应商明确列出各种收费项目、计费方式，这样更便于考察，必要时可列入合同明细。

（三）时效因素

时效是卖家对物流服务商的另一个重要的考核标准。如果符合买卖双方对时效的预期，在可控的成本下，时效是越稳定越好，对体验有保障。建议淡季多联系几个物流商，同时走货测试下线路质量，为旺季做准备。在旺季时，也要考虑物流商的承运能力，看他们过往对于爆仓问题有没有好的应对方法和相应的理赔机制。

（四）派送因素

派送安全、稳妥可以避免很多后期不必要的售后麻烦和损失。卖家考核物流服务商时，可以详细了解他们全环节操作是否足够专业。国内集货看其仓储分拨是否容易造成失误。头程看其通路、清关优势，是直发还是多层转包。目的国看落地派送质量、尾程的可控性。

顺丰国际在深圳的国际小包跨境操作中心，包裹的揽收、封发都是按照标准规范的流程操作。此外顺丰国际在海外有分公司团队及客服团队及时响应，排查物流异常事件。物流节点的动态在线都是可查、可追踪的，异常情况能得到及时处理。

（五）服务因素

服务，这是成本和时效之外，必须考虑的一个重要因素。例如，物流商在节假日收不收件，有没有专业的车辆可以满足特殊的装货需求，是不是有全程路由跟踪，有没有海外客服为买家提供查件服务。各种服务的细节，决定了这家物流商是否值得依靠和信赖。

总而言之，找到一家长期、稳定、诚信、值得信赖的物流合作伙伴，即是给包裹最好的保障。

四、海外仓选择常用方法

目前海外仓成了业内较为推崇的物流模式，如易趣将海外仓作为宣传和推广的重点，推出万邑通（Winit）美国仓、英国仓、德国仓。出口易、递四方等物流服务商也大力建设海外仓储系统，不断上线新产品。速卖通、大龙网等国内大型跨境电商企业提前运筹海外仓布局和云仓储管理系统。

（一）海外仓的种类

根据运营主体的不同，海外仓分为自营海外仓模式和第三方公共服务海外仓模式。

1. 自营海外仓模式

自营海外仓模式是指由出口跨境电商企业建设并运营的海外仓库，仅为本企业销售的商品提供仓储、配送等物流服务的物流模式。整个跨境电商物流体系是由出口跨境电商企业自身控制的，类似于国内电商物流中的京东物流体系、苏宁物流体系。例如，兰亭集势 2014 年起相继在欧洲、北美设立海外仓，实现中国商品在海外本土发货，采取的就是自营海外仓模式。

2. 第三方公共服务海外仓模式

第三方公共服务海外仓模式是指由第三方物流企业建设并运营的海外仓库，并且可以为众多的出口跨境电商企业提供清关、入库质检、接收订单、订单分拣、多渠道发货、后续运输等物流服务的物流模式。整个跨境电商物流体系是由第三方物流企业控制的，类似于国内电商物流中的淘宝物流体系。例如，成立于 2012 年 11 月的万邑通信息科技有限公司，目前已在中国、美国、英国、德国和澳大利亚拥有全球直营仓库，2013 年以来，万邑通针对易趣卖家推出了澳大利亚、美国、英国、德国四大公共海外仓服务，为包括中国的卖家提供国内外仓储管理、“最后一公里”派送管理、数据分析等多项服务，是中国最著名的跨境电商物流整体解决方案提供商之一。

（二）海外仓的选择方法

随着跨境电商的产品品类逐渐增多，以家居产品为代表的大货、重货越来越多且难以通过空运和海运配送。由于运送时间过长，很多出口跨境电商采用海外仓进行配送，缩短了商品到达客户的时间，可以吸引更多买家。海外仓的建设及运营成本较高，主要适用于货价较高、货运周期长、对物流成本承担能力较强且市场销量较大的商品。另外，使用海外仓的产品最好是热销单品，因为这类产品库存周转快，方便卖家控制成本。

1. 选择自营海外仓

自营海外仓是由出口跨境电商建立（或租赁）以及运营的，是由出口跨境电商在国外新建的一个全新物流体系，需要投入大量的资金，需要出口跨境电商具有较强的海外物流体系控制、运营能力，所以，选择自营海外仓应该是市场份额较大、实力较强的出口跨境电商。

2. 选择公共海外仓

公共海外仓是由第三方物流企业建立、运营的仓库，出口跨境电商是物流需求方，第三方物流企业是物流供给方，由第三方物流企业为出口跨境电商提供仓储、分拣、包装、配送等项目的一站式服务。与自营海外仓相比，选择公共海外仓的应该是市场份额较小、实力较弱的出口跨境电商。

（三）海外仓的运作业务流程

1. 自营海外仓的业务流程

出口跨境电商通过海运、空运或者快递等方式将商品集中运往本企业经营的海外仓进行存储，并通过本企业的库存管理系统下达操作指令。

第一，出口跨境电商自己或者委托物流承运人将货发至本企业经营的海外仓。这段国际货运可采取海运、空运或者快递方式到达仓库。

第二，出口跨境电商使用本企业的物流系统，远程操作海外仓储的货物，并且保持实时更新。

第三，出口跨境电商物流部门根据出口跨境电商的指令对货物进行存储、分拣、包装、配送等操作。

第四，系统信息实时更新。发货完成后，出口跨境电商的物流系统会及时更新以显示库存状况。

2. 公共海外仓的业务流程

出口跨境电商通过海运、空运或者快递等方式将商品集中运往第三方物流企业经营的海外仓进行存储，并通过第三方物流企业的库存管理系统下达操作指令。

第一，出口跨境电商自己或者委托物流承运人将货发至第三方物流企业经营的海外仓。

第二，出口跨境电商通过第三方物流企业的物流信息系统，远程操作海外仓储的货物，并且保持实时更新。

第三，第三方物流企业根据跨境电商的指令对货物进行存储、分拣、包装、配送等操作。

第四，发货完成后，第三方物流企业的物流系统会及时更新以显示库存状况。

五、国际运费计算的一般方法

（1）计费重量单位。特快专递行业一般以每 0.5 千克为一个计费重量单位。

（2）首重与续重。特快专递货品的寄递以第一个 0.5 千克为首重（或起重），每增加 0.5 千克为一个续重。通常起重的费用相对续重费用高。

（3）实重与材积。需要运输的一批物品包括包装在内的实际总重量称为实重；当需寄递物品体积较大而实重较轻时，因运输工具（飞机、火车、轮船、汽车等）承载能力所限，需采取量取物品体积折算成重量的办法作为计算运费的重量，称为体积重量或材积。体积重量大于实际重量的物品又常称为轻抛物。

（4）计费重量。根据实重与材积两者的定义与国际航空货运协会规定，货物运输过程中计收运费的重量是按整批货物的实际重量和体积重量两者之中较高的计算。

（5）包装费。一般情况下，快递公司是免费包装，提供纸箱、气泡等包装材料，但很多物品如衣物，不用特别仔细的包装就可以。但对于一些贵重、易碎物品，快递公司还是要收取一定的包装费用。包装费用一般不计入折扣。

（6）通用运费计算公式。

①当需寄递物品实重大于材积时，运费计算方法为

运费=首重运费+［重量（千克）×2-1］×续重运费

例如：7 千克货品按首重 20 元、续重 9 元计算，则运费总额=20+（7×2-1）×9=137（元）。

②当需寄递物品实际重量小而体积较大，运费需按材积标准收取，然后再按上述公式计算运费总额。求取材积的公式如下：

规则物品：长（cm）×宽（cm）×高（cm）÷6 000=重量（千克）

不规则物品：最长（cm）×最宽（cm）×最高（cm）÷6 000=重量（千克）

③国际快件有时还会加上燃油附加费。比如燃油附加费为 9%，就需要在①中公式的结果上加：运费×9%（燃油附加费），一般会同运费一起打折。

（7）总费用。

总费用=（运费+燃油附加费）×折扣+包装费用+其他不确定费用。

思政园地

大国自信：没有任何力量能够撼动我们伟大祖国的地位

中国形成了统一的多民族、拥有 13 亿多人口而又精神上文化上高度团结统一的国家，这在世界上是独一无二的。中国连绵几千年发展至今历史从未中断，形成了独具特色、博大精深的价值观念和文明体系，这在世界上是独一无二的。中国形成了适合我国实际、符合时代特点的中国特色社会主义并取得了巨大成功，这在世界上是独一无二的。

——2018 年 1 月 5 日，习近平在新进中央委员会的委员、候补委员和省部级主要领导干部学习贯彻习近平新时代中国特色社会主义思想和党的十九大精神研讨班上的讲话

70 年在人类历史长河中只是弹指一挥间，但对中国人民和中华民族来讲，这是沧桑巨变、换了人间的 70 年。中华民族迎来了从站起来、富起来到强起来的伟大飞跃，迎来了实现伟大复兴的光明前景。对此，每个中华儿女都感到无比自豪！

——2019 年 9 月 30 日，习近平在庆祝中华人民共和国成立 70 周年招待会上的讲话

70 年来，全国各族人民同心同德、艰苦奋斗，取得了令世界刮目相看的伟大成就。今天，社会主义中国巍然屹立在世界东方，没有任何力量能够撼动我们伟大祖国的地位，没有任何力量能够阻挡中国人民和中华民族的前进步伐。

——2019 年 10 月 1 日，习近平在庆祝中华人民共和国成立 70 周年大会上的讲话

技能实训

实训一：访问跨境电子商务网站

任务要求：通过知道的跨境电子商务网站（如速卖通），在其网站上购买一种海外商品，比较国内电子商务网站上的购买流程，总结优劣势，并能提出建议。

实训二：认识不同跨境电子商务平台

任务要求：针对不同跨境电商平台（如亚马逊、易趣、速卖通、敦煌网、阿里巴巴国际站等）的销售市场、用户规模、用户消费特点进行分析。

实训三：计算跨境物流费用。

任务要求：了解不同跨境物流方式的运费率情况，选择一种跨境电子商务平台，实现运费模板、自定义运费模板的设置，掌握不同重量、不同体积的包裹资费计算方法，并能正确掌握相应的跨境电子商务平台的物流模板设置方法和技巧及注意事项。

第九章 电子商务网站开发技术

■学习要点及目标

了解电子商务和电子商务网站的基础知识，并对电子商务网站的实现技术有简单认识。

掌握电子商务网站的基本功能和体系结构。

■技能目标

熟悉电子商务网站建设的常用工具，掌握电子商务网站日常维护与管理。

■思政目标

培养爱国情怀，爱岗敬业。

■案例

亚马逊网上书店

没有固定的繁华店铺，没有面对面的亲切笑容，只以无店铺的方式经营——在1995年7月，亚马逊还只是个网站，但到1999年年底，其顾客已涵盖了160多个国家和地区，公司的市值达到90亿美元，远远超过对手一邦诺（Barnes&Noble）与边界（Boarders）两家公司的市值总和。

亚马逊公司(http://www.amazon.com/，简称亚马逊）是典型的面向消费者的零售网站（business to consumer，B2C）。亚马逊公司最初是个网上书店，但现在其产品种类已经扩大至音像光盘、录像带、化妆用品、宠物用品及杂货等，并提供拍卖及问候卡片等服务，它努力成为全球最大的网上零售商。谈及亚马逊，公司的创办人贝索斯说："我们要创建一个前所未有的事物。"

（资料来源：杨坚争. 电子商务网站典型案例评析［M］. 2版. 西安：西安电子科技大学出版社，2005.）

第一节　电子商务网站概述

电子商务网站（website）是利用计算机网络平台实现电子商务活动的信息系统，参与电子商务活动的主体需要通过它进行联系。现代企业的发展离不开一个功能强大的电子商务网站，它不仅能够提高管理效率、缩短生产周期、降低交易成本，还能够加强企业、客户以及供应商之间的联系，为企业树立良好的形象，加强企业的品牌效应。

一、电子商务网站功能

电子商务网站和一般网站的主要区别在于功能方面，它侧重解决商务活动的电子化。电子商务网站是企业发布商务活动、对企业品牌进行宣传推广、实现商务管理和在线交易的重要"窗口"，也是电子商务系统运转的承担者和表现者（图9-1）。

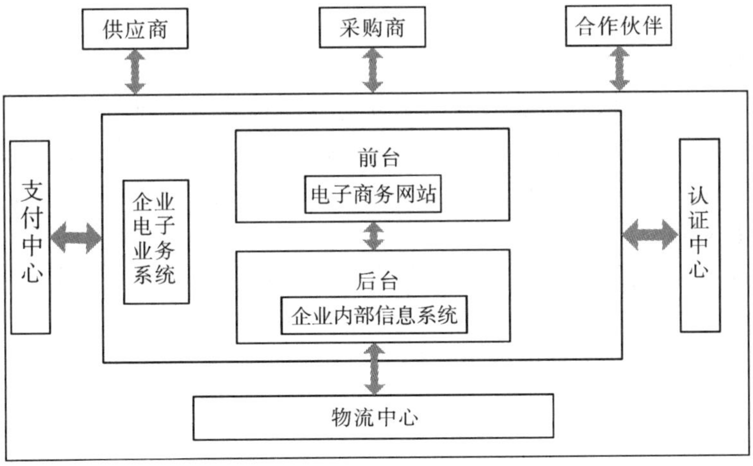

图9-1　电子商务网站在企业电子商务系统中的地位

（一）信息发布

企业可以利用电子商务网站发布产品信息和供求信息。信息的形式多种多样，可以是文字、图像、音频、视频等。

（二）广告宣传

与其他广告相比，电子商务网站提供的网络广告成本较为低廉，而信息量却比较大。

（三）咨询洽谈

电子商务网站应具有实现企业和客户进行咨询洽谈的功能。例如，企业可以利用非实时的电子邮件（e-mail）、新闻组（news group）和实时的讨论组（chat）了解市场和商品信息，洽谈交易事务，如有进一步的需求，还可用白板会议（whiteboard conference）来进行即时交流。电子商务网站能提供多种方便的异地咨询洽谈的形式。

（四）网上订购

电子商务网站应该具有方便快捷的网上订购功能。电子商务网站通常提供产品的电子目录，通过电子目录的产品介绍页面提供友好的订购提示信息，当客户提交订单后，网站回复确认信息。订购信息也可采用加密的方式使客户和商家的商业信息不会被泄露。

（五）电子支付

电子支付功能是保证电子商务交易完全实现的重要环节。电子支付系统是一个由买卖双方、网络金融服务机构（如银行）、网络认证中心以及网上支付工具（如电子支票、信用卡、电子现金）等组成的大系统，网络支付系统应有安全电子交易协议或安全套接层协议等安全控制协议，这些涉及安全的协议构成了网上交易的可靠环境。网上交易与支付环境的外层，则由国家及国际相关法律法规的支撑来予以实现。

（六）电子账户

电子支付必须要有电子金融的支持，也就是说，银行或信用卡公司及保险公司等金融机构要提供电子支付所需的网上操作服务，而电子账户管理是其基本的组成部分，我们可以把银行账号和信用卡卡号看作电子账户的一种标志。相关机构必须提供数字证书、数字签名、加密等技术措施以保证电子账户的可信度以及电子账户操作的安全性。

（七）物流服务

电子商务网站应该具有高效的物流服务，保证发货的及时、高效和准确，通常还会提供货物的实时运输状态。若电子商务网站在不同地区设有仓库或配送中心，还应该能够在网络中进行物流的调配。

（八）交易管理

电子商务网站的交易管理功能是从总体上保证企业高效率、低成本运营的有力工具。企业的整个交易过程会涉及企业和企业之间、企业和客户之间、企业内部各部门之间的人、财、物等多个方面的管理和协调，因此，交易管理是涉及商务活动全过程的管理。

（九）意见征询

意见征询就是利用电子商务网站提供的一些服务进行网络调研，收集客户的反馈意见，以提高企业的服务水平并树立企业形象。电子商务网站提供的意见征询方式一般有电子问卷、投票、电子邮件、论坛、虚拟社区等。

二、电子商务网站的体系结构

（一）电子商务网站的系统构成

电子商务网站是由域名、网站软件系统和硬件系统三个部分构成。

1. 网络域名

互联网上服务器都有一个数字的地址，即 IP 地址。域名就是与网络上的 IP 地址相对应的字符型地址。如“淘宝”网站的域名形式为：www.taobao.com。

2. 网站软件系统

软件系统一般包括网站服务器操作系统、数据库系统以及放在网站空间里面的程序文件系统。网站程序文件，一般包括网站前台和后台两部分内容。

3. 网站硬件系统

网站硬件系统是指支撑网站正常运行的整个硬件平台。它一般包括存放网站的服务器主机、数据库主机、邮件系统主机、DNS 服务器、路由器、交换机、防火墙、自动备份系统、后备电源设备等一系列硬件。

（二）电子商务网站的体系结构

要开发一个软件系统，首先要确定该系统的体系结构，以便于系统设计与相关人员之间的交流。目前，分布式软件系统的开发主要采用 C/S（client/server）和 B/S（browser/server）两种体系结构，电子商务网站则主要采用 B/S 体系结构。

1. C/S 体系结构

C/S 体系结构即客户机/服务器结构。C/S 体系结构可以分为两层或三层。两层 C/S 结构将系统分为客户机和服务器两层，其中客户机负责表示部分，服务器负责对数据的管理，而应用逻辑则在客户机或服务器上实现。三层 C/S 结构则把系统分为表示层、应用逻辑层和数据层，这三层分别在客户机、应用服务器和数据库服务器上实现，如图 9-2 所示。

图 9-2　三层 C/S 体系结构

C/S 体系结构的优点是响应速度快、用户界面比较丰富、安全性能较好。但是，C/S 体系结构中的客户机需要特定软件的支持，而不同客户机的硬件、软件环境可能存在较大差异，软件升级和维护的成本都比较高，不利于电子商务活动的推广。因此，大多数电子商务网站都采用下面所介绍的 B/S 体系结构。

2. B/S 体系结构

B/S 体系结构即浏览器/服务器结构。它是为了在互联网环境下更方便地运行客户端程序而对 C/S 结构的一种改进。B/S 体系结构的优点是不需要在客户机安装特定软件，而只需安装通用的浏览器软件；无须升级每个客户机，只须升级服务器即可。但是，B/S 体系结构的响应速度和安全性不如 C/S 体系结构。

目前，B/S 体系结构主要采用三层或四层结构。

（1）三层 B/S 结构。三层的 B/S 结构如图 9-3 所示，它由 Internet 客户端、Web 服务器和数据库服务器组成。

Internet 客户端就是一个 WWW 浏览器，它是服务器和用户进行交互的界面，用于向服务器发送数据或请求，并且从服务器接收数据。目前，常见的浏览器软件有 Internet Explorer、Netscape Navigator、Firefox 等。

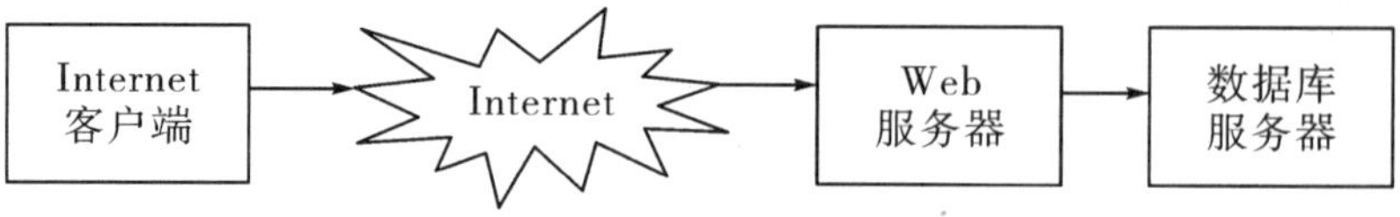

图 9-3　三层 B/S 结构

数据库服务器存储了电子商务网站中的数据信息。一般来说，需要把数据库服务器放在配置较好的机器上，以保证数据访问的高效快速，它可以是一台单独的计算机，也可以和 Web 服务器在同一台计算机上。

Web 服务器是客户端与数据库服务器之间的一个中介，使得客户端可以通过浏览器来访问数据库服务器，从而免去了开发和维护客户端界面的大量工作。Web 服务器的作用是接收浏览器的请求，找到正确的页面，对页面中的脚本代码进行解释执行，将执行结果回传给浏览器。

三层 B/S 结构在很多电子商务网站中都有应用。

（2）四层 B/S 结构。四层 B/S 结构如图 9-6 所示。该结构在 Web 服务器和数据库服务器之间添加了一个应用服务器（包括接口中间层）。应用服务器的主要作用是实现企业的核心业务处理。这样应用系统可以在不影响客户应用程序的情况下对核心业务进行更新。这就意味着，修改代码时，只要客户端与服务器的接口不受改动的影响，这些修改对客户来说就是透明的。

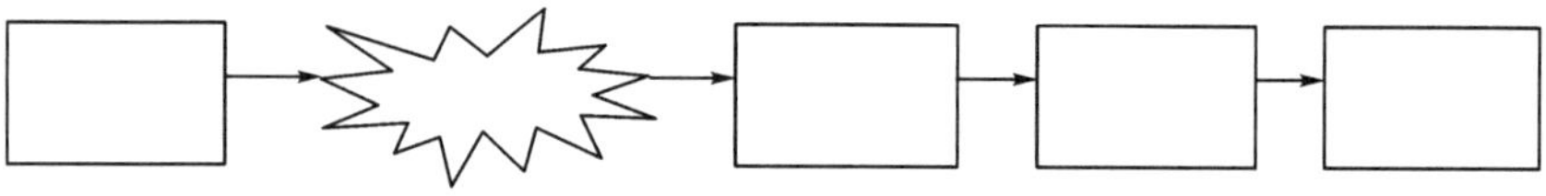

图 9-6　四层 B/S 结构

应用服务器分为以下几类：

基于中间件的应用服务器，如 IBM 的 Cics、BEA 的 Tuxedo。

基于 Web 的应用服务器，如 IBM 的 WebSphere、BEA 的 Weblogic。

基于 DCOM/COM 的应用服务器，如微软的 MTS、Borland 的 Midas。

目前，该结构多应用于商业网站和金融机构网站，如中国建设银行、易方达开发式基金系统采用了 BEA 的 Tuxedo；南方基金管理有限公司采用了 IBM 的 WebSphere。

三、电子商务网站的分类

电子商务网站作为一种信息资源交换的平台，在现代商务活动中发挥着越来越重要的作用。然而对电子商务网站进行分类，却是一种不容易的事情。因为从不同的角度出发，按不同的分类标准可以产生多种分类方法。比较常见的分类标准有按行业划分、按技术划分、按参与主体划分、按应用平台划分、按商业模式划分以及按电子商务发展的阶段来划分等。

（一）按行业划分

按电子商务网站所处的行业来划分是一种比较简单的方法，如服务业、制造业、金融证券业、农业等。

（二）按技术划分

按技术来划分，也有不同的标准，如按开发电子商务网站所采用的技术可以划分为ASP网站、JSP网站、PHP网站、Asp.net网站。按网站内容是否可以更新、管理，又可以划分为静态网站和动态网站。静态网站是设计者把内容设计成静态模式，访问者只能被动地浏览网站建设者所提供的网页内容，比如企业简介、产品信息等。而动态网站采用数据库技术，实现网站与用户之间的交互操作。如在网上实现消费者问卷调查，需要用户填写表单并提交给服务器进行统计。

（三）按参与主体划分

按电子商务网站运行过程中参与的主体来划分，网站可以划分为B2C、B2B、C2C、B2G等类别。

1. B2C网站

B2C网站一般是以网络零售业为主，借助互联网开展销售活动，如在线经营鲜花、书籍、家电、计算机、手机等产品。比较典型的网站有京东、当当网、天猫商城等。这也是目前最为盈利的电子商务网站形式之一。

2. B2B网站

B2B网站一般以信息发布和交易撮合为主，目的是为企业之间供需关系建立信息桥梁。国内著名的B2B的电子商务网站有阿里巴巴、慧聪网、铭万网等。

3. C2C网站

C2C网站主要为买卖双方提供一个在线交易的平台，它不仅仅交换产品供需信息，还可以通过拍卖竞价等形式收取中介费用。国内著名的C2C电子商务网站有淘宝网、拍拍网和易趣网等。

4. B2G网站

B2G网站是企业机构和政府机关进行商务交易的电子商务网站。其中典型的例子就是政府在网上进行产品和服务的招标和采购。而在这种模式下，供货方也可以在更大的市场范围上参与投标活动。国内有名的B2G电子商务网站有招标采购在线等。

（四）按应用平台划分

按应用平台，电子商务网站目前主要可以划分为互联网电子商务网站、移动网电子商务网站。互联网电子商务网站主要在Internet环境下工作，它的主要终端是计算机用户；而移动网电子商务网站的主要终端是手机、掌上电脑等。由于终端不同，采用的开发方法和技术也是完全不一样的。目前知名的电子商务网站都会开发出手机应用程序安装在智能手机上或者开发WAP版本的电子商务网站，以适应越来越多的移动终端用户的需求。

（五）按商业模式划分

按电子商务网站运作的商业模式来划分，主要是根据网站运作、经营、技术、组织等状况综合评定，可以把电子商务网站分为门户类、网上商家类、内容提供商类、交易中介类、市场创造商类、服务提供商类、社区提供商类等。

（1）门户类电子商务网站。门户类电子商务网站主要指将各种应用系统、数据资源和互联网资源集成到一个信息平台之上的网站，如新浪网、百度网、谷歌网、雅虎等都属于这一类。

（2）网上商家类网站。网上商家类网站主要指借助电子商务网站提供网上购物功能的站点，如当当网、亚马逊、京东、天猫商城、苏宁易购、海尔商城、联想商城等。

（3）内容提供商类网站。内容提供商类网站主要指通过互联网进行文字、音频、视频等内容销售和服务的站点。它们提供的产品和服务有小说、软件、音乐、游戏、电子书籍、期刊、电影等，这一类网站有起点中文网、优酷土豆网等。

（4）交易中介类网站。交易中介类网站主要是为买卖双方的交易提供中介服务的站点，如携程网、去哪儿网、特价王等。

（5）市场创造商类网站。市场创造商类网站主要指网站运营者通过开发独立市场，让商家和买家入驻进行交易。这类网站主要有阿里巴巴、慧聪网、淘宝网、拍拍网、易趣网等。

（6）服务提供商类网站。服务提供商类网站主要指能有针对性地为用户提供网络交易及电子商务活动的相关支撑性服务，如支付服务、物流服务及为企业建立电子商务系统提供的全面支持等服务的站点。这类网站有支付宝、云网支付、中国万网等。

（7）社区提供商类网站。社区提供商类网站主要是指为广大的网民提供社区服务，同一主题的网络社区中集中了具有共同兴趣的访问者，能够满足用户在情感、兴趣、工作、娱乐及某些其他方面的爱好及诉求的网站。目前最典型的网站有天涯、人人网、朋友网等。

（六）按电子商务发展阶段划分

按电子商务发展阶段可以将电子商务网站分为两种类型：信息发布型网站和在线销售型网站。

（1）信息发布型网站。信息发布型网站属于电子商务网站的初级形式，其不需要太复杂的技术，将网站作为企业基本信息的载体，主要功能定位于企业信息的发布，如公司新闻、产品信息、采购信息、招聘信息等。这一类型的网站多用于产品和品牌的推广以及与用户的沟通，网站本身并无完善的网上订单跟踪处理能力。

（2）在线销售型网站。在线销售型网站指具有销售功能的企业网站，由于此类网站涉及电子支付、订单管理、用户管理、商品配送等环节，一般来说，比信息发布型网站更加复杂，并且网站经营重点也有一定的差别。在线销售型网站除了品牌推广的价值之外，还是直接利润之源。随着第三方电子商务平台的日益完善，广大中小企业可以不必花费大量精力去开发自己的电子商城，而是在淘宝商城或者其淘宝网上开设网上商店，将企业官方网站的“网上商城”直接链接到其淘宝商城，也成为一种新的销售形式。

第二节　电子商务网站的设计思想和建设步骤

企业网站建设不只是简单地做网页，或者利用网络提升广告效应，而是应该利用Internet技术最大限度地满足客户的需求，从而达到开拓市场、增加赢利的经营目的。配合企业网站建设还包括客户关系管理、吸引客户、分析客户及满足客户需求等方面的工作。

一、电子商务网站的总体设计思想

（一）总体设计思想

必须明确网站设计应当是先进性和实用性结合，其总体设计思想包括：

（1）整体性。围绕其主要业务活动进行总体设计，全面规划，并进行总体方案的可行性分析。

（2）阶段性。系统分阶段实施，在实施广度上要制定分阶段实施目标，按分期投资、分期实施、分期见效，由点到面、逐步推开的原则，提高经营的经济效益和管理的科学化。

（3）安全性。安全性在企业网站中是重要的系统指标。

（4）可维护性。软件设计模块化，便于增加和删除。

（5）适用性。系统设计面向管理人员，要求不过多地改变目前的管理习惯和增加管理人员的负担，操作方便，易懂易学。

（二）电子商务网站建设的综合考虑因素

电子商务网站建设需要从六个方面进行综合考虑：

（1）目标市场情况。针对的顾客消费群体定位在一定范围。

（2）市场环境。综合权衡国际和地区经济环境、政府部门支持以及本地 Internet 基础设施等完备程度。

（3）产品、服务和品牌。

（4）其他促进因素。其他促进因素包括各种传统媒体（如报刊、电视等）、宣传企业的网站和电子商务。

（5）价格。对于价格经常浮动的产品和服务，电子商务可以成为理想的报价方式。

（6）送货渠道。考虑国内外客户的实际需要，如何通过发达的送货网络配送满意商品，是客户对服务认可的最终标准。

在建立自己的企业站点时，网站规划贯穿于网站建设的全过程，是网站建设最重要的环节，也是最容易被企业忽视的环节。企业创建网上商务站点需要考虑很多因素，比如，市场性分析（其中包括的要素有：目标市场情况、市场环境、产品、服务与品牌、其他推动力、价格以及物流渠道等）、制定 Internet 站点实施计划、实施步骤，等等。

除上因素外，网站建设，还要弄清楚以下几个问题：

第一，确定建立网站的具体目标。

要确定建立网站的目标是树立企业形象还是展示产品、拓展市场；是宣传自己的思想、理念还是调查用户反应、改进售后服务；是为企业做宣传，加强客户的沟通还是要实现网络营销、电子商务。

第二，设想网站规模。

规模是有个网站在就行，还是从小到大，还是一开始就极其庞大而复杂。

第三，明确主要目标受众。

受众的行业、地域、年龄段、姓名等。

第四，预期网站特色。

特色应以内容为本，要考虑网站是注重视觉设计效果，还是侧重功能应用。

第五，设想如何推广网站。

推广网站是依靠企业自身，还是通过虚拟主机的提供商。

第六，设想网站带来的额外收入。

考虑额外收入是产品销售、页眉广告，还是其他。

第七，网站如何经营。

考虑网站是全部自己做还是委托专业服务来做，是自己定期指导还是设定要求、目标，完全由别人代劳。

第八，网站整体投入预算。

二、电子商务网站建设步骤

电子商务网站建设要不断完善网站功能，使网站能够对网上的订货做出必要的处理，比如，对交易的信息进行统计分析、结算、综合处理等。

（一）网站的建设基本步骤

在 Internet 上建立网站，利用网站发布各种商务信息，建立网上订货机制（包括自动应答、自动签订交易意向、在线支付等多项内容）。

（1）申请域名。

（2）租用足够的服务器空间，在上面放置自己的各种信息（如网页、网上数据库等），并选择足够的配套服务（如电子信箱、基本培训、拨号密码等）。而如果资金足够，则可以购置一台独立的服务器，在上面直接建立自己的网站。

（3）创建网页，并建立网上数据库。网页上可放置需要发布的信息，而大量可供用户查询的其他信息则放在网上数据库中。

完成以上三步后，即标志着网站已经初步建成。但以后还需要不断地维护、更新网站的内容，保证把企业最新的信息放到网上。建立、维护网站是个长期的工作，所以一定要选择一个稳定、可靠、连接快速的服务器（租用或自购），并安排经验丰富的专职人员进行管理。

（4）对外公布网址。除了在名片、广告、宣传资料上印出企业网址外，还可以向网上一些著名的搜索引擎提交网址，并在能覆盖企业用户群的一些网站上宣传、链接企业网址。总之，要用各种手段最大限度地向世界宣传企业网址，扩大企业网站的影响。

（5）与国内外主要金融机构联系，争取获得国内外信用卡在线结算的全面支持，并将相应的支付处理功能放入网站。

（二）电子商务网站实现工作流程

与物流配送功能相结合，使公司能在网上完成全部商业活动，实现全部的电子商务功能。电子商务网站构建的工作流程如图 9-7 所示。

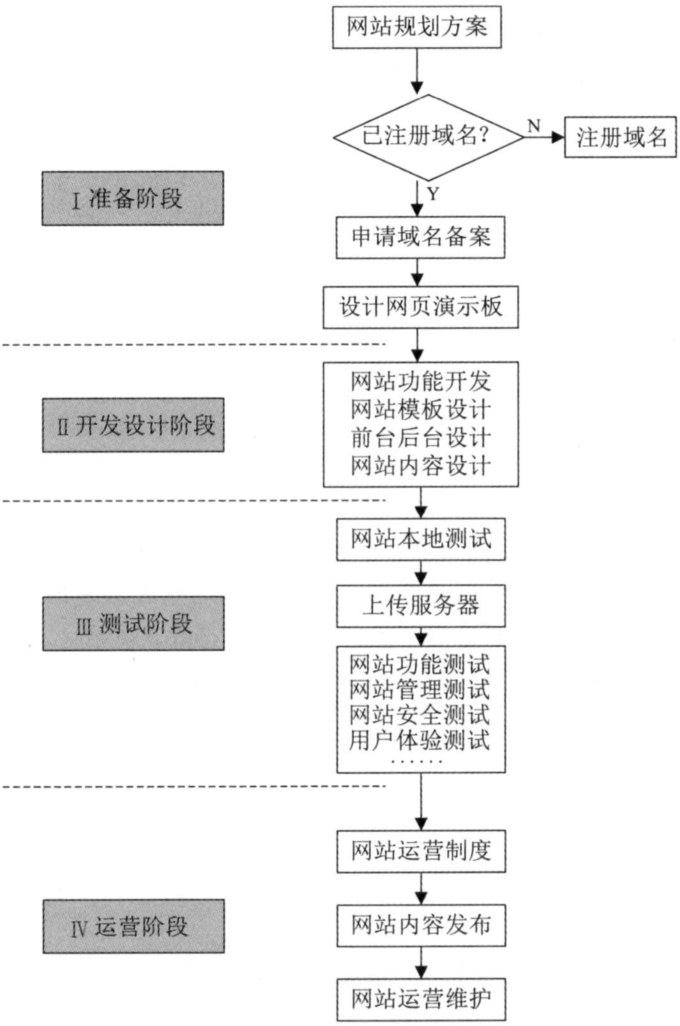

图 9-7　电子商务网站实现工作流程

第三节　电子商务网站建设常用技术及工具

Internet 是发展最快的领域，新的网页制作技术几乎每天都会出现，企业站点应当合理地运用网页制作的新技术，不要将网站变为一个单纯制作网页的技术展台，记住用户方便、快捷地得到所需要的信息是最重要的。

从技术上讲，设计站点并不十分困难。目前，有很多网页设计软件，例如 Adobe Dreamweaver，Hotdog 等，都可以帮助我们方便地设计制作网页。专业化网站建设更重要的意义体现在通过各种应用开发，实现数据库调用及多媒体信息播放等功能，进而完成网络营销站点中的交互功能。因此，网络设计者不仅要从技术人员的角度来学习如何设计制作主页，更多的是要站在经营者的立场从事商业站点主页的设计。

一、电子商务网站建设常用技术

对于网站设计者来说，必须学习、跟踪、掌握网页设计的新技术，将站点功能有机地与内容结合起来。这实际上对网站设计者的素质要求极高，因为这是一个正在形成和蓬勃发展的新领域，几乎每天都会有新的技术和规范产生，具体的如 Java，DHTML，XML，DOM 等新技术，需要不断学习才能不落伍。为此，在建设网站时，就需要根据不同功能采取不同的设计技术。就目前的情况来看，企业网站的设计技术基本上有七种。

（一）网页设计技术

网页设计技术无疑是网站开发的基本功。网站是否美观大方，是否拥有强烈的视觉冲击力，与网页的设计技术密切相关。关于如何设计网页，技巧多种多样，各类参考书籍也是数不胜数。

（二）数据库技术

电子商务网站的运营过程中，必将产生大量的商品信息、用户信息和订单信息。这些信息需要保存、需要管理，使用数据库处理这些信息无疑是最佳选择。数据库有多种类型，树状型、层次型、网络型和关系型都是数据库的类型。目前主要的关系数据库有 DB2、Oracle、Sybase、Informix、Access、SQL Server、MySQL 等。事实上，一个网站如果没有数据库技术支持的话，它的维护成本会相当高昂。采用数据库技术的最大好处在两个方面：一是方便用户的浏览、查询检索以及统计比较等；二是容易进行信息、数据的更新，系统维护成本相对较低。数据库技术可以广泛应用于企业网站，常见的有：

（1）新闻数据库。它可以使企业及时更新资料，并让用户迅速查阅关于企业的各项新闻动态资料。

（2）产品数据库。它可以集中进行企业产品的介绍、评价、导购、检索、网上订购和使用问答，等等。

（3）调查数据库。它可以在网上进行服务调查、产品调查、形象调查、宣传调查等，并可以自动进行统计分析。

（4）用户数据库。它通过用户网上注册，可以提供良好的售后服务。

（三）表单回收技术

所谓的表单回收技术是指在网上设置一些表格，用户填写之后，可以自动反馈给企业。表单回收技术并不复杂，因而在 Internet 中应用非常广泛。特别是在企业网站的建设当中，少了表单回收技术，网站的功能就会大打折扣。

企业网站应用的表单回收技术主要包括：用户的建议、投诉、人才招聘、招商合作、意见反馈等。

（四）邮件列表技术

邮件列表技术（mailing list）能够让用户及时订阅企业的最新资料或者网站的更新动态。如果企业希望更多的访问者留下联系信息的话，建议采用这一技术。

（五）全文检索技术

采用全文检索技术，可以让用户迅速查找到所需要的内容。如果企业网站比较大的话，应该使用这一技术。

（六）搜索引擎技术

这个技术可以把与企业相关的资料、网站集合在一起，从而使用户迅速查阅与企业产品、服务、权益等相关的各项资料。例如，企业的网站是彩电类的，应用搜索引擎技术，通过网站就可以链接到大量的与彩电知识相关的网站。这样的网站自然特别容易受到用户的欢迎，这也是目前最为流行的“企业门户网站”概念。

二、网站建设的开发工具

网页是网站显示信息、为用户提供操作界面和对数据进行管理的程序文件，电子商务网站必然涉及网页制作。制作网页技术有许多种，下面介绍比较常用的几种：

（一）HTML

HTML（hyper text markup language）即超文本标记语言或超文本链接标示语言，是目前网络上应用最为广泛的语言。使用的 HTML 标记描述网页文档结构和表现形式，是制作网页的基础语言。HTML 为网页设计者提供了一组固定的用于编写网页的标记——“标签”。这些标记直接嵌入网页，当浏览器发现“标签”后，就会将其解释成一个页面显示。HTML 定义网页结构和样式的功能包括格式化标题、图片定位、格式化表格和文本等。HTML 页面可以通过任何一种文本编辑器如记事本、写字板创建。使用 Word 或 Web 网页编辑器也可以创建 HTML 页面。HTML 网页文件的扩展名为 htm 或 html。

有许多图形化的 HTML 开发工具，使网页的制作变得非常简单。例如，Micromedia 公司推出的 Dream Weaver 等编辑工具，被称为“所见即所得”的网页制作工具。这些图形化的开发工具可以直接处理网页，而不用书写复杂的编码：

HTML 文档的基本格式如下。

```
<html>
<head>
文档头部<! --头部内容不会显示在浏览器窗口~>
</head>
<body>
文档主体<l--主体内容会显示在浏览器窗口-->
</body>
</html>
```

与其他编程语言相比，HTML 的语法结构非常简单。不管是比较简单的网页还是非常复杂的网页，其结构基本上都是相同的。

1. 开始和结束

HTML 文档总是以<html>开始，以</html>结束。

2. 文档头部

在<head>和</head>之间的内容，是文档的头部。尽管文档的头部内容不显示在页面中，但非常重要，它告诉浏览器如何处理文档主体中的内容。

（二）XML

随着互联网的发展，HTML 对希望创建漂亮页面的网站设计者来说是非常有用的工具。当公司开始开展电子商务时，在页面上展示大量数据变得很重要。公司网站有存货、发票、订单和其他商业数据的表单，即使是更新这些表单也非常重要。这些需求对网站设计者是一个新挑战，曾经帮助网站设计者创建页面的工具 HTML 对展示和维护信息就不再好用了。所以，在信息时代，如何以最便捷、最可靠、最有效的方式获取所需的信息是一个很大的困扰。人们期待能够找到一种可以描述任何逻辑关系的数据格式以统一电子数据的存储，从而不再因为数据格式的不统一而苦恼和困惑。目前，能够担当此任的就是可扩展标记语言（extensible markup language，简称 XML）。20 世纪 90 年代末，一些公司开始用 XML 维护含有大量数据的页面。

XML 是专为 Web 应用而设计的，它是 SGML 的一个优化子集，是由 WWW 协会（W3C）于 1998 年 2 月发布的一种标准。它以一种开放的自我描述方式定义了数据结构，在描述数据内容的同时能突出对结构的说明，从而体现出数据之间的关系，这样所组织的数据对于应用程序和用户都是友好的、可操作的。

XML 是一种元标记语言，使用者可按需创建新的标记，其可扩展性就在于此。XML 的精髓是允许文档的编写者制定基于信息描述、体现数据之间逻辑关系的自定义标记，确保文档具有较强的易读性、清晰的语义和易检索性。因此，一个完全意义上的 XML 文档不仅仅是"格式良好的"，而且还应该是使用了一些自定义标记的、"有效的" XML 文档。也就是说，它必须遵守文档类型定义 DTD 中已声明的种种规定。

XML 的特点主要有以下几点：

一是可扩展性。正如 Java 允许使用者声明他们自己的类一样，XML 允许使用者创建和使用他们自己的标记。这一点至关重要。企业可以用 XML 为电子商务和供应链集成等应用定义自己的标记语言。甚至有些特定行业可以共同定义本领域的特殊标记语言，作为该领域信息共享与数据交换的基础。

二是灵活性。HTML 很难进一步发展，因为它是格式、超文本和图形用户界面语义的混合，要同时发展这些混合在一起的功能是很困难的。XML 提供了一种结构化的数据表示方式，使得用户的显示界面分离于结构化数据。所以，Web 用户所追求的许多先进功能在 XML 环境下更容易实现。

三是自描述性。XML 文档通常包含一个文档类型声明，因而是自描述的。不仅人能读懂 XML 文档，计算机也能处理它。XML 表示数据的方式真正做到了独立于应用系统，并且数据能够重复用。XML 文档被看作是文档的数据库化和数据库的文档化。

XML 与 HTML 主要的不同如下：

（1）信息提供者能够任意定义新的标签与属性名称。

（2）文件结构可以是任意阶层或者是网状结构。

（3）XML 不像 HTML 只有内建的样式，它有样式表标准，称为"可扩展式语言"。

（4）XML 除了支持与 HTML 的简单链接外，还提供了功能更强大的超链接。XML 的超链接机制被定义为 XML 链接语言（XLink）与 XML 指标语言（XPointer）。

（三）ASP

活动服务器页面（active server pages，ASP）的缩写，是微软公司推出的一种服务器端脚本编程技术。ASP 没有自己专门的编程语言，而是使用许多已有的 VBScript、JavaScript 等脚本语言编写程序代码。在 HTML 标记中加入脚本和服务器内置对象，用于创建动态、交互的 Web 服务器应用程序。ASP 在服务器端运行，运行结果以 HTML 格式传送到客户端的浏览器。

通过使用 ASP 内置对象，可以直接存取数据库数据，以简单的方式实现强大的交互功能。ASP 技术基本上局限于 Windows 操作系统平台和 IIS 环境，不太容易实现在跨平台 Web 服务器上工作，一般用于开发中小型网站。

（四）JSP

Java 服务器端页面（java server pages，JSP）是 SUN 公司推出的一种服务器端脚本编程技术，是基于 Java Servlet 以及整个 Java 体系的 Web 开发技术。JSP 没有自己专门的编程语言，而是将 Java 程序片段嵌入 HTML 标记中。当客户端浏览器访问 JSP 网页时，将执行其中的程序片段，执行结果以 HTML 格式返回到客户端。

与 ASP 技术不同的是：客户端每次访问 ASP 网页时，服务器都要对该网页进行解释，再将生成的标准 HTML 发送到客户端。客户端访问 JSP 网页，第一次请求时，该网页被编译成 Servlet，然后再生成 HTML 文档发送到客户端，再有客户端访问该网页时，如果网页内容没有修改过，就执行已经编译成的 Servlet。由于以后不需要再次编译，执行效率大大提高。

JSP 的另一个优点是可以跨平台。JSP 的缺点是需要复杂的运行环境，学习起来比较困难，Tomcat 是常见的 JSP 运行环境。

（五）PHP

超文本预处理器（hypertext preprocessor，PHP），其语法借鉴 C、Java、Perl 等语言的语法，只需要很少的编程知识就能用于创建一个真正交互的网站。

与其他编程语言相比，PHP 与 HTML 具有非常好的兼容性。可以直接在脚本代码中加入 HTML 标签，或者在 HTML 标签中加入脚本代码，从而更好地实现页面控制。PHP 还可以执行编译后代码，可做到代码加密和优化代码运行，执行效率比标准 HTML 标记高出很多。

PHP 可以运行在 UNIX、Linux、Windows 等多个操作系统平台并且开放源代码。PHP 提供了标准的数据库接口，支持几乎所有的数据库，可以很方便地连接到数据库。

（六）ASP.NET

ASP.NET 是微软公司在 ASP 的基础上推出的创建动态网页的较新技术，是.NET 框架的一部分，可使用任何.NET 兼容的语言，例如 Visual Basic、Visual C#等，编写动态网页代码。

ASP.NET 应用程序的最大特点是程序与页面分离，也就是说程序代码写在一个单独的文件中，而不是嵌入到网页代码中，这一点为程序的编写和维护提供了方便。

ASP.NET 需要在 Microsoft Visual Studio 环境下进行开发，在安装了.NET 框架的 IIS 服务器上运行。

如果开发小型的宣传网站或购物网站，可以选择 ASP 或 PHP 技术，但它们不太适用于开发大型的电子商务网站。ASP 存在安全方面的隐患和执行速度方面的缺陷，PHP 最适合与 MySQL 数据库搭配，与其他数据库的搭配性能不是太好。如果注重跨平台、执行速度和安全性等因素，JSP 技术是最好的选择，许多知名网站大都采用 JSP 技术，但需要开发者具备较高的技术水平。ASP.NET 开发的网站的性能介于 ASP 和 JSP 之间。

（七）Apache

Apache（阿帕奇），可以在计算机平台上运行，是商业使用中比较流行的 Web 服务器端软件之一。Web 服务器平台还包括 IIS、FoxMail Server 等。

第四节 电子商务网站管理

一、电子商务网站管理与维护的主要内容

（一）网站的运营管理及维护原则

电子商务网站发布之后，接下来最重要的工作就是网站管理与运营维护。成功的网站都是运营出来的，不论是电子商务网站还是提供其他互联网服务的网站都是同样的道理。按照中国互联网协会在 2009 年发布的《企业网站建设指导规范纲要》，网站运营管理及维护相关的内容包括以下七个方面：

（1）建立网站内容发布审核机制，始终保持网站内容的合法性；

（2）保持合理的网站内容更新频率；

（3）保持网站服务器正常工作，对网站访问速度等进行日常跟踪管理；

（4）网站内容制作符合网站优化要求；

（5）网站安全管理，包括网站管理密码、论坛、留言板等，重要信息（如数据库、访问日志等）要定期备份；

（6）保持网站重要网页的持续可访问性，不受网站改版等原因的影响；

（7）对网站访问统计信息定期进行跟踪分析。

（二）电子商务网站的管理与维护工作内容

根据上述指导原则，结合企业电子商务网站运营的实际情况，网站管理与维护涉及的内容很多。笼统地说，在网站正式发布之后与网站相关的所有工作都可以认为是网站运营管理与维护范畴。电子商务网站的管理与维护工作归纳为六个方面：内容管理、营销管理、服务管理、技术管理、运营管理和安全管理，如图 9-8 所示。

电子商务网站的管理与维护是一项长期的、持续的工作，需要有规范的制度和强有力的执行。

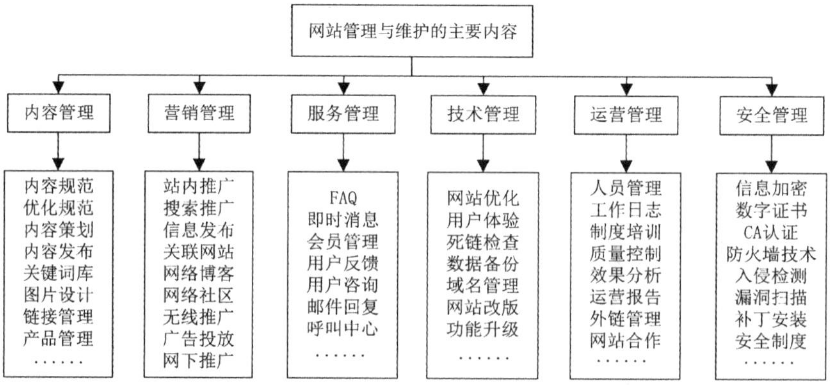

图 9-8 电子商务网站管理与维护的主要内容

二、电子商务网站运营管理规范

对于电子商务网站的管理，不同规模、不同类型的网站会有一定的差异。对小型

网站来说，通常只有几个管理员，管理规范就比较简单。

（一）密码设置

网站域名管理密码、网站服务器管理密码、服务器 FTP 密码、网站后台管理员密码、公司邮箱密码等设置应遵循一定的原则，要便于记忆但不能过于简单，应同时包含大写字母、小写字母、数字及特殊字符。密码应该按制度规定，在一定周期内（如三个月）强制性更改。

（二）操作员管理

每个操作员要妥善保管好自己的账户与密码，不得将密码告诉任何第三方，如因密码丢失或过于简单造成损失应当承担相应的责任。

（三）密码的传递与修改

密码应记录在不易被他人发现的地方，不能通过 QQ、MSN、公共邮箱等通信渠道发送包含完整信息的管理密码，前任管理员离职后应及时修改密码。

（四）数据库的备份

数据库信息作为电子商务网站最宝贵的资源，要尽量建立实时多硬盘同步备份，还可以建立异地备份机制，以防止火灾、地震及其他灾害的发生。

（五）网站访问状况

每天定时检查网站访问是否正常，发现问题立刻解决，如因客观原因无法在短时间内恢复正常，应启用应急机制，将网站域名解析到可以正常访问的主机空间并发布故障修复通知。

（六）有害信息

发现有害信息要保留证据后立即删除，暂时冻结信息发布者的账户，并启动相应的侦查机制。

三、电子商务网站内容的维护规范

电子商务网站的内容维护规范是为了保持网站运营的连续性和协调性，使整个网站的定位和表现风格能够始终遵循一定的规划，不至于因运营人员的变动及个人的习惯等因素而影响整个网站的内容和谐。

（一）网站内容维护规范

常用的网站内容维护规范如下：

（1）网页文件命名规范；

（2）网页标题设计规范；

（3）META 描述设计规范；

（4）META 关键词规范；

（5）TAG 设计规范；

（6）网页内容编辑规范；

（7）网页内容发布规范；

（8）网站内容更新周期规范。

（二）网页文件命名规范

网页文件命名规范介绍如下：

（1）文件夹和文件名一旦生成在后期运营中不能修改；

（2）文件名全部为小写字母或者与数字的组合，不得使用汉字；

（3）在中文网站，如果某个名词的英文名称是大家熟知的，可以用英文来表示，如 index、internet、book、class 等；

（4）文件夹字数不宜过长，最好不超过 10 个字符；

（5）尽量不要用汉字拼音首字母缩写作为网页文件名；

（6）文章内容页面，如果不是热门词汇，不用手工填写文件名，可自动生成编号，以数字作为内容页面的文件字。

（三）网页标题设计规范

网页标题设计规范介绍如下：

（1）网页标题字数 8~20 个字比较理想，最多不宜超过 25 个。

（2）标题含有至少 1 个重要关键字。

（3）标题中尽量不用标点符号，如果确实需要，可用英文标点。

（4）网页标题要适合完整地出现在正文中。

（5）尽量不要用网上出现多次的网页标题，除非是概念定义等无法改变属性的标题。

在现实的电子商务网站管理工作中，相关的管理规范还有很多，如对于人员权限的管理控制、对于网络系统环境的管理、对于设备的管理、对于环境（供电、静电等）的管理等。这些管理规范，并没有固定的框架，都是在长期的工作中总结和归纳出来的，是实践经验的积累。

思政园地

2019 年 6 月，工信部正式向中国移动、中国联通、中国电信和中国广电四家企业发放 5G 牌照，我国进入 5G 元年。随着中央密集部署推进“新基建”，我国 5G 建设和应用进度整体加快，将为人们的生产和生活方式带来深刻变革。

“4G 改变生活，5G 改变社会”。4G 的出现带领人们进入移动互联网时代，催生了网购、移动支付、手机游戏、在线直播等一批创新应用，激发了消费互联网的发展，极大便捷了生活方式和消费体验。那么，5G 如何改变社会？5G 将为哪些行业带来变革？

从电视 4K 高清直播到“雷神山”“火神山”医院建设的全民“云监工”，从无人机实时高清图传到“5G+VR”沉浸式游戏体验，这些场景正逐步走进人们的生活。

盘古智库学术委员、数字经济研究中心秘书长葛颀认为，5G 在以下三方面应用或将率先成为爆点：第一是智慧城市。中国政府从 2018 年开始，对 5G 的行业应用，各地方政府政务管理的数字化方面做了很多尝试，2018 年已有 26 省将 5G 列为 2019 年重点任务。第二是服务业的转型升级。在零售、教育行业等，非接触数字化应用场景，可实现 24 小时在线，这些第三产业 5G 的应用，今年会是很大的亮点。第三是工业制造提升。传统行业引入 5G 无线智能制造之后，将大幅度节约成本，具有低时延、高可靠等特点。

技能实训

实训一：比较电子商务网站建设情况。

任务要求：调查三个不同的电子商务网站（如淘宝网、京东网、当当网、唯品会、苏宁易购等），比较分析其首页设计、页面可视化设计、网站的风格与创意、网站的栏目设计、网站的目录结构和链接结构设计的特点，并分析调查的三个站点，哪一个做得要好一些？为什么？

实训二：学校目前有一批旧物资，如书籍、文具、实验模型等要进行处理，现委托你来建设一个专门的二手交易网站来销售，请你规划一下，从功能设计、栏目设计、形象设计这三个方面来谈一下如何架构。

实训三：网站评测的方法。

任务要求：调查不同的网站评测的专业公司或网站评测的工具，并对其服务内容和价格进行比较。

第十章 区块链技术与应用

■学习要点及目标

了解区块链的基础知识，并对区块链技术有简单认识。掌握区块链的分类及关键技术。

■技能目标

能够分析总结区块链技术在电子商务方面的应用。

■思政目标

树立诚信意识，培养崇德向善、诚信理念。

■案例

首张“区块链电子发票”开出

在深圳国贸旋转餐厅，人头涌动，比往日更热闹一些。在吃完金钱肚、艇仔粥等广式早茶之后，来自深圳萨摩耶金服的小姑娘走到前台买单，微信支付后自行获取了一张198元的电子发票，这意味着全国首张区块链电子发票正式亮相。深圳成为全国区块链电子发票首个试点城市，也意味着纳税服务正式开启区块链时代。

币圈的小伙伴瞬间沸腾了，纷纷表示羡慕深圳的小伙伴，以后从开发票到报销的全程：不用排队开票，不用手写抬头，不用担心发票不见，不用贴发票，不用线下交单。

而对于“区块链+发票”的理解，腾讯是这样解释的：简单来说，当你用线上支付的方式完成一笔交易后，你这一笔交易的数据便可视为一张“发票”。而它会通过区块链分布式存储技术，连接你、商户、公司、税务局等每一个发票关系人。这样一张“区块链发票”，每个环节都可追溯、信息不可篡改、数据不会丢失。

（资料来源：《证券时报》2018年8月10日。）

第一节　区块链概述

一、区块链和区块链技术的含义

2003年淘宝问市以后，阿里巴巴觉得没有一个支付宝，不可能在互联网上把电商做下去，需要一个支付宝担任信任中介，确保交易完成。现在我们刷的银行卡，如果不是银行发的，商户是不敢收你的，银行是一个信用的中介。在区块链出来之前，任何的交易活动都需要有一个中介，没有一个中介，不可能在缺乏第三方的情况下，两个陌生人达成一笔交易。区块链就相当于是信任的机器。倒过来说，就是用一台机器人取代了一个信任中介的作用，用一套数学算法确保两个陌生人在不借助于第三方的情况下，完成一笔不管是金融服务的交易还是商品、劳务的交易。这就是区块链最核心、最本质的东西：区块链是信任的机器。

区块链（blockchain）字面意思就是（交易数据）块（block）的链（chain），是近年来最具革命性的新兴技术之一。区块链技术发源于比特币（bitcoin），比特币本身就是第一个，也是规模最大、应用范围最广的区块链。其以去中心化的方式建立信任等突出特点，对金融等诸多行业来说极具颠覆性，具有非常广阔的应用前景，受到各国政府、金融机构、科技企业、爱好者和媒体的高度关注。

目前，关于区块链没有统一的定义，综合来看，区块链就是基于区块链技术形成的公共数据库（或称公共账本）。区块链技术是指多个参与方之间基于现代密码学、分布式一致性协议、点对点网络通信技术和智能合约编程语言等形成的数据交换、处理和存储的技术组合。同时，区块链技术本身仍在不断发展和演化中。

2016年1月20日，中国人民银行官方网站上发表了一条题为《中国人民银行数字货币研讨会在京召开》的新闻，这一消息迅速在各大主流新闻媒体和比特币、区块链爱好者社区中传播，成为推动区块链技术在国内迅速升温的“导火线”。这是自从2013年12月5日中国人民银行、工信部、银监会、证监会和保监会五部委联合发布《关于防范比特币风险的通知》以来，相关首次公开对比特币底层技术——区块链技术给予了高度评价。

二、区块链分类

以参与方分类，区块链可以分为：公开链（public blockchain）、联盟链（consortium blockchain）和私有链（private blockchain）。从链与链的关系来分，可以分为主链和侧链。而且，不同区块链还可以形成网络，网络中链与链的互联互通，产生互联链（interchain）的概念。

（一）公共链

公共链通常也称为非许可链（permissionless blockchain）。如比特币和以太坊等都是公共链。公共链一般适合于虚拟货币、面向大众的电子商务、互联网金融等 B2C、C2C 或 C2B 等应用场景。

公共链对外公开，用户不用注册就能匿名参与，无须授权即可访问网络和区块链。节点可选择，自由出入网络。公共链上的区块可以被任何人查看，任何人都可以在公共链上发送交易，还可以随时参与网络上形成共识的过程，即决定哪个区块可以加入区块链并记录当前的网络状态。公共链是真正意义上的完全去中心化的区块链，它通过密码学保证交易不可篡改，同时也利用密码学验证以及经济上的激励，在互为陌生的网络环境中建立共识，从而形成去中心化的信用机制。在公共链中的共识机制一般是工作量证明或权益证明，用户对共识形成的影响力直接取决于他们在网络中拥有资源的占比。

（二）联盟链

联盟链（consortium blockchain）仅限于联盟成员参与，区块链上的读写权限、参与记账权限按联盟规则来制定。由 40 多家银行参与的区块链联盟 R3 和 Linux 基金会支持的超级账本（hyperleder）属于联盟链架构。联盟链是一种需要注册许可的区块链，这种区块链也称为许可链（permissioned blockchain）。

联盟链的共识过程由预先选好的节点控制。一般来说，它适合于机构间的交易、结算或清算等 B2B 场景。例如，在银行间进行支付、结算、清算的系统就可以采用联盟链的形式，将各家银行的网关节点作为记账节点，当网络上有超过 2/3 的节点确认一个区块，该区块记录的交易将得到全网确认。联盟链可以根据应用场景来决定对公众的开放程度。由于参与共识的节点比较少，联盟链一般不采用工作量证明的挖矿机制，而是多采用权益证明或 PBFT（practical byzantine fault tolerant）、RAFT 等共识算法。联盟链对交易的确认时间、每秒交易数都与公共链有较大的区别，对安全和性能的要求也比公共链高。

联盟链网络由成员机构共同维护，网络接入一般通过成员机构的网关节点接入。联盟链平台应提供成员管理、认证、授权、监控、审计等安全管理功能。

2015 年成立的 R3 联盟，旨在建立银行同业的一个联盟链，目前已经吸引了 40 多个成员，包括世界著名的银行（如摩根大通、高盛、瑞信、伯克莱、汇丰银行等），IT 巨头（如 IBM、微软）。

银行间结算是非常碎片化的流程，每个银行各自有一套账本，对账困难，有些交易有时要花几天才能校验和确认。同时，其流动性风险很高，在监管报送方面非常烦琐，也容易出现人为错误，结算成本很高。

针对这种情况，R3 联盟构建了一个银行同业的联盟链以解决这些问题。利用区块链技术，银行同业间可以共享一个统一的账本，省掉对账的烦琐工作，交易可以做到接近实时的校验和确认、自动结算，同时监管者可以利用密码学的安全保证来审计不可篡改的日志记录。

R3 联盟将开发 Corda 分布式账本来实现未来愿景。Corda 的名字来源有两个，该名字前半部分听起来像协议（accord），后半部分来自 chord（弦，即圆上两点间最短的直线）的定义。这个圆就代表 R3 联盟中的银行机构。从目前公开的资料来看，Corda 具有以下特点：

（1）数据不一定要全局共享，只有满足合法需求的一方才能在一个协议里访问数据；

（2）Corda 不用一个中心化的控制就可以编排联盟成员的工作流；

（3）Corda 对联盟成员之间的每笔交易形成共识，而不是在联盟机构的系统层面形成共识；

（4）Corda 的设计直接支持监管者监督和合规性监控；

（5）交易由参与交易的机构进行验证，而不会报告与交易无关的机构；

（6）支持不同的共识机制；

（7）明确记录智能合约与用书面语言撰写的法律文件之间的关联；

（8）采用工业标准的工具来构建 Corda 平台；

（9）不设虚拟货币。

Corda 平台注重互操作性和渐进部署，不会将保密信息发布给第三方。一个机构可以和对手机构看到一组协议，并可以保证对手机构看到的是同样内容，同时报送给监管机构。Corda 具有共识、校验、独一性、永恒性和认证等功能。

（三）私有链

私有链则仅在私有组织中使用，区块链上的读写权限、参与记账权限按私有组织规则来制定。私有链的应用场景一般是企业内部的应用，如数据库管理、审计等。也有一些比较特殊的组织情况，比如在政府行业的一些应用：政府的预算和执行，或者政府的行业统计数据，这个一般来说由政府登记，但公众有权力监督。私有链的价值主要是提供安全、可追溯、不可篡改、自动执行的运算平台，可以同时防范来自内部和外部对数据的安全攻击，这个在传统的系统是很难做到的。根据对资料的解读，央行发行数字货币可能就是一种私有链。和联盟链类似，私有链也是一种许可链。

币科学（coin science）公司推出供企业建立私链的多链（multichain）平台。它提供保护隐私和权限控制的区块链平台，来克服在金融行业里碰到的推广区块链技术的障碍。多链的目标有以下三个：

（1）保证区块链上的活动只能由选择的参与者看到；

（2）引入机制来控制哪些交易是被允许的交易；

（3）提供安全的挖矿机制，同时不需要工作量证明以及与其相关的成本。

多链把挖矿权限制在一组实名的矿工范围，解决了一直困扰私有链解决方案中的一方垄断挖矿过程的问题。它的解决办法是限制在同一个时间窗口同一矿工能产生的区块链数。多链平台不像比特币那样只支持一条区块链，多链可以方便地配置多条区块链，并让用户同时用多条链。这样的话，机构用户可以让管理员配置区块链而不需要由区块链专业开发者来做。

多链让用户在一个配置文件中配置区块链的所有参数，这些参数包括：

（1）区块链的协议，例如是私有链还是像比特币那样的公共链；

（2）目标区块产生时间，例如 1 分钟；

（3）权限，例如所有人能连接，只有一些人能发送或接收交易；

（4）挖矿的不同形式（只适合于私有链）；

（5）建立、移除管理员和矿工所需要的共识的程度，以及在建立期不需要强制执行的期限（只适合于私有链）；

（6）矿工的报酬，例如每区块 50 个币，然后每 210 000 个区块减半付酬；

（7）邻节点连接和 JSON RPC API 的 IP 端口，例如 8571、8570；

（8）允许的交易类型，例如 paytoaddress、paytomultisig、paytoscripthash 等；

（9）最大的区块大小，例如 1MB；

（10）每个交易的最大元数据（OP_RETURN），例如 4KB。

多链在节点的"握手"连接过程如下：

（1）每个节点提供它的公共地址，使其他节点能将它的地址包括在允许连接的清单中；

（2）每个节点验证邻节点的地址是在它的授权连接的节点清单里；

（3）每个节点发一个盘问（challenge）消息给其他节点；

（4）每个节点发回一个回复盘问信息的签名，证明拥有他们的对应公共地址的私钥；

（5）如果双方对对方回复不满意，可随时中断连接。

在多链里，所有的权限的授予和回收都是通过包含特殊元数据的网络交易来实现的。找到创世区块的矿工被自动授予所有的权限，包括管理其他用户的管理员权限。管理员通过发交易给其他用户，并在交易的输出中包含授权用户的地址以及授权信息的元数据来给其他用户授予相应的权限。当要改变其他用户的管理和挖矿权限的时候，一个额外的限制条件是要由现有的管理员投票来决定。这些管理员的投票需要登记在不同的交易中，只有当足够的共识形成之后才能通过改变。

多链在很多方面的设计是为了使得用户在私链和比特币区块链之间进行双向迁移。多链是基于比特币核心的一个分叉。所有的对比特币代码的改变都是本地化的改变。未来比特币的升级功能可以并入多链的本地代码。它基于比特币的协议、交易和区块链架构，只是在握手协议上有所改变。其他的功能是通过元数据，同时改变交易和区块的验证规则来实现的。多链在接口方面与比特币完全兼容，所有的新功能通过新的命令来提供。它可以做成普通比特币网络的一个节点。

多链提供一个在企业内快速部署私链的解决方案。可以用于如去中心化交易所、数据库同步、货币结算、债券发行和 P2P 交易、消费行业积分奖励机制等场景。

（四）侧链

比特币主要是按其设计者中本聪的思想设计的一个虚拟货币系统，虽然很成功，但是其规则已经相对固定，很难在比特币上做大的修改，因为这些修改会引起分叉，影响现有的比特币用户。因此，要在比特币平台上做创新或扩展是比较困难的。一般来说，大部分代币系统是通过用比特币平台做基础，重构一条区块链，然后在上面使用新的规则发新的虚拟货币。这就是目前大部分代币的做法。然而这些代币系统要从无到有得到人们的价值认可是非常困难的，通常的办法是与比特币挂钩，相当于用比特币作为储备来发行代币，这样就可以完成代币的货币价值认可的过程。但随之而来的问题是，如何自动保障代币和比特币的挂钩呢？因为虚拟货币的一个特点就是价格波动非常大，一般人都不愿意持有波动大、流动性差的代币。一个直接的想法就是通过比特币平台和代币平台的整合来做到实时的挂钩。

2014年，亚当·贝克（Adam Back）等作者发表了一篇论文，题目是“Enabling-Blockchain Innovations with Pegged Sidechains”，中文意思是“用与比特币挂钩的侧链来提供区块链创新”。其核心观点是“比特币”的区块链在概念上独立于作为资产的比特币。他希望通过技术能支持在不同的区块链上转移资产，这样新的系统可以重用原先的比特币。他提出一个侧链（side chains）的概念。所谓侧链，就是能和比特币区块链交互，并与比特币挂钩的区块链。贝克列出了侧链的一些属性：

（1）一个用户在一条链上的资产被转移到另一条链上后，还应该可以转移回到原先链上的同一用户名下。

（2）资产转移应该没有对手卷款逃跑的风险，也就是不诚实的用户没能力阻碍资产转移的发生。

（3）资产的转移必须是原子操作，也就是要么全发生，要么不发生。不应该出现丢失资产或欺诈性增加资产的情况。

（4）侧链间应该有防火墙。一条侧链上的软件错误造成链上资产的丢失或增加不会影响另一条链上的资产的丢失或增加。

（5）即使在资产的转移过程中发生区块链的重组，也不应出现问题。

第二节　区块链的技术应用

一、区块链的关键技术

区块链有很多层次，最下面的是核心技术，上面是区块链系统，更上面的是区块链应用。从底层角度看，非常核心的技术点基本归结在几个点上：

一是共识算法、性能；

二是隐私保护与安全，里面涉及非常深的技术，比如零知识证明。

三是区块链系统架构，还涉及很多跨链互联，因为在区块链里有很多平台，平台之间怎么互联，就像局域网和局域网怎么互联。

四是核心技术上层是区块链系统。

如何在万物互联的世界去打造一个可信机制，是亟待破解的课题。区块链技术正是在泛在“去信任”的环境中去构造一种新信任机制和交易规则。

区块链（blockchain）是一串使用密码学方法相关联产生的数据块，每一个数据块中包含了一次比特币网络交易的信息，用于验证其信息的有效性和生成下一个区块。作为比特币的一个重要概念和底层技术，区块链在本质上是一个去中心化的数据库。

区块链具备以下核心：

（1）是一个就近可寻找的存储节点；

（2）有密钥的加密的存储数据就近全部存放；

（3）任何数据生成必须满足前两者的要求；

（4）必须要在一个共同的互联网满足TCP/IP协议；

（5）在任何节点、任何时候都可以持有密钥打开就近的各存储器上对应欲取的数据；

（6）如何避免首次存储数据准确不出错；

（7）如何保证密钥不被复制成为非法合法用户任意使用；

（8）如何保证账本上的数据不被修改，因为能够存储就有可能被修改；

（9）公共互联网遇恶意病毒侵袭，全部数据被篡改失去原有真实性不能够恢复发生的损失，谁是纠正主体、谁是赔偿主体、风险救济如何实现；

（10）信任机制是不是牢不可破的，是否经得起极限考验。

根据《区块链——领导干部读本》，以 2014—2017 年中国及美国区块链领域公开专利数量为例，从总体趋势来看，不论是中国还是美国区块链相关专利公开数量都呈明显上升趋势，其中，美国公开专利数量从 2014 年的 150 件增加到 2017 年前 7 个月的 390 件，中国公开专利数量从 2014 年的 2 件增加到 2017 年前 7 个月的 428 件，中国区块链专利公开数量增速超过美国。

二、区块链技术的应用

区块链的进化方式是：区块链 1.0——数字货币区块链；2.0——数字资产与智能合约区块链；3.0——DAO、DAC（区块链自治组织、区块链自治公司）发展为区块链大社会（科学、医疗、教育 ……）。

区块链技术在经历了从概念到实践的坎坷之路后，应用落地的时机逐渐成熟，“区块链+”的模式将在行业内带来新的商机，尤其是在金融服务、公共服务、信息安全、慈善、智能制造、社交应用、能源、物联网应用、医疗健康、政务管理、法律应用、农业应用方面重点发展，并将衍生出更广域的经济生态。

（一）区块链金融服务产业应用

金融服务是中心化程度最高的产业之一，金融市场中交易双方的信息不对称导致无法建立有效的信用机制，产业链条中存在大量中心化的信用中介和信息中介，减缓了系统运转效率，增加了资金往来成本。区块链技术公开、不可篡改的属性，以及去中心化的信任机制，具备改变金融基础架构的潜力，各类金融资产均可以被整合进区块链账本中，成为链上的数字资产，在区块链上进行存储、转移、交易。

区块链技术在银行、跨境支付、资产数字化、智能证券、保险等领域中有着广泛的应用潜力。

以银行为例，凭借去中心化的特点，区块链技术可以为银行创建一个分布式的公开可查询网络，其中的所有交易数据是透明和共享的，从而削减无效的银行中介，节省运营成本。

（二）区块链供应链管理应用

供应链是一种由物流、信息流、资金流所共同组成的，并将行业内的供应商、分销商、零售商、用户串联在一起的复杂结构。而区块链技术作为一种大规模的协作工具，天然地适用于供应链管理。

以美国加州的创业公司 Skuchain 为例：其在红酒供应链工作流程中，通过区块链技术提高了供应链透明度：

（1）红酒厂家首先将红酒产品分给经销商，产品上带有 Skuchain 设计的二维码；

（2）经销商把其中一部分红酒转让给下一个经销商时，会附带产品二维码；

（3）当有人试图复制二维码，系统将会发现，并可以跟踪到复制者，并对侵犯商标权、造假者进行惩罚。

（三）区块链智能制造应用

以物联网为例，区块链技术利用 P2P 组网技术和混合通信协议，处理异构设备间的通信，将显著降低中心化数据中心的建设和维护成本，同时可以将计算和存储需求分散到组成物联网网络的各个设备中，有效阻止网络中的任何单一节点的失败。

另外，区块链中分布式账本的防篡改性，能有效防止发生工业物联网中任何单节点设备被恶意攻击和控制后带来的信息泄露和操控风险。

未来，人们还可以通过整合、借势、学习、变革等手段，充分把握智慧经济环境下的“智慧认知”和智慧技术为产业转型升级带来的发展契机。

思政园地

2016 年 3 月 10 日，当事人陈某在未经核实及查验证明文件的情况下，在其微信朋友圈，为广告委托发布者发布了内容为“高运驾校……现将学车价格学费 3 000 元，调整为 2 000 元，只要 2 000 元就能拿到驾照。还在等什么？心动不如行动”的广告信息。在收到高运驾校工作人员的微信质问后（价格实际是 3 000 元，而不是 2 000 元），才知道自己没有履行核对广告内容、查验证明文件的义务而发布了虚假广告，这导致部分学员要求退费或质询。

为此，甘肃省高台县工商局认为本案当事人陈某作为《广告法》所称的广告发布者，以自然人的身份，为达到盈利的目的，对受委托发布的虚假广告未进行依法核对和查验证明文件就通过手机微信朋友圈迅速扩散，破坏了公平公正的市场竞争环境，欺骗、误导了消费者，对正常经营主体的经营产生了影响，侵害了消费者的合法权益，扰乱了社会经济秩序，故对其处以罚款 10 000 元的行政处罚。

技能实训

实训一：区块链在日常生活中的应用。

任务要求：举例分析区块链技术能解决哪些问题？总结区块链在日常生活中的应用。

实训二：区块链与数字货币的关系。

任务要求：调研分析区块链与法定数字货币有什么关系？主要围绕区块链是否适用于法定数字货币，法定数字货币是否必须依托区块链发行流通等进行论述。

实训三：区块链技术在供应链金融等领域的应用。

任务要求：写一篇区块链技术在供应链金融等领域的应用分析及思考的小论文。

第十一章 电子商务技术基础实验

实验一　双绞线的制作与应用

一、实验目的

掌握局域网中电缆线的作用。

掌握如何制作用于计算机与交换机连接、交换机的级联以及计算机与计算机连接的双绞线接头。

二、实验性质

设计性实验。

三、实验器材

双绞线、RJ-45 水晶头、双绞线剥线器、测线仪等，如图 11-1 所示。

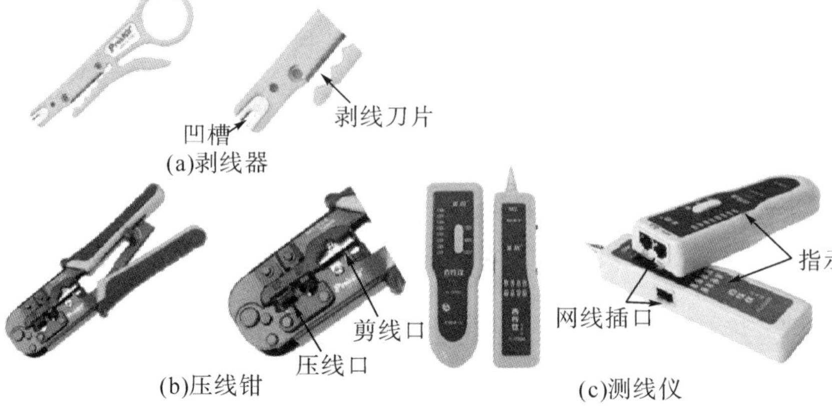

图 11-1　网线制作工具

四、实验步骤

在双绞线标准中应用最广的是 ANSI/EIA/TIA－508A（简称为 T568A）和 ANSI/EIA/TIA－568B（简称为 T568B）。

（一）剥线

步骤一：剪下所需的双绞线长度，最短 0.6 米，最长不超过 100 米。

步骤二：利用双绞线剥线器将双绞线的外皮剥去约 2 厘米。

步骤三：进行剥线的操作。将裸露的双绞线中的橙色对线拨向远离自己的方向，棕色对线拨向靠近自己的方向，绿色对线拨向左方，蓝色对线拨向右方。

（二）理线

步骤一：将四对双绞线 并排排列，注意不要有叠压。

步骤二：分开每对内芯，按 T568B 结构（白橙、橙；白绿、蓝；白蓝、绿；白棕、棕）排列。

步骤三：使用网线钳将理顺的线剪齐。

（三）插线

水平捏住水晶头（弹片朝下），将已理顺、剪齐的八根芯线并排插入水晶头中，保证八根芯线均已平直、充分地插入水晶头尽头。

（四）压线

步骤一：芯线正确插入后，将插有网线的水晶头放入网线钳的夹槽中，用力握紧网线钳手柄，将线压入水晶头中。

步骤二：听到“咔嚓”一声，说明线已压入水晶头。轻拉水晶头与网线，若未出现松动现象，说明压线成功。

至此双绞线的一端制作完成，另一端可参考上述步骤 1~4 制作，注意若要制作直通线，则另一端内芯按 T568B 结构排列；若要制作交叉线，则另一端内芯按 T568A 线序排列。

（五）检测

针对直通线检测，将制作好的网线两端接口插入测线仪中，打开测线仪，观察到测线仪上的两组指示灯按同样的顺序闪动，说明网线制作成功；若灯闪动的顺序不同，说明线序有错；若有某个灯不亮，则表示灯对应的线不能正常导通。

针对交叉线检测，将制作好的网线两端接口插入测线仪中，打开测线仪，观察到测线仪一端的灯按 1、2、3、4、5、6、7、8 的顺序闪动，另一端的灯按 3、6、1、4、5、2、7、8 的顺序闪动，说明网线制作成功。若有异常，说明双绞线制作有误。

实验二　网络连接性能的测试

一、实验目的

熟悉使用 Ping 命令工具来进行测试。

熟悉利用 Ipconfig 工具进行测试。

二、实验性质

验证性实验。

三、实验器材

实验设备：已接入网络的微型计算机。

操作系统：Windows 7 64 位。

四、实验步骤

目前使用的 Windows 系统，都自带了大量的测试程序，如果能够掌握这些工具的功能，并熟练使用，将会帮助大家更好地使用和管理网络。

（一）使用 Ping 工具进行测试

Ping 无疑是网络中使用最频繁的小工具，主要用于测定网络的连通性。Ping 程序使用 ICMP 简单地发送一个网络包并请求应答，接收请求的目的主机再次使用 ICMP 发回同其接收的数据一样的数据，于是 Ping 便可对每一个包的发送和接收报告往返时间，并报告无响应包的百分比，这在确定网络是否正确连接以及网络连接的状况（包丢失率）时十分有用。Ping 是 Windows 操作系统集成的 TCP/IP 应用程序之一，可在“开始”菜单的“运行”中直接执行。

1. Ping 工具的命令格式和参数说明

Ping 命令格式如下：

ping [- t] [- a] [- n count] [- l length] [- f] [- i ttl] [- v tos] [- r count] [- w timeout][destination - list]

主要参数说明如下。

- t：Ping 指定的计算机直到强行中断。

- a：将地址解析为计算机名。

- n count：发送 count 指定的 ECHO 数据包数，默认值为 4。

- l length：发送包含由 length 指定数据量的 ECHO 数据包，默认值为 32 字节，最大值是 65 527。

- f：在数据包中发送“不要分段”标志，数据包就不会被路由上的网关分段。

- i ttl：将“生存时间”字段设置为 ttl 指定的值。

- v tos：将“服务类型”字段设置为 tos 指定的值。

- rcount：在“记录路由”字段中记录传出和返回数据包的路由，count 可以指定最少 1 台、最多 9 台计算机。

- w timeout：指定超时间隔，单位为 ms。

destination - list：指定要 Ping 的远程计算机。

2. 用 Ping 工具测试本台计算机上 TCP/IP 的工作情况

可以使用 Ping 工具测试本台计算机上 TCP/IP 的配置和工作情况，方法是 Ping 本机的 IP 地址。例如，Ping 192. 168. 1. 103，如果本机的 TCP/IP 工作正常，则会出现如图 11-2 所示的信息。

图 11-2　本机 TCP/IP 测试情况

3. 常见的出错信息

Ping 命令的出错信息通常分为四种情况：

（1）Unknown host（不知名主机），表示该远程主机的名称不能被命名服务器转换成 IP 地址。故障原因可能是命名服务器有故障、其名称不正确，或者网络管理员系统与远程主机的通信线路有故障。

（2）Network unreachable（网络不能到达），表示本地系统没有到达远程系统的路由，可用 netstart - rm 检查路由表来确定路由配置情况。

（3）No answer（无响应），表示远程系统没有响应，说明本地系统有一条到达远程主机的路由，但却接收不到发给该远程主机的任何分组报文。故障原因可能是远程主机没有工作、本地或远程主机的网络配置不正确、本地或远程的路由器没有工作、通信线路有故障、远程主机存在路由选择问题等。

（4）Timed out（超时），表示与远程主机的连接超时，数据包全部丢失。故障原因可能是和路由器的连接问题，也可能是远程主机已经停机。

（二）用 Ipconfig 工具进行测试

利用 Ipconfig 工具可以查看和修改网络中 TCP/IP 的有关配置，如 IP 地址、网关、子网掩码等，只是 Ipconfig 并非以图形界面显示，而是以 DOS 的字符形式显示，如图 11-3 所示。

Ipconfig 也是内置于 Windows 的 TCP/IP 应用程序之一，用于显示本地计算机的 IP 地址配置信息和网卡的 MAC 地址。

Ipconfig 命令详解。Ipconfig 命令显示当前的所有 TCP/IP 网络配置值。该命令允许用户决定 DHCP（动态 IP 地址配置协议）配置的 TCP/IP 配置值。

Ipconfig 命令的格式如下：

Ipconfig [/all][/renew [adapter]] [/release [adapter]]。

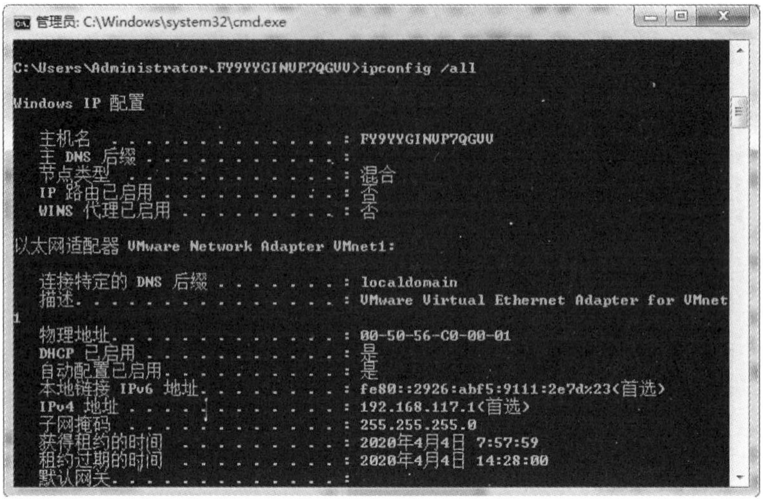

图 11-3　本地计算机配置信息情况

主要参数说明如下：

/all：产生完整显示。在没有该开关的情况下，Ipconfig 只显示 IP 地址、子网掩码和每个网卡的默认网关值。

/renew [adapter]：更新 DHCP 配置参数。该选项只在运行有 DHCP 客户端服务的系统上可用。要指定适配器名称，可输入不带参数的 Ipconfig 命令显示的适配器名称。

/release [adapter]：发布当前的 DHCP 配置。该选项禁用本地系统上的 TCP/IP，并只在 DHCP 客户端上可用。要指定适配器名称，可输入不带参数的 Ipconfig 命令显示的适配器名称。

如果没有参数，Ipconfig 将向用户提供当前的所有 TCP/IP 配置值，包括 IP 地址和子网掩码。该应用程序在运行 DHCP 的系统上特别有用，允许用户决定由 DHCP 配置的值。

Ipconfig 是非常有用的工具，尤其是当网络设置的是 DHCP 时，利用 Ipconfig 可让用户很方便地了解 IP 地址的实际配置情况。如果在 IP 地址为 192. 168. 1. 103 的计算机上运行“Ipconfig/all/bach ipconfig. txt”，则运行结果可以保存在 ipcongfig. txt 文件中。打开该文本文件将会显示相关的结果。

实验三　网络通信的使用

一、实验目的

（1）理解网络在日常生活中的应用。

（2）掌握一种或多种浏览器的用法，并能熟练使用不同的搜索引擎搜索信息的方法。

（3）掌握电子邮箱的使用方法，可熟练使用电子邮箱收、发邮件。

（4）掌握一种即时通信工具的用法（QQ、微信、钉钉等），并挖掘该工具除聊天外的其他功能。

二、实验性质

设计性实验。

三、实验器材

已接入网络的微型计算机。

四、实验步骤

（一）浏览器的使用

（1）打开360浏览器（或其他浏览器），在地址栏中输入搜索引擎网址（如 www. baidu. com）；

（2）在输入框中输入要搜索的信息，进行搜索。此处以搜索“电子商务技术基础”为例；

（3）查阅并整理搜索到的信息，了解电子商务的产生与发展历程；

（4）分小组讨论电子商务的发展与网络发展之间的联系。

（二）电子邮箱的使用

（1）在搜索引擎中搜索“163”（或其他），通过页面上的登录窗口登入邮箱（若无账号则先进行注册）；

（2）登录成功后，与他人交换邮箱，尝试发送和接收邮件；

（3）进入收件箱，管理邮件；

（4）关联自己的QQ邮箱。

（三）即时通信工具的使用

（1）在搜索引擎中搜索即时通信工具，下载并安装一种工具到计算机中；

（2）登录即时通信工具，使用文字、图片、语音与他人交流；

（3）使用即时通信工具的语言通话、视频通话功能；

（4）挖掘并尝试即时通信工具的其他功能；

（5）与他人交流即时通信工具的使用体验。

实验四　小型局域网的组建

一、实验目的

（1）以家庭局域网或宿舍局域网组建为例，熟悉无线局域网的组建过程；

（2）熟悉局域网设备；

（3）掌握小型局域网设备连接方式。

二、实验性质

设计性实验。

三、实验器材

调制解调器、路由器、计算机、网线。

四、实验步骤

（一）设备连接

常见的 Internet 接入方式有电话线入户、光纤入户和网线入户，接入方式不同，设备的连接方式也有所不同，如图 11-4 所示。

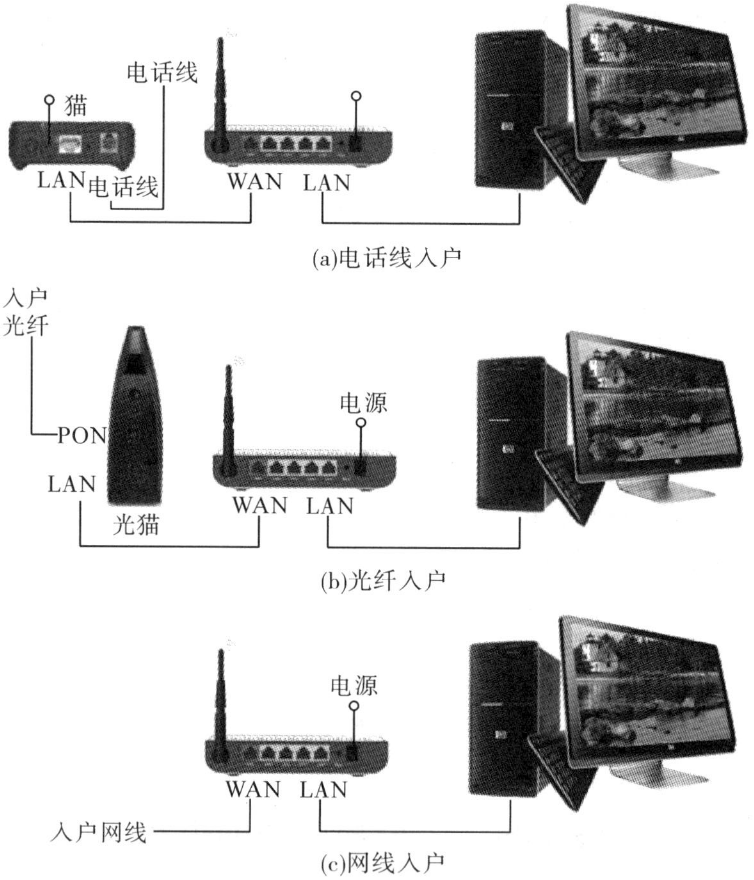

图 11-4 Internet 接入的设备连接方式

（二）设置 IP

在设置路由器之前，需先将接入的计算机设置为动态获取 IP 地址。

（三）路由器配置

路由器配置的步骤具体如下：

（1）打开浏览器，在地址栏中输入路由器默认管理 IP 地址（一般贴在路由器底部），按 Enter 键后页面会弹出“上网设置”页面，在该页面自动检测上网方式后，配置由运营商提供的宽带账号和宽带密码，进行验证。

（2）设置上网方式。检测通过后通过浏览器设置上网方式，此处选择“自动获取IP 地址”项，使计算机自动从运营商处获取 IP 地址。

（3）无线局域网账户密码设置。单击图 5-10 中的 按钮，进入“无线设置”页面，在此界面可设置无线网络的名称和连接密码。

（4）确认，完成配置。完成配置，重新启动路由器。

（四）连接局域网

网络配置完成后，可通过手机、平板或笔记本电脑等搭载无线网卡的设备接入网络，以笔记本电脑为例，具体操作如下：

（1）开启笔记本电脑，进入主界面后单击工具栏的无线图标 ，打开搜索到的无线网络列表。

（2）在无线网络列表中选择配置好的无线网络名字，输入设置的密钥进行验证，登入网络。

实验五　FTP 服务器的安装

一、实验目的

（1）熟悉 FTP 服务器的安装方式；

（2）掌握创建、配置和使用 FTP 站点的方法；

（3）掌握配置非匿名用户登录 FTP 服务器的方法。

二、实验性质

综合性实验。

三、实验器材

已接入网络的微型计算机，VMware 软件，Windows Server 2012 操作系统。

虚拟机：VMware Workstation 14。

网络操作系统：Windows Server 2012。

四、实验步骤

（一）下载安装 VMware Workstation 14

下载安装虚拟机 VMware Workstation 14。

（二）下载 Windows Server 2012 操作系统镜像文件

同学自行下载并安装 Windows Server 2012 操作系统镜像文件。

（三）创建新的虚拟机（图 11-5）

图 11-5　VMware Workstation 14 界面

（四）通过虚拟机安装 Windows Server 2012 操作系统（图 11-6）

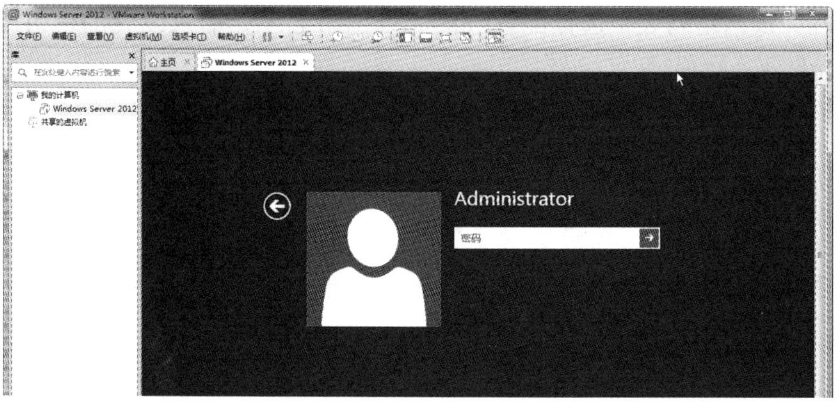

图 11-6　Windows Server 2012 操作系统安装成功登录界面

（五）在 Windows Server 2012 系统中添加角色——FTP 服务器（图 11-7）

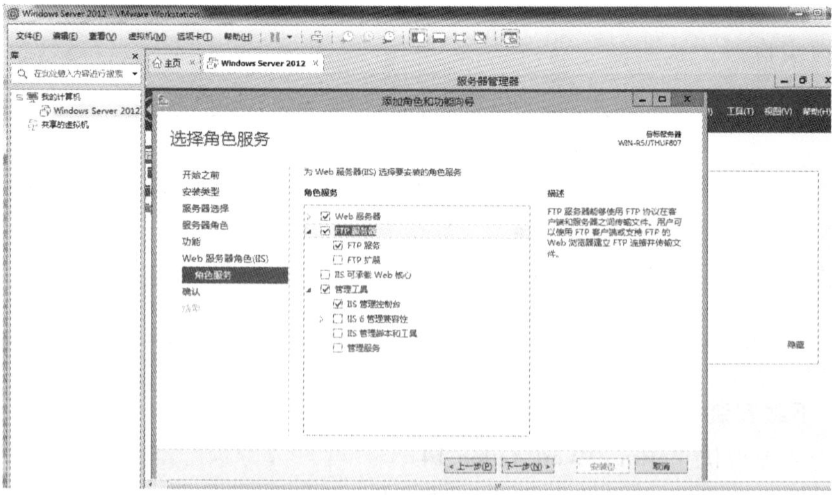

图 11-7　Windows Server 2012 操作系统添加角色——FTP 服务器

（六）创建 FTP 站点

打开 IIS 管理器窗口，右键单击“默认 FTP 站点”，选择“停止”命令，停止默认 FTP 站点的运行。然后右键单击“FTP 站点”，选择“新建”→“FTP 站点”命令，打开 FTP 站点创建向导。直接单击“下一步”按钮，打开“FTP 站点描述”对话框，进行配置。

（七）匿名进行测试

为匿名用户配置访问 FTP 服务器的权限，匿名登录时一般不要求用户输入用户名和密码，若需要，可用“anonymous”作为用户名，以任意电子邮件地址作为密码来登录。要想下载某个文件，可在浏览器显示的文件列表中，选中该文件，然后通过“复制”“粘贴”操作，将文件下载到本地计算机上。要想上传本地计算机中的某个文件，可以选中该本地文件，然后通过“复制”操作，“粘贴”到 IE 浏览器的文件列表窗口中，即完成上传工作。这时，进入 FTP 服务器的主目录，可以在匿名访问目录\ \ localuser\ public 中发现刚刚上传的文件。

（八）账户进行测试

账户进行测试同上方法，只不过要求输入用户名和密码，通过账户访问 FTP 服务器，验证下载或上传功能，观察上传文件的所在文件夹与匿名上传的不同。

实验六　域名服务器 DNS 的配置

一、实验目的

熟悉了解域名服务器的配置。

熟悉局域网内建立一台 DNS 服务器的作用。

二、实验性质

验证性实验。

三、实验器材

局域网环境、计算机、Windows Server 2012 系统。

四、实验步骤

（一）安装 Windows Server 2012 系统

如实验五安装 Windows Server 2012 系统。

（二）DNS 服务器的安装

Windows Server 2012 中的 DNS 服务不是默认安装，需手动添加。

（1）安装 DNS 服务器：选择控制面板中的“添加或删除程序”→“添加/删除 Windows 组件”→“网络服务”→“域名系统 DNS”命令进行安装。

（2）启动 DNS 服务：选择添加角色和功能向导→“DNS 服务器”命令来启动 DNS 控制台，如图 11-8 所示。

图 11-8　DNS 服务器安装

（三）DNS 区域的配置

设置 DNS 服务器，首要任务就是建立 DNS 区域和域的树状结构。DNS 服务器以区域为单位来管理服务。区域是一个数据库，用来链接 DNS 名称和相关数据。

DNS 区域分为两类：一类是正向查找区域，即名称到 IP 地址的数据库，用于提供域名映射为 IP 地址的服务；另一类是反向查找区域，用于 IP 地址映射为域名的服务。一般情况下，客户机使用的是正向查找，建立和配置反向查找区域并不是必需的，它只是 DNS 服务的可选部分。

打开如图 11-9 所示的 DNS 控制台，右键单击“正向查找区域”，选择“新建区域”。打开“欢迎新建区域向导”对话框，单击“下一步”按钮，打开“区域类型”对话框，选择区域类型。

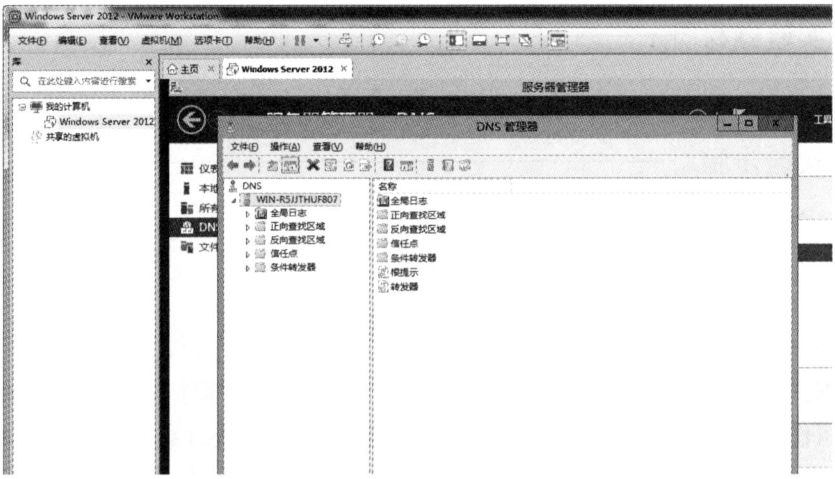

图 11-9　DNS 控制台

如图 11-10 所示，有三种区域类型，主要区域、辅助区域和存根区域。一般情况下，会为域名服务配备两个 DNS 服务器，一个是主服务器，另一个是辅助服务器。一般的解析请求由主服务器负责，辅助服务器的数据是从主服务器复制而来的，辅助服务器的数据是只读的。当主服务器出现故障或由于负载太重无法响应客户机的解析请求时，辅助服务器会担负起域名解析的任务。主服务器使用的区域就是主要区域，辅助服务器使用的区域是辅助区域。存根区域可以看作是一个特殊的、简化的辅助区域。

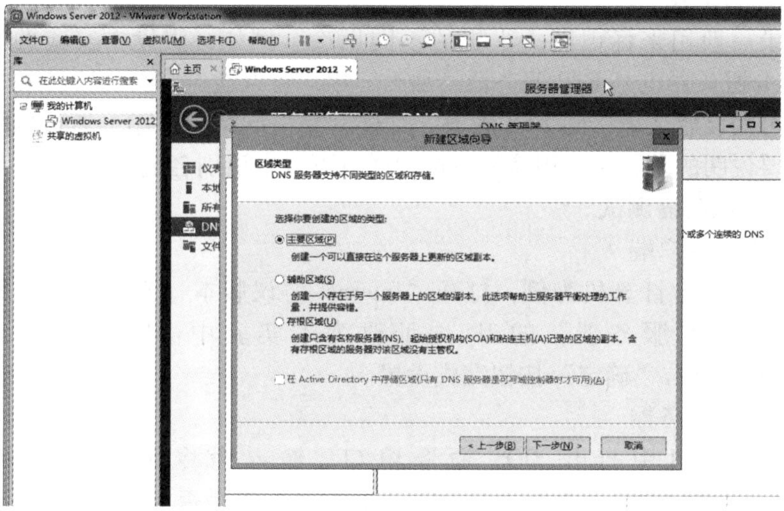

图 11-10　新建区域向导

从逻辑上，一定是先创建主要区域，因为辅助区域和存根区域都需要从主要区域复制数据。因此，本步选择“主要区域”单选按钮，单击“下一步”按钮，如图 11-11 所示。

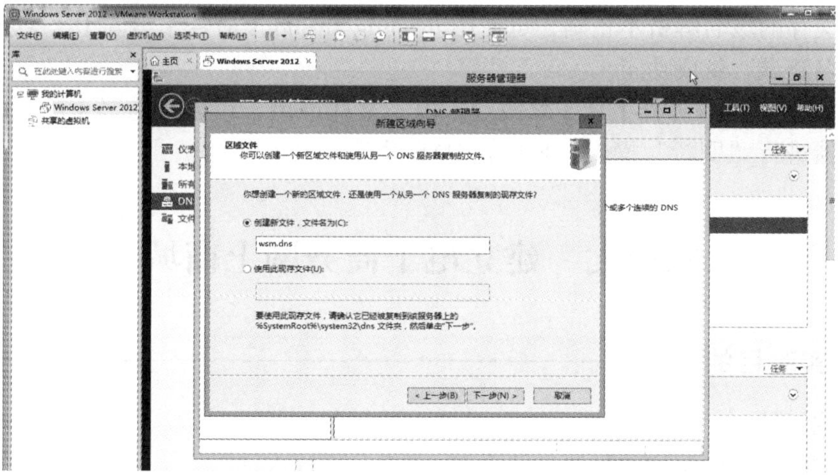

图 11-11　创建主要区域

（四）建立和管理 DNS 资源记录

区域文件记录的内容就是资源记录，DNS 通过资源记录来识别 DNS 信息。创建区域之后，需要向区域添加资源记录。常用的资源记录有起始授权机构（SOA）记录、名称服务器（NS）记录、主机（A）记录、别名（CHAME）记录、邮件交换器（MX）记录和指针（PTR）记录等。针对本实验，只需建立主机记录和别名记录。

1. 建立主机记录

并非所有的计算机都需要主机资源记录，但是在网络上以域名访问的计算机需要该记录。一般为具有静态 IP 地址的服务器创建主机记录，当然，也可以为具有静态 IP 地址的客户机创建主机记录。

2. 建立别名记录

别名记录一般用来标识同一主机的不同用途。例如，假设本实验案例中，主机 PC1 既是 Web 服务器也是 FTP 服务器，那么，用户可以通过定义的域名来访问 Web 服务，同样也可用该域名来访问 FTP 服务，这样容易引起用户混淆。通过别名即可解决此问题。需要说明的是，单一用途的主机同样也可以申请别名记录。

（五）域名服务器测试

1. 配置 DNS 客户端

以局域网内一台计算机为例，打开“Internet 协议版本（TCP/IPv4）属性”对话框，将“首选 DNS 服务器”的 IP 地址改为本实验中 DNS 服务器的 IP 地址 192. 168. 1. 103，单击“确定”按钮完成设置。

2. 测试 DNS 服务器

在该台计算机中打开 DOS 命令窗口，输入命令 ping wsm. dns 或 ping 192. 168. 1. 103。观察结果。判断正向 DNS 查找服务配置是否成功。

3. 可能出现的问题解决方法

用 Ping 命令测试主机的 IP 地址是通的，测试主机的域名则不通。

确定测试机上配置的 DNS 服务器的 IP 地址是不是实验中的 DNS 服务器的 IP 地址。

本地计算机设有 DNS 缓存。有时虽然已经对出现的问题做了更正，但由于 DNS 缓存的存在，使得更正不起作用。这时可使用 ipconfig/displaydns 命令来查看 DNS 缓存，如果发现缓存的域名解析不正确，可使用 ipconfig/flushdns 命令来清除 DNS 缓存，然后再进行域名测试，就成功了。

实验中在 DNS 服务器上做了修改后，由于某些原因，设置没有马上生效，这时可以对服务器进行“刷新”操作，来更新 DNS 设置。

实验七　建立电子商务网上商城

一、实验目的

掌握网上域名的注册流程。

掌握虚拟主机的申请与配置。

二、实验性质

综合性实验。

三、实验器材

互联网环境、计算机、身份证、照相机。

四、实验步骤

（一）域名注册

1. 准备工作

注册域名前根据自己的实际需求，提前规划好域名名称、确定域名注册服务商（如阿里云、西部数码等）信息。

2. 查询域名

根据自己拟建的电子商务网上商城的类型和主题，拟定合适的域名和后缀，并查询拟定的域名是否被注册。

以西部数码为例（https://www.west.cn/），如图 11-12 所示。

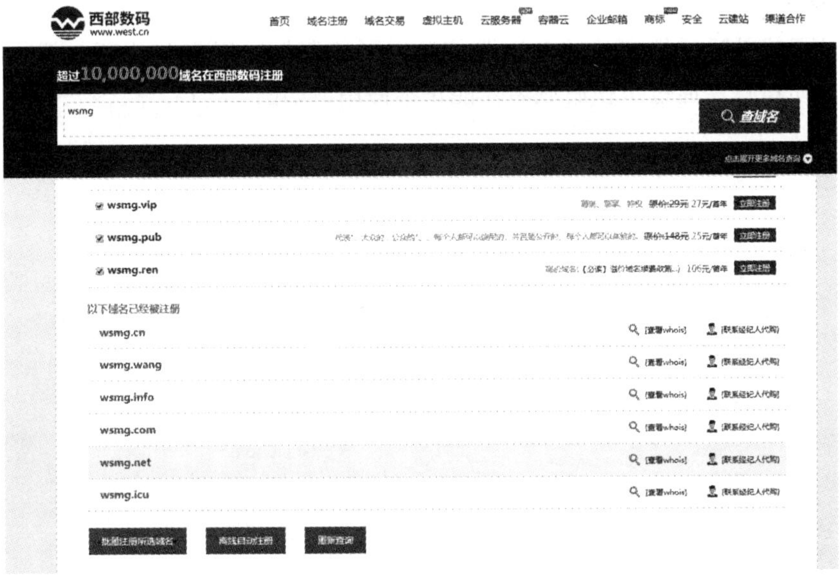

图 11-12　域名查询及结果

3. 选择合适的域名进行域名注册

如图 11-13 所示，填写域名注册信息，保证填写信息的正确性，完成域名注册。

图 11-13　注册域名信息

4. 域名备案

域名注册成功后需提交与域名注册信息相同的资料进行实名认证，部分特殊域名还需进行资质审核，通过审核后域名才能正常使用，如图 11-14。

图 11-14　域名注册成功信息

（二）购买虚拟主机空间

在正式购买虚拟主机空间前，可选择虚拟主机空间试用，试用期为七天，如图 11-15 所示。以西部数码为例，虚拟主机产品有经济型、全能型、独享型、功能型、海外型，用户可根据自己需要进行选择。

1. 购买

确定好了要购买的型号，直接点击页面中的购买按钮即可。

2. 填写主机信息

点击购买后，会进入信息填写界面，在此页面中，需要填写 FTP 账号和密码信息，还可以选择主机所在的机房、操作系统、是否增加独立 IP 和购买年限等。系统会根据当前网络情况自动推荐相应机房，您也可以通过机房速度测试来选择最合适的机房。

所有信息填写完成之后记得勾选虚拟主机购买协议。

图 11-15　虚拟主机购买

3. 支付结算，并开通虚拟主机空间

保证自己是西部数码的会员，登录后会跳转到购物车页面进行支付。如果账户中有充足的预付款，则可以直接支付。如果账户中没有余额，则需要通过支付宝、网银、银行转账等方式进行充值，充值并支付后才正式完成虚拟主机的购买。

4. 虚拟主机管理

登录虚拟主机服务商管理中心，进入虚拟主机管理中心，如图 11-16 所示。

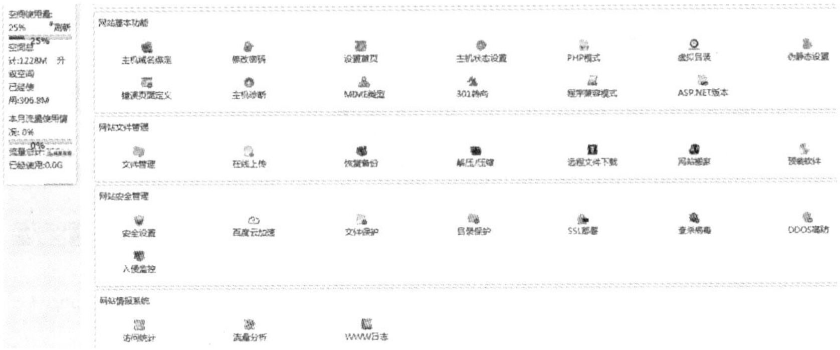

图 11-16　虚拟主机管理界面

5. 主机域名绑定

域名绑定是指将虚拟主机与自己申请的域名进行绑定。注意：域名必须备案成功后才可以绑定到虚拟主机，如图 11-17 所示。绑定虚拟主机后，还需进行域名解析。

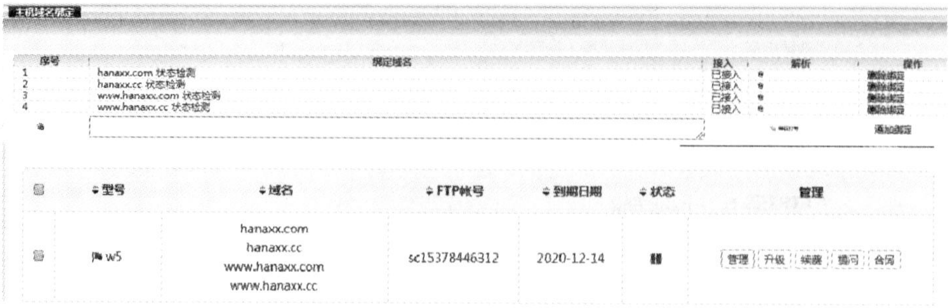

图 11-17　域名绑定

（三）电子商务网站的建立

1. 选择电子商务网站程序

电子商务网站程序的建立将决定用户访问以后显示的内容。现在互联网上有需要开源的程序，如论坛类推荐使用 discuz、PHPWind，网店类推荐使用 shopex、ecshop，个人博客推荐使用 WordPress 等。这些程序在西部数码主机控制面板都有预装，如图 11-18 所示。除此外用户还可以根据自己的爱好建立个性化网站程序，也可以找专业公司进行制作。

图 11-18　西部数码预安装程序

2. 网站程序上传及管理

有了网站程序后还需要将自己设计的电子商务网站内容上传到空间，一般需要使用 FTP 工具，如：FlashFXP、CuteFTP、FileZilla 等 FTP 客户端软件。利用 FTP 工具对网站程序文件进行上传或下载等维护操作，如图 11-19 所示。

图 11-19　网站后台管理

▶▶ 参考文献

［1］贺俐. 当时尚遇见跨境电商［M］. 北京：电子工业出版社，2016.

［2］龚辉. 最新电子商务实用技术［M］. 广州：华南理工大学出版社，2015.

［3］肖洋，吴泽宇. 电子商务理论与实务［M］. 成都：电子科技大学出版社，2017.

［4］赵乃真，杨尊琦. 电子商务技术与应用［M］. 北京：中国铁道出版社，2017.

［5］周小勇，史吉锋. 电子商务理论与实务［M］. 北京：清华大学出版社，2014.

［6］秦成德. 移动电子商务［M］. 重庆：重庆大学出版社，2016.

［7］吕廷杰. 移动电子商务［M］. 北京：电子工业出版社，2011.

［8］薛万欣. 电子商务网站建设［M］. 北京：北京交通大学出版社，2015.

［9］李建忠，牟凤瑞，安刚. 电子商务网站建设与维护［M］. 北京：清华大学出版社，2014.

［10］赵春燕. 网络营销技术教程［M］. 北京：北京大学出版社，2014.

［11］汪晋宽，才书训. 电子商务实用技术［M］. 沈阳：东北大学出版社，2003.

［12］朱长征. 电子商务物流［M］. 北京：北京理工大学出版社，2016.

［13］徐沫扬. 电子商务物流技术［M］. 北京：中国人民大学出版社，2006.

［14］于宝琴. 现代物流技术与应用［M］. 重庆：重庆大学出版社，2017.

［15］宋文官. 电子商务概论［M］. 北京：高等教育出版社，2009.

［16］杨坚争. 电子商务网站典型案例评析［M］. 2 版. 西安：西安电子科技大学出版社，2005.

［17］陈孟建，陈奕婷. 网络营销［M］. 北京：电子工业出版社，2016.

［18］汤潇漫. 中国跨境电子商务发展研究［D］. 北京：对外经济贸易大学，2016.

［19］鲁丹萍. 跨境电子商务［M］. 北京：中国商务出版社，2015.

［20］韩琳琳，张剑主. 跨境电子商务实务［M］. 上海：上海交通大学出版社，2017.

[21] 林官忠. 跨境电子商务第三方支付管理研究 [D]. 福州：福建师范大学，2016.

[22] 任仲文. 区块链——领导干部读本 [M]. 北京：人民日报出版社，2018.

[23] 郭浩，赵铭伟，等. 计算机网络技术及应用 [M]. 北京：人民邮电出版社，2017.

[24] 黑马程序员. 计算机网络技术及应用 [M]. 北京：人民邮电出版社，2019.

[25] 周舸. 计算机网络技术基础 [M]. 北京：人民邮电出版社，2018.

[26] 孟伟. 电子商务基础实验 [M]. 成都：西南财经大学出版社，2018.